Catastrophe écologique & dommages économiques

problèmes d'évaluation à partir de l'Amoco-Cadiz

F. BONNIEUX & P. RAINELLI

INRA
147, rue de l'Université
75341 Paris Cedex 07

ECONOMICA
49, rue Héricart, 75015 Paris

INRA - ECONOMICA

Ouvrages parus dans la même collection :

Nourrir l'humanité. Espoirs et inquiétudes
Joseph KLATZMANN
1991, 128 p.

Banques de gènes et alimentation mondiale
Donald L. PLUCKNETT, Nigel J.H. SMITH, J.T. WILLIAMS et N. Murthi ANISHETTY
1990, 228 p

L'énergie. Un nouveau marché pour l'agriculture ?
sous la direction de Vincent REQUILLART
1989, 264 p

Politiques d'avenir pour l'Europe agricole
Denis BERGMANN, Pierre BAUDIN
1988, 170 p

ISBN : 2-7380-0326-0

ISBN : 2-7178-2129-5

PRÉFACE

Le naufrage dans la nuit du 21 mars 1978 du super pétrolier Amoco-Cadiz sur les rochers de Portsall, dans le Nord-Finistère, est resté dans les mémoires, et pas seulement en Bretagne. Ce navire à pleine charge, avec plus de 220 000 tonnes de brut léger d'Arabie, se dirigeait vers la côté anglaise quand une panne de gouvernail l'a rendu incontrôlable. Les tentatives de remorquage ayant échoué, la tempête l'a poussé sur les hauts-fonds.

Le déversement de la totalité de la cargaison et des 4 000 t de fuel lourd restant dans les soutes, a été à l'origine d'une marée noire sans précédent. La pollution poussée par les vents et les courants d'ouest a touché 350 km de côtes du nord de la Bretagne. Des sites d'un très grand intérêt écologique ont été détruits et de nombreux écosystèmes ont été perturbés pendant plusieurs années. Le littoral, très découpé, a vu ses rochers et ses plages souillés, ce qui a porté un coup sévère à l'activité touristique, surtout sur la côte de granit rose, et à l'ostréiculture.

La population touchée par les pertes économiques a très mal supporté cette pollution se rajoutant à plusieurs autres accidents de moindre envergure. Les polémiques autour des conditions du naufrage et du traitement de l'épave, les difficultés d'organisation du nettoyage et sa faible efficacité n'ont fait qu'envenimer les choses. Tout ceci explique l'accueil peu chaleureux réservé au Premier Ministre à Ploudalmézeau à la veille des élections législatives de mars 1978.

Dès qu'un événement prend une tournure exceptionnelle, on a vite fait de le qualifier « d'événement du siècle ». Dans ce cas précis l'expression peut réellement être utilisée. Pour s'en convaincre il suffit d'effectuer une rapide revue des grandes catastrophes de ce type. En 1907, le Thomas H. Lawson s'échoue près des Sorlingues libérant 8 000 t d'hydrocarbures. C'est la première pollution pétrolière qu'enregistrent les annales maritimes. Soixante ans après, dans les mêmes parages, c'est l'échouement du Torrey Canyon répandant 117 000 t de pétrole.

Le naufrage de l'Exxon-Valdez en Alaska en 1989 présenté dans les média comme une pollution considérable, n'a libéré que 38 000 t d'hydrocarbures. Seule la pollution provoquée par Ixtoc One dépasse, avec 500 000 t, celle de l'Amoco-Cadiz. Mais il s'agit d'un accident sur un puits dans le Golfe du Mexique qui s'est étalé de juin 1979 à mars 1980. Il n'y a donc pas eu de déversement massif sur les côtes. De même les marées noires durant la guerre contre l'Irak en 1991 n'ont pas eu de conséquences aussi dramatiques.

La mise en œuvre dans nos sociétés de processus de plus en plus complexes conduit à l'émergence d'un type de risque nouveau, baptisé

« risque technologique majeur ». Lorsqu'il se concrétise il y a rupture affectant profondément tout un ensemble avec des conséquences plus ou moins graves. Encore faut-il noter que dans le naufrage de l'Amoco-Cadiz il n'y pas eu à déplorer de mort d'homme. Les 44 personnes à bord du navire ont pu être sauvées au terme de 10 heures d'intervention des hélicoptères. Dans d'autres catastrophes liées aux risques technologiques majeurs il n'en va pas toujours de même.

Ces « ratés » que connaissent nos sociétés très techniques doivent faire l'objet d'analyses approfondies afin d'élaborer des mécanismes susceptibles d'éviter leur retour. Dans le cas des marées noires, le naufrage du Torrey-Canyon avait seulement donné lieu à un programme de recherche biologiques. De ce fait, au moment de la catastrophe de l'Amoco-Cadiz, nos connaissances sur le coût social de tels événements étaient très limitées.

Aussi, est-il apparu dès l'origine que cette marée noire était l'occasion d'une étude économique approfondie pour évaluer les risques encourus lors du transport des hydrocarbures. C'est dans cet esprit que l'agence américaine chargée des mers et de l'atmosphère, la N.O.A.A. (National Oceanic and Atmospheric Administration) a aussitôt lancé un programme économique en parallèle avec le programme de recherche biologique. Plus précisément la connaissance des coûts sociaux des marées noires paraissait être un préalable pour l'administration américaine dans la perspective de négociation de conventions internationales sur la pollution par les hydrocarbures. Parallèlement, de telles évaluations étaient nécessaires pour la constitution d'un fonds de garantie au niveau fédéral alimenté par une redevance sur le pétrole.

Il était assez paradoxal que cette catastrophe fasse l'objet de travaux lancés à l'initiative des États-Unis et que rien ne soit fait en France, à moins d'admettre l'intégration de nos moyens au sein du dispositif américain avec une forme de sous-traitance, ce qui était souhaité par la N.O.A.A.. Malgré l'inertie, de l'administration française et des autorités régionales, un projet français a été élaboré. Grâce à une association de collectivités locales, l'U.V.L.O.E. (Union des Villes du Littoral Ouest Européen) un financement européen a pu être obtenu.

Dès le départ ce projet français autonome ne s'est pas posé en concurrence de celui de la N.O.A.A., ce qui a favorisé les contacts et échanges scientifiques entre les deux équipes. La conjonction des efforts a permis la mise en œuvre d'enquêtes et de dépouillements statistiques qui eussent été impossibles autrement. Ce partenariat a ainsi aidé à progresser dans un domaine difficile et mal connu.

Cet investissement initial, à finalité scientifique, s'est prolongé très naturellement par une coopération avec les parties françaises lorsque le procès est entré dans la phase d'évaluation des dommages. Cette coopération s'est faite essentiellement avec le Syndicat Mixte de Protection et de Conversation du Littoral du Nord-Ouest de la Bretagne défendant les intérêts des collectivités locales, des professions de la mer, des commerçants, hôteliers et habitants. L'État français après accord avec le Syndicat Mixte se limitait à la demande de remboursement des frais de nettoyage.

Dans cette phase d'expertise les problèmes d'évaluation ont pris une autre dimension dans la mesure où il a fallu intégrer les contraintes juridiques générales et de procédure. Le procès se faisant à Chicago, siège de la compagnie Amoco, c'est la procédure américaine qui prévalait, d'où une nécessaire coopération avec les avocats américains défendant le Syndicat Mixte. Par ailleurs, les notions mêmes de dommages admis, notamment le dommage écologique, étant tributaires d'un droit de l'environnement en train de se construire, il n'était pas facile de bâtir un dossier.

Le déroulement même du procès, avec ses débats contradictoires, s'est avéré une sorte de « banc d'essai » scientifique très stimulant. En effet, l'ensemble des évaluations et propositions a fait l'objet d'un examen critique très poussé, d'autant plus que les intérêts en jeu sont considérables. L'analyse des bases théoriques, des sources statistiques et de leur mise en œuvre ont été passés au crible par les experts de la Compagnie Amoco dirigés par G. Stigler, prix Nobel d'économie en 1982. Dans ces conditions on peut dire que le travail fait par notre équipe a fait l'objet d'un examen très complet.

À la lumière de cette expérience il nous apparu important de présenter les divers aspects touchant au coût des marées noires tant du point de vue théorique, que d'un point de vue empirique. Cet ouvrage contient donc les éléments de théorie micro-économiques utiles au propos, une discussion des données statistiques et le calcul des pertes. Tous ces éléments sont proposés par catégorie de dommages et intègrent bien sûr les critiques des experts de la compagnie Amoco. Mais ce livre se veut plus ambitieux en intégrant le contexte juridique.

Cet ouvrage s'adresse à différentes catégories de public dans la mesure où sa lecture peut être faite à plusieurs niveaux. On a tout d'abord pensé aux étudiants intéressés par la mise en œuvre de la théorie économique sur un cas en vraie grandeur, ainsi qu'aux ingénieurs chargés d'études d'impacts ou de la préparation de dossiers impliquant les problèmes de pollution. On a aussi pensé à des spécialistes d'autres disciplines, en particulier aux juristes qui souhaitent savoir ce que peut leur apporter l'économie.

Après un rappel du contexte juridique, on traite du calcul des dommages en quatre chapitres qui portent successivement sur le coût de nettoyage, les pertes du tourisme, les pertes d'aménités et les dommages des ressources vivantes. On envisage donc à la fois le problème des biens marchands et celui des biens non-marchands. Pour ces derniers, abordés à l'occasion du chapitre portant sur l'atteinte aux loisirs, un développement assez long est consacré aux principes et aux méthodes d'évaluation. De même, dans la discussion sur les ressources vivantes, il nous est apparu nécessaire de présenter avec suffisamment de détail les modèles bio-économiques. Concernant les pertes écologiques présentées dans ce même chapitre, le lecteur trouvera davantage un exposé des thèses en présence qu'une réponse définitive aux questions. Le dernier chapitre en forme de conclusion constitue une tentative originale de synthèse. Il propose en effet une lecture par des économistes du jugement du procès en dommages. Ainsi les arguments du juge sont-ils discutés sous l'angle de la théorie économique.

Ce livre est donc le résultat de travaux qui se sont déroulés sur une longue période. Il a été rendu possible grâce à la collaboration de l'ensemble des personnes avec lesquelles nous avons travaillé au cours des phases de la recherche puis de l'expertise. Remercions tout d'abord les membres du Syndicat Mixte au premier rang desquels son Président le Sénateur Alphonse Arzel, ainsi que Jean-Baptiste Henri. Les discussions avec nos collègues américaines et avec Richard Congar de l'Université de Brest nous ont été très utiles, qu'ils soient remerciés ici. Nous devons une gratitude particulière à la direction régionale de l'INSEE à Rennes et à son personnel qui nous ont facilité l'accès à de nombreuses sources et enquêtes.

La préparation de ce livre, saisie, mise en forme et élaboration des figures, qui représentent une lourde tâche, ont bénéficié de la compétence de Renée Bourel, d'Anne-Marie Cardou et de Chantal Guerrier.

Ce livre est dédié à notre regretté collègue Pierre Mathal qui a toujours su mettre au service de la communauté scientifique son esprit avisé et sa grande culture économique et littéraire. Une de ses dernières contributions comme responsable des publications du Département d'Économie et de Sociologie Rurales de l'INRA aura été la lecture critique du manuscrit. Son travail rigoureux, mêlant réflexions pertinentes et suggestions heureuses a permis une amélioration sensible du texte initial. Qu'il en soit remercié une dernière fois !

SOMMAIRE

INTRODUCTION

CHAPITRE 1. LE CONTEXTE JURIDIQUE

1. Les mesures susceptibles de prévenir les accidents 1
   Le régime de responsabilité en droit maritime 2
   L'assistance en mer 4

2. Les accords internationaux 6
   Les accords facilitant la lutte contre la pollution 7
   Les Conventions de Bruxelles de 1969 et de 1971 en matière de réparation 7
   Les accords professionnels privés : les plans TOVALOP et CRISTAL 9

3. Le jugement en responsabilité pour l'Amoco-Cadiz 10
   Les problèmes de procédure 10
   Le jugement concernant l'assistant : pas de responsabilité 11
   La responsabilité des sociétés du groupe Amoco et de la Standard Oil 12

4. Conséquences du sinistre de l'Amoco-Cadiz au plan juridique 14

Références bibliographiques 18

CHAPITRE 2. LE NETTOYAGE

1. Le déroulement des opérations lors du naufrage de l'Amoco-Cadiz 22
   Le traitement de l'épave et le ramassage en mer 22
   Le traitement des nappes d'hydrocarbure 23
   Les barrages côtiers 25

2. Considérations méthodologiques 27
   L'analyse statique 27
   L'analyse dynamique 29
   Quelques implications pratiques 32

3. L'évaluation des coûts de nettoyage 35
Les problèmes d'évaluation 35
Le montant des coûts de nettoyage 38

Références bibliographiques 45

CHAPITRE 3. LES DOMMAGES SUBIS PAR LE TOURISME

1. La Bretagne et le tourisme 48
Les grandes tendances de la demande 49
Part de marché de la Bretagne 52
Capacités d'accueil et fréquentation touristique 56
Equilibre du marché du tourisme 60

2. Évaluation de la baisse de fréquentation en 1978 63
Les conditions climatiques de l'été 1978 63
La preuve du recul de 1978 66
Calcul du recul de 1978 70
Tableau récapitulatif des nuitées perdues 75

3. Conséquences sur l'économie bretonne en 1978 77
Les pertes des entreprises 78
Les pertes de l'industrie du tourisme 81
Les pertes de l'économie bretonne 85

Références bibliographiques 89

CHAPITRE 4. L'ATTEINTE AUX LOISIRS : LES PERTES D'AMÉNITÉ DES RÉSIDENTS ET DES TOURISTES

Première partie – Principes et méthodes d'évaluation

1. Principes d'évaluation 94

2. Méthode du coût de déplacement 100
Principes de la méthode 101
Discussion des hypothèses et mise en œuvre de la méthode 105

3. Approche hédoniste 110

4. Méthodes hypothétiques 112

Deuxième partie – Application au cas de l'Amoco-Cadiz : évaluation des pertes d'aménité

1. Les touristes qui sont venus en 1978 121
Les pertes potentielles d'aménité 121
Approche par la méthode du coût de déplacement 125
Approche par des méthodes hypothétiques 127

2. Les touristes qui ne sont pas venus en 1978 131

3. Les résidents 133
Les déclarations des résidents 134
Les loisirs de bord de mer 137
Evaluation monétaire 139

4. Tableau récapitulatif des pertes d'aménité 142

Références bibliographiques 143

CHAPITRE 5. LES DOMMAGES DES RESSOURCES VIVANTES : PÊCHES MARITIMES, OSTRÉICULTURE ET BIOMASSE NON-COMMERCIALE

1. Théorie des dommages des activités marchandes 149
Prise en compte de la dimension biologique 150
Exploitation de la ressource 152
Equilibre de marché 155
Calcul des dommages 156

2. Les pêches maritimes et l'ostréiculture en Bretagne 159
Les caractéristiques de la Bretagne 160
Les caractéristiques de la zone polluée 163

3. Les dommages des pêches maritimes 168

4. Dommages de l'ostréiculture 180
Utilisation des comptabilités individuelles 182
Calcul des dommages à partir des parts de marché 183

5. Les pertes écologiques 184
Les valeurs de la nature 185
Les essais d'évaluation 185
L'estimation des pertes écologiques à partir de la méthode des chaînes trophiques 186

Références bibliographiques 190

CONCLUSION

1. Les pertes monétaires 191
Les pertes monétaires correspondant à des dépenses effectives .. 191
Le manque à gagner 192

2. Les pertes non monétaires 194
Les pertes dues à une autre affectation des moyens de production 194
Les pertes d'aménité 195
Les pertes écologiques 196

Références bibliographiques 198

INTRODUCTION

Le constat est en soi banal, mais c'est un fait que l'essor de nos sociétés industrielles repose sur l'accumulation des savoirs de tous ordres, dans le domaine proprement scientifique comme dans celui de ses applications. Concrètement, cela se traduit par la mise en place dans l'ensemble des activités de mécanismes de plus en plus sophistiqués. Les rouages de la machine économique deviennent de plus en plus nombreux et complexes. Plus efficace, la machine devient en contre-partie plus fragile, et la moindre faiblesse d'un maillon sensible peut, par un enchaînement néfaste, prendre des proportions jusqu'alors inconnues.

La multiplication de ces accidents qui se transforment en catastrophes, a fait émerger la notion de risque industriel. Celui-ci, imputable à une défaillance technique généralement associée à une erreur humaine, tend à devenir une composante permanente de notre civilisation. Les accidents dits de « pilotabilité », qui surviennent lorsque des agents ont de trop nombreuses opérations à effectuer en peu de temps, ou des décisions importantes à prendre en situation d'urgence, amènent très vite à discuter du rapport homme-machine. La notion même d'erreur humaine conduit à une nouvelle appréciation des rapports hiérarchiques à l'intérieur des institutions. Ainsi, la complexité n'est plus seulement technique, mais devient lorsqu'on pousse l'analyse, sociale.

Si objectivement on peut avec la sophistication des processus recenser un fort accroissement des risques, il convient là aussi d'introduire la dimension humaine, en ce sens que les risques perçus sont plus destabilisateurs que les risques réels. Ainsi, après Tchernobyl, il est certain que la perception des dangers liés au fonctionnement des centrales nucléaires s'est profondément modifiée. Ce qui eût été considéré il y a quelques années comme un incident mineur est à présent ressenti comme une grave menace. Parce que la catastrophe peut être assimilée à un désordre public, le risque est devenu une affaire d'Etat. De ce fait il est « au cœur de déséquilibres potentiels en termes de justice ou d'économie et il appelle à des arbitrages dans la gestion des ressources collectives » (Duclos, 1989, p. 136). C'est cette dimension technique, sociale et politique qui est contenue dans le concept de risque technologique majeur développé par Lagadec (1979).

Pour illustrer ces propos, il convient d'évoquer les grandes catastrophes qui ont jalonné la période récente. Nous commençons arbitrairement en 1976 avec Seveso près de Milan, où s'est produit, dans la filiale italienne du groupe suisse Givaudan-Hoffmann-La Roche, un dégagement de dioxine touchant toute une région. Une affaire qui a d'ailleurs rebondi entre octobre 1982 et juin 1983 avec un fait divers assez invraisemblable, de fûts de déchets égarés « quelque part » en Europe.

Le retentissement de l'odyssée de ces fûts a été peut-être encore plus important que l'accident lui-même.

L'accident de Three Miles Island, en mars-avril 1979, près de Harrisburg en Pennsylvanie, est lui-même apparu comme une répétition préparant à la catastrophe de Tchernobyl d'avril 1986. Par son degré de gravité, ses répercussions mondiales, avec ses nuages radioactifs touchant toute la planète, celle-ci a eu des répercussions considérables sur toute l'industrie nucléaire puisqu'on a même assisté à la remise en cause de certains programmes.

En 1984 se produisent deux terribles drames touchant des pays en voie de développement. En novembre, dans un quartier très peuplé de Mexico, a lieu l'explosion suivie de l'incendie d'une réserve de gaz. Début décembre, c'est l'accident de Bhopal en Inde, avec la fuite de gaz survenue dans l'usine d'Union Carbide et qui provoque 2 300 morts et plus de 60 000 blessés.

En 1986, outre Tchernobyl, se produisent plusieurs grandes catastrophes dont on retiendra seulement ici l'incendie d'un entrepôt de Sandoz à Bâle, en Suisse, provoquant une importante pollution du Rhin.

Comme on le constate, tous ces drames concernent deux secteurs précis d'activité : la chimie et l'énergie. Liées à ce dernier se trouvent toutes les marées noires, dont celles dues aux naufrages de pétroliers. Après le premier grand avertissement du Torrey-Canyon en 1967, et toute une série d'échouages intervenus au large des côtes bretonnes, s'est produit en 1978, la grande marée de l'Amoco-Cadiz à laquelle succède deux ans après celle du Tanio.

Tous ces chocs relèvent de « l'accident majeur » défini par Lagadec (1988, p. 22-23) comme un événement singulier, hautement perturbant, présentant en général les caractéristiques suivantes :

- les risques liés à cet événement sont à très grande échelle, hors de proportion avec ce que l'on connaît habituellement ;
- les problèmes posés par la catastrophe touchent au long terme ;
- les procédures d'urgence prévues pour parer aux événements usuels sont prises à revers ;
- les incertitudes scientifiques et techniques que rencontrent les responsables engagés dans la lutte sont si aiguës, qu'elles paralysent l'action;
- il y a, dans la mise en place de contre-feux, une multiplication immédiate et extraordinaire du nombre des intervenants ;
- de redoutables problèmes de communication se posent au sein de l'organisation, entre les organisations responsables, et entre celles-ci et le public vu à travers les médias ;
- ce type d'événement se solde par des problèmes d'indemnisation très difficiles à régler ;
- des conflits très marqués naissent entre de larges groupes à l'intérieur d'une même société, ou entre pays ;
- enfin, il y a des enjeux économiques, technologiques et culturels de grande portée.

Dans le cas qui nous intéresse, celui de la marée noire de l'Amoco-Cadiz, on retrouve l'essentiel de ces caractéristiques :

- l'échelle : un super-pétrolier qui s'échoue avec plus de 220 000 tonnes de pétrole dans ses flancs et qui souille 350 km de côtes ;
- les effets à long terme : sur le moment, les interrogations sur la possibilité de récupération de l'écosystème donnent à craindre des dommages irréparables ;
- une procédure d'urgence (le plan POLMAR) qui n'a jamais été testée et le manque de moyens matériels qui rend dérisoire la lutte contre la pollution ;
- les incertitudes paralysantes : fallait-il ou non essayer de mettre le feu à l'épave le lendemain de l'échouage, au risque de retrouver des particules de goudron sur toute la zone littorale et sur une profondeur de plusieurs dizaines de km ?
- un nombre d'intervenants considérable : autorités civiles (préfet avec les services de l'Etat, collectivités locales), autorités militaires (armée de terre, marine nationale), particuliers, écologistes... ;
- les problèmes de communication tenant justement à la multiplicité des intervenants, et à l'incertitude concernant la conduite à tenir ;
- les problèmes d'indemnisation, qui sont au centre de cet ouvrage, n'ont pas besoin d'être évoqués plus longuement ici ;
- les conflits entre groupes se sont révélés très importants à l'occasion de cette catastrophe qui survenait dans un contexte d'affirmation des spécificités de la Bretagne et de lutte antinucléaire contre le projet de centrale de Plogoff.
- l'enjeu ici est celui de la sécurité maritime avec la mise en place d'un « rail » repoussant les pétroliers et autres navires transportant des substances dangereuses, plus au large de la Bretagne. C'est aussi la mise en accusation des pratiques des grandes multinationales pétrolières et de leurs sociétés-écrans qui masquent leur responsabilité.

Références bibliographiques

DUCLOS D., 1989. *La peur et le savoir, la société face à la science, la technique et leurs dangers*. Paris, Editions la Découverte, 308 p.

LAGADEC P., 1979. Le défi du risque technologique majeur. *Futuribles*, Novembre, p. 11-34.

LAGADEC P., 1988. *Etats d'urgence, défaillances technologiques et déstabilisation sociale*. Paris, Editions du Seuil, 405 p.

ODIER F., 1987. La pollution par les hydrocarbures : réparation des dommages et protocoles OMI de 1984. *Espaces et Ressources Maritimes*, n° 2, 107-115.

CHAPITRE 1.

LE CONTEXTE JURIDIQUE

Concurremment à l'évaluation économique des dommages, dans le cas des marées noires, se pose la question de leur réparation. Car à quoi sert un chiffrage, si rigoureux soit-il, si les victimes ne sont pas indemnisées ? On ne peut donc faire l'économie d'une présentation du cadre juridique qui prévaut dans la réparation de ces catastrophes. Le cas particulièrement complexe qui nous préoccupe, celui de l'Amoco-Cadiz, permet de saisir le problème dans toute son ampleur. En effet, ici, sont étroitement liées des considérations de droit interne propres à la France et aux Etats-Unis, et de droit international.

Dans un premier point nous évoquerons les règles générales du droit de la mer et celles qui concourent à assurer la sécurité maritime. En ce sens, elles participent à la prévention en jouant sur le comportement des responsables avant les accidents, puis pendant.

Dans un deuxième point, nous examinerons la teneur des accords internationaux facilitant la lutte contre la pollution et assurant la réparation des dommages, tels qu'ils existaient au moment où s'est produit l'échouement de l'Amoco-Cadiz.

Un troisième point est consacré à la présentation du jugement en responsabilité rendu par le tribunal de Chicago en 1984.

Enfin, en dernier lieu, nous chercherons à mettre en évidence les conséquences de cette marée noire au plan des accords internationaux et à juger si les choses ont évolué dans le bon sens.

1. Les mesures susceptibles de prévenir les accidents

Les mesures susceptibles de prévenir les marées noires sont de deux ordres : les premières visent à responsabiliser les acteurs maritimes, de façon à ce que les incidents ne se produisent pas. Les secondes ont pour objet de susciter l'aide au moment des incidents, afin d'éviter qu'ils dégénèrent. C'est le principe de l'assistance et du système des « avaries communes ».

1.1. Le régime de responsabilité en droit maritime

Les risques spécifiques de la mer sont à l'origine de certaines particularités du droit maritime, notamment en matière de responsabilité, par rapport au « droit terrestre ». Peu rigoureux pour les armateurs jusqu'au XIXe siècle, le droit maritime s'est ouvert aux exigences des victimes, du fait de l'évolution technique et sociale, rendant plus difficilement acceptables les risques maritimes.

Autrefois, les sinistres maritimes se réglaient souvent par l'abandon du navire, pratique dont on trouve trace dans le droit français jusqu'en 1967. L'abandon évitait toute suite, le « coupable » gisant au fond des océans, selon le mot de Bonassies (1986a, p. 117), à qui nous empruntons les développements suivants. Remarquons qu'à cette période du capitalisme naissant, tout était fait pour favoriser le commerce maritime et les échanges internationaux. L'armateur pouvait prévoir, dans les contrats de transport, des clauses l'exonérant de toute responsabilité, même en cas de faute personnelle. Cette situation défavorable à la victime n'était d'ailleurs pas propre aux choses de la mer car à cette époque, en France, l'employé victime d'un accident du travail devait prouver la faute de son patron pour être indemnisé. En droit anglais ce n'était guère mieux, la plus petite faute de la victime lui ôtant toute possibilité de réparation.

Dès la fin du XIXe siècle, sous l'action des tribunaux plus que des législateurs, des changements interviennent. Les plus significatifs se rencontrent aux Etats-Unis, probablement parce qu'il s'agit d'une nation dont les intérêts ne se confondent pas avec ceux des armateurs, mais plutôt avec ceux de leurs clients. Ce choix les a conduits à privilégier la navigabilité du navire. Cette dernière est du ressort des armateurs qui doivent tout faire pour la garantir. Cette implication de la responsabilité de l'armateur s'est généralisée, même si les Etats-Unis se sont montrés plus rigoureux que d'autres pays sur ce point.

De nos jours, la responsabilité même de l'armateur a un caractère étendu. Ainsi n'est-il pas besoin d'identifier précisément le responsable à qui attribuer les carences ayant pu conduire au sinistre. Ce peut être le mauvais fonctionnement d'un service technique chargé de la conception du bâtiment, sans que l'on puisse déterminer précisément qui est à l'origine du problème. C'est aussi le manque de contrôle dans la conception du navire, sa construction ou sa transformation, et cela en cascade depuis le chef de service, le cadre de haut niveau, jusqu'au conseil d'administration.

De même, il peut y avoir faute de l'armateur si la compétence du capitaine et de son équipage est en cause. On estime que s'ils n'ont pas été à la hauteur au cours d'un sinistre, il y a responsabilité de l'armateur, parce qu'il n'a pas suffisamment vérifié leur savoir-faire. Le fonctionnement défectueux d'un appareil en raison d'un mauvais entretien suffit à démontrer la responsabilité de l'armateur. Au-delà même, il peut être considéré comme responsable dès lors que le comportement de son navire n'est pas tout à fait normal.

Dans le domaine du transport maritime, la responsabilité de principe de l'armateur est plus rigoureuse encore. Le transporteur est de plein droit responsable du dommage causé à la marchandise qui lui a été confiée. Pour se dégager, il doit prouver que ce dommage est la conséquence de situations de force majeure, ou d'une faute du chargeur. Mais les tribunaux interprètent de manière restrictive ces possibilités d'exception et même, ils ont plutôt tendance à chercher s'il n'y a pas une faute conjointe de l'armateur, ce qui permet de le déclarer partiellement ou totalement responsable du dommage.

Le transporteur peut être exonéré de toute responsabilité s'il arrive à prouver que le dommage est la conséquence d'une faute dans la conduite, dite aussi faute « dans la navigation ou l'administration du navire ». Mais on a vu que si l'armateur n'a pas été à même d'assurer la parfaite navigabilité du navire, les tribunaux n'hésitent pas à lui attribuer l'entière responsabilité du sinistre.

En contrepartie de cette très large extension de la responsabilité de l'armateur, les règles propres au droit maritime admettent sa limitation. Cette disposition est très générale et se retrouve dans toutes les législations nationales. Elle traduit les risques considérables de la navigation maritime, lui assurant les bases économiques nécessaires à son développement. Elle correspond également à l'indépendance, de droit et de fait, du capitaine, même si aujourd'hui la marge de manœuvre d'un capitaine est en réalité assez faible.

Cette règle ancienne vient de ce fait qu'autrefois chaque expédition maritime était conçue comme une entreprise à responsabilité limitée associant le capitaine, le propriétaire du navire et éventuellement les chargeurs. Dans cette conception propre au droit maritime, dite de la « fortune de la mer », la valeur du navire était isolée dans le patrimoine de l'armateur, afin de limiter l'action des créanciers. Parallèlement, l'armateur pouvait se libérer de ses dettes en faisant abandon du navire, même s'il y avait eu naufrage et perte totale. Ce système a survécu sous une autre forme empruntée au droit anglais, où l'abandon en nature est remplacé par une limitation en valeur, calculée en fonction du tonnage du navire.

Ce principe de limitation de responsabilité est en soi dommageable aux personnes privées, même s'il n'est plus possible aujourd'hui à un armateur de limiter sa responsabilité à presque rien (la valeur du navire au fond de la mer, ou les embarcations de sauvetage sauvées), comme ce fut le cas pour les naufrages du Titanic en 1912 ou du Lamoricière 30 ans après. Comme le note Bonassies (1986a, p. 124), si ce système peut conduire à des résultats profondément injustes, il ne remet pas en cause la sécurité des espaces maritimes. En effet, le droit à la limitation pour l'armateur suppose l'absence absolue de toute faute. Et là également, les tribunaux se sont toujours montrés très stricts tant sur la notion de faute même, que sur la notion de faute personnelle.

1.2. L'assistance en mer

Pour faire face aux dangers de la mer, les marins ont traditionnellement l'obligation d'assistance aux personnes « en péril de mer ». Dès la fin du XVIIIe siècle, en France, cette obligation prévoyait que le commandant de tout vaisseau de guerre serait cassé s'il avait refusé le secours, même à un bâtiment ennemi dans la détresse. Curieusement, il a fallu encore attendre un siècle pour que le droit français élargisse cette règle à la marine de commerce. La convention internationale sur l'abordage de 1910 a repris cette obligation.

Mais, comme le soulignent Rodier et E. du Pontavice, (1986, p. 567), cette assistance n'est due qu'aux personnes. Pour ce qui concerne l'assistance et le sauvetage des navires, y compris leur cargaison, il y a une réglementation particulière. Elle s'applique quand il y a un péril grave, même s'il n'est pas imminent, et que l'assisté a besoin de services exceptionnels.

Sur le principe, l'assistance maritime prévoit que celui qui vient en aide, « l'assistant », a droit à une rémunération à la hauteur des dangers encourus et du temps perdu. Le montant, qui est avantageux, est calculé en proportion des biens sauvés en incluant la valeur des marchandises transportées. L'importance de l'indemnité constitue évidemment une forte incitation à l'aide. Une telle institution n'a pas d'équivalent dans les autres domaines d'activité, et le fait d'aider un particulier ou un entrepreneur à sauver ses biens lors d'un sinistre terrestre n'a jamais donné droit à une indemnité.

Les modalités fixant l'intervention de l'assistant sont très souples et le capitaine assisté peut demander de l'aide sans autorisation de l'armateur. Il n'y a pas besoin d'un écrit pour qu'il y ait contrat d'assistance. Un simple échange radio et même au porte-voix suffit. De même il n'est pas obligé que la rémunération soit fixée par le contrat. De toutes façons, même s'il y a eu fixation par contrat, il existe toujours une possibilité d'annulation au cas ou il n'y aurait pas eu de véritable assistance. Il y a aussi possibilité de révision au cas où la rémunération fixée serait déraisonnable par rapport au service rendu. Pour Bonassies (1986a, p. 130) cette possibilité est si efficace que le contrat type le plus courant (le Lloyd's Open Form) prévoit que l'indemnité d'assistance sera déterminée ultérieurement par un arbitre.

La rémunération proprement dite obéit à certaines règles dont la plus connue est « no cure, no pay », signifiant qu'aucune rémunération n'est due si le secours prêté ne se traduit par aucun résultat utile. Ainsi, l'assistant n'a droit à rien si le navire assisté et sa cargaison sont perdus, et ce quels que soient les efforts effectués. En échange, le caractère aléatoire de l'opération est compensé par l'importance de l'indemnité lorsqu'il y a des résultats. Encore faut-il qu'il n'y ait pas eu défense expresse et raisonnable du capitaine du navire assisté, ou que le péril ne soit pas dû au sauveteur lui-même, ou que le sauveteur ne se soit pas conduit en « pillard ».

Le calcul de l'indemnité dépend de la valeur des choses sauvées et du danger couru par l'assisté. Mais interviennent aussi les efforts de l'assistant, y compris la nature même du navire sauveteur, afin d'encourager l'action des remorqueurs spécialement conçus pour cet usage. Ces navires ayant des contraintes d'exploitation très particulières bénéficient d'une rémunération spéciale.

Mais dans le cas des pétroliers en péril, le mécanisme classique de l'assistance n'incitait pas le sauveteur à lutter contre la pollution (Remond-Gouilloud, 1988, p. 206). En effet, lorsque le pétrole s'échappe du navire, le montant sur lequel la prime est calculée diminue. D'autre part, le remorqueur risquait de voir sa responsabilité engagée dans les effets de la pollution, d'où la tentation de plutôt s'écarter de ce type de sauvetage. Pour éviter cela, les assureurs des navires transportant du pétrole ont prévu un droit au remboursement des dépenses de l'assistant, augmentées de 15 %, même s'il n'y a pas de résultat. On a substitué dans ce cas précis au principe « no cure, no pay » le principe « no cure, little pay » afin d'encourager l'assistance aux pétroliers, même si les chances de succès sont faibles.

L'existence d'une autre institution spécifique de la mer, le système des « avaries communes » vient renforcer les actions préventives. Cette très vieille institution, reconnue par les textes internationaux, prévoit qu'un navire connaissant des problèmes susceptibles de le mettre en danger peut être déclaré en « avaries communes », par simple décision du capitaine. Dans ce cas, les charges liées à la remise en état ou au sauvetage sont à la charge de l'armateur et du chargeur, au prorata des valeurs respectives du navire et des marchandises. Ainsi quand il y a assistance, le capitaine fait une opération dont le montant est à la charge des assureurs de tous les biens engagés dans l'expédition.

A l'origine, on a considéré que dans des situations périlleuses, le sauvetage du navire et des biens transportés pouvait conduire à des décisions difficiles à prendre pour le capitaine, car coûteuses. Ainsi l'allègement du navire par le sacrifice d'une partie de la cargaison pouvait éviter l'échouage et donc la déroute financière de l'expédition. Autrefois l'association entre armateurs et marchands qui accompagnaient leur marchandise se formait au moment du danger. Rodier et du Pontavice (1986, p. 588) rappellent le discours que tenait à ce moment-là le capitaine : « Messieurs les marchands nous sommes en grand péril de périr; s'il vous plaît que les marchandises répondent pour le navire et que le navire réponde pour les marchandises, nous allons tenter de sauver le navire ». Cette association en vue du péril commun s'est poursuivie par la suite, lorsque les marchands cessèrent d'accompagner physiquement le fret. Mais elle était conclue au départ et non au moment du danger.

De nos jours, cette institution permet au capitaine de faire des dépenses très coûteuses afin d'assurer la bonne poursuite de l'expédition, sachant qu'elles seront réparties entre tous les intéressés. Mais la notion d'avarie commune est assez riche. Il faut aussi qu'il y ait eu un sacrifice volontaire, ce qui exclut la perte fortuite ou fautive, ou l'abordage. Il faut aussi qu'il y ait eu un danger couru par l'expédition. Par ailleurs, le sacrifice doit être fait dans un intérêt commun, c'est-à-dire dans l'intérêt de l'association entre armateur-navire et chargeurs-marchandises.

La contribution aux avaries communes des chargeurs se fait sur l'ensemble des marchandises, y compris celles qui ont été sacrifiées. Quant au navire, il contribue pour sa valeur au moment où l'expédition se finit, y compris, le cas échéant, le montant des dommages qu'il a subis. Ces avaries peuvent être assez élevées. Rien qu'en frais de chômage, on peut atteindre 100 000 F par jour pour un gros pétrolier. Or, dans les conditions présentes, la cargaison d'un pétrolier vaut autant que le navire lui-même, ce qui signifie un partage des frais à égalité. Aux environs de 1980, au moment où le cours du pétrole était très élevé, on pouvait arriver à la proportion 2/3 pour la valeur de la cargaison et 1/3 pour le bâtiment.

Tout est fait pour que le capitaine n'ait pas à craindre une dérobade de la part des propriétaires des marchandises car ils ne peuvent les récupérer, une fois arrivées à destination, que contre paiement d'une contribution provisoire fixée de façon assez généreuse.

2. Les accords internationaux

Il convient de voir au moment du sinistre de l'Amoco-Cadiz, les accords internationaux en vigueur en vue d'assurer la réparation des dommages. En effet, devant la multiplication des accidents de pétroliers, des systèmes d'indemnisation sont mis en place débouchant sur des fonds. Mais comme l'indique Remond-Gouilloud (1988, p. 237), « qui dit fonds dit plafond ». L'essentiel concerne les modalités d'accès à ces fonds pour les victimes, mais aussi les limites des obligations que supportent les responsables des marées noires. Toutefois avant d'examiner les accords d'indemnisation, il convient de présenter brièvement les accords facilitant les opérations de lutte contre la pollution. Dans une deuxième section, on envisagera le contenu des Conventions de Bruxelles de 1969 et 1971 en matière de réparation. Enfin dans une troisième section, on évoquera les accords professionnels privés mis au point par les compagnies pétrolières (Tovalop et Cristal).

2.1. Les accords facilitant la lutte contre la pollution

Traditionnellement le droit international, garant de la liberté des mers, interdit toute intervention d'un état riverain au-delà de la limite de ses eaux territoriales. Avec la marée noire survenue sur les côtes britanniques et françaises en 1967 lors de l'échouage du Torrey-Canyon, les grandes nations maritimes ont pris conscience de la nécessité de changer ce dogme.

En vue de faciliter les opérations de lutte contre la pollution, les pouvoirs d'intervention des autorités nationales ont été accrus, et les Etats riverains ont même été autorisés à intervenir en haute mer lorsqu'il y a un risque de marée noire. La Convention de Bruxelles de 1969, que l'on verra plus en détail pour l'aspect réparation, a explicitement introduit cette possibilité. Il y a même eu ultérieurement, une extension aux autres substances nocives.

Parallèlement à l'exercice de ce droit d'intervention, des accords de coopération régionaux ont été conclus entre Etats riverains d'une même mer, de façon à mieux assurer l'information mutuelle, la surveillance et, le cas échéant, l'assistance. Mais, note Remond-Gouilloud (1988, p. 214)), les Etats n'accordent plus gratuitement leur assistance au nom de la solidarité internationale. Ils attendent le remboursement des frais engagés. Toutefois, il est bien difficile de voir dans quelle mesure cette assistance n'est pas intéressée : désir en prêtant main forte au voisin de protéger son propre littoral, ou souci de tester le caractère opérationnel des équipes et des matériels spécialisés. Dans ces conditions, l'Etat qui agit dans son propre intérêt, n'est pas fondé à demander une indemnisation à son voisin. Toutefois, il peut s'adresser au « Fonds international d'indemnisation » (FIPOL) créé par la Convention de Bruxelles de 1971, qui peut prendre ces dommages en charge. Lors du naufrage de l'Amoco-Cadiz, ce fut la solution adoptée par le Royaume-Uni.

Le naufrage de l'Olympic-Bravery en 1976, au nord d'Ouessant, est à l'origine de mesures concernant les épaves dangereuses. En effet, cette épave était restée plantée deux mois sur les écueils avant de se briser et de libérer le pétrole de ses soutes, sans que l'Etat français puisse agir. Aujourd'hui, l'administration peut intervenir directement en cas de danger pour la navigation, la pêche ou l'environnement sans avoir à mettre en demeure le propriétaire.

2.2. Les Conventions de Bruxelles de 1969 et de 1971 en matière de réparation

En ce qui concerne les mécanismes de répartition des dommages, le naufrage du Torrey-Canyon constitue un tournant important. Le 18 mars 1967, ce bateau s'échouait sur les « Seven Stones » près des îles Scilly, en dehors des eaux territoriales anglaises. En deux jours, la moitié des 117 000 tonnes de pétrole contenu dans ses flancs se répandait dans la mer, polluant les côtes britanniques. Le 10 avril, environ 30 000 tonnes d'hydrocarbures touchaient le littoral breton.

Les dommages estimés à 80 millions de francs à l'époque ont fait l'objet d'une indemnisation par voie de transaction. Heureusement, car avec le système existant à ce moment-là, les victimes n'auraient touché que le quart de cette somme. Il n'existait alors que la Convention générale de Bruxelles de 1957 sur la limitation de responsabilité des propriétaires des navires de mer. Sauf faute personnelle et prouvée du propriétaire, il y avait un plafond plus ou moins élevé selon que les dommages étaient matériels ou corporels. De toutes façons, il n'était pas traité de la nature juridique de la responsabilité des armateurs, celle-ci restant du ressort des législations nationales (Assemblée Nationale, 1978, p. 303). Or dans la plupart des pays c'était à la victime qu'il incombait de faire la preuve.

Face à cette situation, et à l'instigation de la France et du Royaume-Uni, un régime spécial de réparation des dommages dus aux hydrocarbures s'est mis en place. Dans un premier temps, les conventions de Bruxelles de 1969 et de 1971 en ont fixé les formes. Dans son esprit, ce système repose sur l'idée que les armateurs pétroliers ne doivent pas être les seuls à supporter le poids des dommages liés aux marées noires. En effet, les producteurs et les distributeurs de pétrole sont les premiers bénéficiaires du transport maritime, et doivent donc aussi supporter le coût des catastrophes.

La Convention de 1969 concerne seulement les navires « qui transportent effectivement des hydrocarbures en vrac en tant que cargaison », ce qui correspond aux pétroliers. Ne sont susceptibles de réparation que les dommages directs survenus dans les eaux territoriales et provenant d'un déversement d'hydrocarbures. Les dégâts dus à un incendie ou à une explosion sont donc exclus. Les mesures de sauvegarde, lutte contre la survenance ou l'extension de la marée noire, entrent en ligne de compte si elles ont un caractère raisonnable.

Mais c'est dans la définition de la responsabilité du propriétaire du navire, que la Convention de 1969 apporte un changement substantiel, par rapport à la tradition maritime. En effet, il s'agit d'un régime de responsabilité objective, ce qui signifie qu'il n'y a plus besoin de démontrer qu'il y a faute de l'armateur. Toutefois, ce dernier est exonéré s'il prouve que le dommage résulte de circonstances exceptionnelles (guerre, hostilités, phénomène naturel), du fait intentionnel d'un tiers, ou de la faute d'une autorité responsable de l'entretien des feux ou autres aides à la navigation. Bien entendu la faute de la victime elle-même, l'exonère.

En contrepartie du principe de responsabilité objective, la Convention de 1969 reprend les dispositions de la Convention générale de Bruxelles de 1957 sur la limitation de responsabilité ordinaire des propriétaires de navire. Le montant maximum est plafonné à 77 millions de francs, soit à peu près l'équivalent des dommages enregistrés à la suite du naufrage du Torrey-Canyon.

La Convention de 1971 prend en compte les dommages dépassant le plafond fixé par la Convention de 1969, ou non couverts (cas du navire responsable exonéré, ou de l'incapacité financière du responsable à faire face à ses obligations). Alors intervient le Fonds international d'indemnisation pour les dommages dus à la pollution par les hydrocarbures, le FIPOL.

Ce fonds, dont la finalité est la gestion du risque, organise la contribution de l'industrie pétrolière à la réparation des dommages. C'est un mécanisme collectif de paiement (Remond-Gouilloud, 1988, p. 237) alimenté par des contributions mises à la charge des importateurs, proportionnellement aux quantités livrées par voie maritime. Ce fonds est géré sous le contrôle des Etats eux-mêmes qui fixent le niveau des contributions. Un comité exécutif règle les questions d'indemnisation tandis qu'un secrétariat permanent s'occupe de la gestion quotidienne. L'indemnisation maximale, qui s'établit à 166 millions de francs, s'accompagne donc d'un rééquilibrage en faveur des armateurs. Ainsi, leur prise en charge par tonneau de jauge brute, est ramenée de 738 à 553 F, avec un plafond de 46 millions de francs au lieu de 77 millions aux termes de la Convention de 1969.

2.3. Les accords professionnels privés : les plans TOVALOP et CRISTAL

Indépendamment des Conventions de Bruxelles, les compagnies pétrolières ont créé sous forme mutuelle deux fonds privés visant à une indemnisation, aussi souple et rapide que possible, des victimes de la pollution par les hydrocarbures à la suite d'accidents maritimes.

Ainsi l'accord TOVALOP (Tankers Owners Voluntary Agreement concerning Liability for Oil Pollution) est entré en vigueur en 1969 avant que se tienne la Convention de Bruxelles du 29 novembre 1969. Par cet accord, les armateurs signataires s'engageaient à rembourser aux Etats les dépenses de traitement des nappes en mer et de nettoyage du littoral jusqu'à un maximum de 10 millions de dollars (montant relevé à 16,8 en 1978).

Par rapport à la Convention de 1969 la nature juridique de la responsabilité de l'armateur est moins rigoureuse puisqu'il peut s'en dégager en prouvant l'absence de faute personnelle ou de négligence. D'autre part, la définition des dommages couverts est plus limitée.

Quant à l'accord CRISTAL (Contract Regarding an Interim Supplement to Tanker Liability for oil pollution) il est à TOVALOP ce que la Convention de 1971 est à celle de 1969. Alimenté par l'industrie pétrolière, au prorata des importations d'hydrocarbures, il couvre les frais de nettoyage et les dommages des victimes incombant à l'armateur quand la Convention de 1969 ou TOVALOP ne marchent pas. La limite fixée à 30 millions de dollars en 1971 a été réévaluée à 36 millions en 1978.

Comme le note le rapport de l'Assemblée Nationale (1978), ces accords professionnels privés ont permis de régler un certain nombre de sinistres avant l'entrée en vigueur des Conventions de 1969 et 1971. Et même après, ils gardent leur intérêt dans le cas de dommages provoqués par des navires relevant d'Etats non signataires des Conventions de Bruxelles.

3. Le jugement en responsabilité pour l'Amoco-Cadiz

Le tribunal de district des Etats-Unis d'Illinois-Nord, division Est, a conclu la phase proprement juridique du sinistre de l'Amoco-Cadiz le 18 avril 1984. La décision du juge Mc Garr, résumée par Bonassies (1986b, p. 194) tient en deux mots : bienveillance à l'égard de l'assistant (la société propriétaire du remorqueur) ; rigueur vis-à-vis de l'armateur. Toutefois avant d'examiner ces deux points, il convient de se pencher sur les problèmes assez délicats de procédure.

3.1. Les problèmes de procédure

Dans la recherche de responsabilité dans le sinistre de l'Amoco-Cadiz, la première difficulté à laquelle on se heurte, est la détermination du véritable propriétaire du pétrolier. En effet, le navire appartenait formellement à l'Amoco Transport Company, société de droit libérien mais dont les bureaux sont aux Bermudes. Or cette société est une filiale d'Amoco International Oil Company (AIOC) qui appartient entièrement au groupe Standard Oil. AIOC tout comme Standard Oil ont leur siège à Chicago.

A l'origine, la construction de l'Amoco-Cadiz par Astilleros Espagnoles de Cadix résulte d'une commande d'AIOC qui a d'ailleurs réceptionné et géré quelque temps le pétrolier. En 1974 ce dernier a été remis à une société de droit libérien, l'Amoco Tankers Company qui, 15 jours après, l'a revendu à Amoco Transport Company pour 27,63 millions de dollars. Ainsi on avait un bateau battant pavillon libérien, appartenant en fait à une société de droit américain, et affrété par la Shell britannique.

Il est évident que la recherche du propriétaire réel relève du tribunal. Mais devant quelle juridiction porter l'affaire ? Aux termes de la Convention de Bruxelles de 1969, ratifiée par la France ainsi que par le Libéria, il eût été normal que les tribunaux français aient à connaître de l'action en responsabilité contre l'Amoco Transport Company. Or, comme on l'a vu, cette société libérienne correspond en fait à une société écran ; il apparaissait donc souhaitable d'attaquer la maison mère. Cette dernière étant de droit américain, et les Etats-Unis n'ayant pas ratifié la Convention de 1969, il était préférable d'intenter une action contre Amoco International aux Etats-Unis, et plus précisément au siège, à Chicago. Un tel choix évitait aussi les éventuels problèmes d'exécution du jugement qui auraient été rencontrés, si celui-ci avait été rendu en France.

En plus des diverses sociétés Amoco et de la Standard Oil company, les demandeurs français ont également assigné le chantier naval Astilleros Espagnoles, et la société allemande Bugsier Reederei und Bergungs A.O propriétaire du remorqueur (le Pacific) ayant tenté de sauver le pétrolier. Le chantier naval espagnol et la société de remorquage ont été aussi mis en cause par le groupe Amoco devant le tribunal de Chicago.

En ce qui concerne les problèmes de compétence et de droit applicable, le juge fédéral Mc Garr reconnaît dans sa décision du 18 avril 1984 que les règles de fond du droit français ne sont pas très différentes de celles des Etats-Unis. De ce fait il estime possible de régler le litige sur la base du droit américain pour répondre à la demande des parties françaises. Nous ne retiendrons ici que la conclusion sachant que cette décision est étayée sur une analyse plus complète de la situation juridique compte tenu des Conventions en vigueur (Kiss, 1985).

3.2. Le jugement concernant l'assistant : pas de responsabilité

Si l'on considère le cas de l'assistant, il a été affirmé que le capitaine Weinert, commandant du Pacific, avait tardé à intervenir afin de faire monter les enchères au maximum en matière de prime. La lenteur des négociations aurait été ainsi une des causes du naufrage et la responsabilité de l'assistant aurait été manifeste.

Reprenant presque intégralement la chronologie des faits juste avant la catastrophe, telle qu'elle est indiquée dans les rapports du Sénat et de l'Assemblée Nationale, le juge montre que cela est erroné au plan des faits.

Bien que la Société Bugsier ait son siège à Hambourg, le Pacific est basé en permanence à Brest. Le 16 mars 1978 au matin, ce remorqueur quitte son port d'attache pour se diriger vers le Pas-de-Calais où il doit aider au remorquage d'une plate-forme vers le golfe de Gascogne. Au moment (9 h 45) où l'homme de barre de l'Amoco-Cadiz prévient son capitaine, P. Bardari, que le navire « a perdu sa direction », à cause d'une avarie de gouvernail, le pétrolier est au nord d'Ouessant et le Pacific double la pointe Saint-Mathieu.

Aussi à 11 h 20 quand le capitaine de l'Amoco-Cadiz, constatant qu'il ne peut pas réparer, demande l'assistance de remorqueurs, la distance entre les deux navires est seulement de 13 milles. Aussitôt le Pacific fait demi-tour et quelques minutes après il entre en contact radio avec l'Amoco-Cadiz, lui faisant une offre de service sur la base du contrat « Lloyd's open form ». La Société Bugsier informée de la situation demande à un autre de ses remorqueurs, le Simson, qui est à 150 milles dans la Manche, de venir prêter main forte au Pacific.

C'est à propos du contrat d'assistance que naissent les ambiguïtés, car aux propositions du Pacific, le capitaine Bardari ne va pas répondre tout de suite, recherchant à contacter Chicago (Chicago, et non les Bermudes, siège d'Amoco Transport). Mais cela n'empêche pas les tentatives de remorquage qui prennent forme deux heures après.

Dès 13 h 45, un premier filin est lancé et le remorquage par l'avant commence à 14 h 07. Une demi-heure après, l'Amoco-Cadiz refuse une nouvelle offre d'assistance, et c'est à ce moment-là que le capitaine de l'Amoco-Cadiz affirme que le Pacific fait pression sur lui, cessant même de tirer.

A 16 heures, ayant l'accord de Chicago, l'Amoco-Cadiz accepte le « Lloyd's open form », mais le capitaine Bardari prétend qu'il souhaitait seulement un contrat de remorquage et que le capitaine Weinert aurait changé la nature du contrat en cours de remorquage (Sénat, 1978, p. 22). Toutefois, à 16 h 19 la chaîne de remorque casse et il faudra plusieurs heures d'effort pour réussir à en passer une seconde. A 20 h 55, le Pacific recommence à tirer, par l'arrière cette fois. Mais à 21 h 04 le pétrolier s'échoue et à 22 h le câble de remorque casse. Peu de temps après, le second remorqueur, le Simson, arrive, mais trop tard pour être d'une quelconque utilité.

Le simple énoncé des faits, tel que le relate le juge suffit à disculper le capitaine Weinert de toute faute quant à la diligence. Entre le moment où le Pacific a intercepté le message du capitaine Bardari et le lancement du premier filin, il s'est écoulé 1 h 50. Entre cette opération et l'accord définitif il s'est encore écoulé 1 h 45, ce qui montre que la difficulté de négociation entre les deux parties n'a pas entravé les efforts de sauvetage ? De surcroît « le régime de l'assistance peut exister sans contrat, du simple fait qu'un navire porte effectivement secours à un autre navire » (Bonassies, 1986a, p. 310). Le capitaine du Pacific, qui était un professionnel du remorquage ne pouvait pas ignorer cela et il savait qu'il n'avait pas besoin d'avoir un contrat en bonne et due forme pour intervenir.

N'ayant commis aucune faute lourde, Bugsier n'est pas responsable des dommages subis par les propriétaires de l'Amoco-Cadiz, ni par la France suite à la pollution. Le seul reproche qui pourrait lui être fait concerne la première tentative du remorquage. Si elle avait été faite par l'arrière au lieu de l'avant, peut-être le pétrolier aurait-il pu être sauvé. Mais, note Kiss (1985, p. 578), avant cet accident aucun navire de la taille de ce super-pétrolier, n'a, semble-t-il, été pris en remorque par mauvais temps.

3.3. La responsabilité des sociétés du groupe Amoco et de la Standard Oil

En ce qui concerne la responsabilité des faits ayant provoqué la marée noire, le juge Mc Garr constate que la seule cause est l'avarie du gouvernail. Pour en arriver là il passe en revue tous les éléments techniques ayant précédé le sinistre, depuis la mise en route du navire jusqu'au constat de la panne.

Ainsi les propriétaires du pétrolier n'avaient pas respecté les prescriptions du constructeur en matière d'entretien de la timonerie. Alors qu'il devait y avoir une révision annuelle, celle-ci s'est faite tous les 18 mois, puis tous les deux ans, puis tous les deux ans et demi. Les vidanges n'étant pas faites comme il le fallait, le circuit hydraulique s'est plus ou moins grippé, et sous la pression des vagues il y a eu rupture de certaines pièces.

Des réparations, dont la nécessité était évidente dès la mise en service en 1974, n'avaient pas été effectuées. Lors des essais il avait été constaté que les cylindres du système hydraulique étaient rayés, et rien n'avait été fait. Les fuites d'huile qui en résultaient ne cessaient d'augmenter dépassant les dix litres par jours avant l'accident. Il y avait même eu à deux reprises blocage de la barre.

En outre, l'équipage n'avait aucune formation qui lui aurait permis de faire face à une avarie de gouvernail. Il n'avait même pas d'information concernant la vidange du système hydraulique et le nettoyage des pompes. Il n'avait pas non plus eu l'occasion de procéder à des exercices de dépannage.

Ces nombreuses négligences, et bien d'autres, ont contribué aux avaries de barre, et n'ont pas permis à l'équipage d'intervenir à bon escient.

Pour ce qui est de la détermination des responsables, le juge conclut que Amoco International Oil Company (AIOC) ayant la maîtrise complète de l'exploitation du navire aurait dû s'assurer de sa navigabilité, et de l'aptitude de l'équipage à faire face à la situation. La négligence d'AIOC s'exprime aussi dans le fait qu'il n'y avait aucun dispositif de gouverne de rechange. Quant à Amoco Transport, en tant que propriétaire en nom du pétrolier, elle aurait dû s'assurer que le pétrolier était bien en état de naviguer lors de son dernier voyage. Ne l'ayant pas fait, elle est en faute. Amoco Transport aurait dû exercer sur AIOC une direction ou surveillance pour tout ce qui touche à l'entretien, à la réparation et à l'entraînement de l'équipage.

Standard Oil a une responsabilité générale en raison de son rôle dans toutes ses filiales. En effet, Amoco Tankers, Amoco Transport, tout comme leur chef de file AIOC, peuvent être considérés comme de simples instruments de Standard. Standard est responsable en raison de sa propre faute, ayant directement supervisé la conception, la construction et l'exploitation de l'Amoco-Cadiz. D'autre part, Standard Oil est responsable en raison des fautes d'Amoco Transport et d'AIOC.

L'imbrication entre Standard Oil et les sociétés du groupe Amoco était telle que les salariés des diverses sociétés pouvaient travailler alternativement dans l'une ou l'autre, ou simultanément dans plusieurs à la fois. Ainsi les marins de l'Amoco-Cadiz étaient en principe employés par Amoco Transport. En réalité, ils apparaissaient dans la liste des personnels de AIOC. Cette intégration des moyens se traduisait même au niveau de l'assurance des navires, l'assureur, Dradnats Inc. étant une société dépendant de Standard Oil.

Cette faute de l'armateur pour tout ce qui touche à la conception du navire (pas de gouvernail de rechange), à son état de navigabilité (entretien défectueux, réparations non effectuées), à la compétence de l'équipage (aucun entraînement) l'empêche de bénéficier des exceptions ou limitations de responsabilité. L'absence de limitation vaut pour Standard Oil, AIOC et Amoco Transport.

Pour terminer sur les décisions du juge Mc Garr, on peut relever que le chantier naval espagnol est déclaré partiellement responsable des dommages dus à la marée noire, dans la mesure où les défauts de conception et de construction du navire ont pu jouer un rôle dans l'échouement. De ce fait, le groupe Amoco est fondé à demander des dommages-intérêts à Astilleros puisque la faute du chantier naval a contribué à sa propre responsabilité.

4. Conséquences du sinistre de l'Amoco-Cadiz au plan juridique

Le jugement sur la responsabilité dans l'affaire de l'Amoco-Cadiz se situe dans le droit fil de la jurisprudence des Etats-Unis, où l'on sait que la justice n'est pas indulgente pour les armateurs. Il n'est pas en contradiction avec les décisions des tribunaux d'autres pays comme la France ou le Royaume-Uni. D'une certaine manière, il participe aussi à l'évolution générale en faveur de l'environnement en faisant en sorte que les navires soient plus sûrs.

D'un point de vue plus pratique, il justifie pleinement l'action des parties françaises devant la justice américaine dont la décision en matière de responsabilité de la Standard Oil est d'une portée considérable. Il est évident que la même décision rendue par un tribunal français aurait eu moins de poids. Rappelons aussi que, plaider en France signifiait une réparation limitée à 77 millions de francs, sauf faute personnelle de l'armateur[1]. En effet, au moment du sinistre seule la Convention de 1969 était en vigueur. Celle de 1971 établissant le FIPOL n'a été approuvée par la France qu'en mai 1978, avec une application effective à partir du 16 octobre 1978 seulement. Dans ces conditions, les mécanismes d'indemnisation complémentaire permettant d'atteindre un plafond de 166 millions de francs ne jouaient pas.

La marée noire de l'Amoco-Cadiz montre que les plafonds fixés par ces Conventions de 1969 et de 1971 étaient bien insuffisants puis-

(1) En fait, le propriétaire de la cargaison, la Shell britannique, étant signataire de l'accord CRISTAL, il y avait une possibilité complémentaire d'indemnisation permettant de tabler sur un total de 146 millions de F.

que les seuls frais de nettoyage représentent trois fois le maximum alors indemnisable. Outre cet aspect, le système mis en place présentait un certain nombre d'insuffisances.

En premier lieu, toutes les substances dangereuses pour l'environnement, autres que les hydrocarbures, restaient du ressort de la Convention Générale de 1957. La seule exception concernait le transport maritime de matières nucléaires qui relevaient d'un régime spécifique.

En second lieu, les seuls dommages pris en compte étaient ceux provoqués par des navires dont la cargaison était composée d'hydrocarbures en vrac. Ainsi, dans la pollution causée par le naufrage de l'Olympic-Bravery, en mars 1976, la convention de 1969 n'a pas pu s'appliquer. En effet, les 1200 tonnes d'hydrocarbures rejetés à la mer, et qui avaient provoqué d'importants dégâts, provenaient des soutes du navire, et non de la cargaison puisqu'il naviguait à vide. De même les indemnisations consécutives à une pollution provoquée par les hydrocarbures contenus dans des fûts étaient éliminées.

En troisième lieu, les Conventions ne couvraient que les dommages se produisant sur le territoire d'un Etat. Par territoire on entend littoral et eaux territoriales. Cela signifiait qu'un accident intervenu dans la zone économique exclusive, mais ayant provoqué des dégâts sur le territoire ne pouvait faire l'objet de réparation. Il ne s'agit pas d'un cas d'école, la France ayant connu ce problème en 1979 avec le naufrage du Gino.

En quatrième lieu, ce système ne prévoyait aucune réparation pour les marées noires dues à un pétrolier battant pavillon d'un Etat non contractant. Ainsi l'échouement du Böhlen, petit pétrolier de l'Allemagne de l'Est, le 14 octobre 1976 au large de l'île de Sein, s'est traduit par un déversement de 10 000 tonnes de pétrole. La R.D.A. n'étant pas signataire de la Convention et l'armateur n'étant pas partie à l'accord TOVALOP, le règlement a dû se faire selon d'autres modalités. Il a fallu pour aboutir au règlement du sinistre une assez longue négociation entre le gouvernement français et les clubs gérant les plans TOVALOP et CRISTAL (Odier, 1987, p. 113).

En cinquième lieu, les dépenses à caractère préventif faites en vue de protéger le territoire lors d'une menace de pollution, ne pouvaient pas être remboursées si la marée noire n'avait pas eu effectivement lieu, suite à une modification des conditions atmosphériques par exemple.

Enfin se posait en permanence le problème des dégâts causés par des échouements de petits navires. L'indemnisation étant calculée en fonction du tonnage, on avait obligatoirement de faibles montants, alors que les effets pouvaient être importants quand les zones touchées étaient le siège d'une importante activité aquacole.

Pour remédier à ces insuffisances, l'Organisation Maritime Internationale (OMI) a tenu à Londres en mai 1984 une Conférence diplomatique qui a permis l'adoption de deux protocoles aux Conventions de Bruxelles de 1969 et de 1971.

Sur la question de la responsabilité pour le transport par mer des substances dangereuses, hormis les hydrocarbures et les matières nucléaires, aucun projet acceptable n'a pu sortir de la Conférence. La difficulté d'aboutir à un accord du même type que les Conventions pétrolières tient à la multiplicité des interlocuteurs dans le monde de la chimie et des chargeurs de produits chimiques. Dans l'impossibilité de constituer un fonds sur la base des importations de produits chimiques, on a proposé une assurance obligatoire des chargeurs, ce qui a conduit à un blocage.

La plupart des insuffisances énumérées précédemment sont prises en compte par ces protocoles. Ainsi, y a t-il extension aux dommages provoqués par les navires mixtes et les pétroliers qui, ayant effectué un transport d'hydrocarbures, sont à vide. De même, la menace grave et imminente de pollution donnant lieu à des mesures de sauvegarde est indemnisée, même si la pollution ne s'est pas produite. Par ailleurs, les dommages dans la zone économique des 200 milles sont pris en compte ainsi que les mesures de protection à caractère préventif.

Dans ces Protocoles apparaît aussi une intéressante extension de la notion même de dommage dû à la pollution. Alors que la Convention de 1969 restait muette sur le contenu, il est fait allusion à la réparation de « l'altération de l'environnement ». Mais il est précisé que l'indemnisation ne vaut que pour des mesures raisonnables de remise en état. Il s'agit à nos yeux d'un point important qui équivaut à la reconnaissance du dommage écologique.

En ce qui concerne l'indemnisation des victimes, E. du Pontavice (1987, p. 120) souligne deux dispositions techniques favorables aux pollués. La première, touchant au fonds créé par la Convention de 1971, stipule que les intérêts produits par ce fonds n'ont pas à être comptés dans le calcul du montant maximal des indemnités. En clair, quand un sinistre a lieu, il y a constitution d'un fonds de limitation qui reste bloqué le temps que l'affaire soit réglée. Les intérêts qui en résultent viennent en sus des dommages afin de compenser les retards dans la réparation.

La deuxième disposition a trait à la destination des sommes du FIPOL. Selon la Convention de 1971 ce fonds, alimenté par une taxe perçue sur chaque tonne de pétrole débarqué, permet une meilleure couverture des dommages par rapport à la Convention de 1969. Mais il permet aussi d'alléger la charge financière des armateurs. Désormais, il ne servira plus à « exonérer le propriétaire du navire de l'obligation financière supplémentaire que lui impose la Convention sur la responsabilité ». Le fonds sera entièrement affecté au remboursement des victimes.

Outre ces aménagements, la mesure qui retient le plus l'attention est celle qui modifie les limites de réparation. Pour ce qui est de la Convention de 1969, il y a une forte revalorisation du plafond puisque celui-ci passe de 14,5 millions de dollars à 61,8 millions[2]. Cette majoration s'accompagne d'une indemnisation plancher s'élevant à 3,1 millions de dollars pour les navires d'un tonnage inférieur à 5 000 tonneaux de jauge brute (Tjb). Au-delà, existe un régime progressif avec une majoration de 435 dollars par Tjb, et ce, jusqu'au plafond de 61,8 millions de dollars correspondant à 140 000 Tjb. L'existence d'un plancher d'un montant significatif permet de résoudre le problème des marées noires de faible ampleur physique, mais ayant un fort impact économique.

Pour ce qui est de la Convention de 1971, le second Protocole de 1984 apporte moins de changements, puisqu'il s'agit d'une simple harmonisation par rapport aux nouvelles dispositions. Il est prévu qu'avec le supplément versé par le FIPOL le total des indemnités atteigne 140 millions de dollars. Dans une deuxième phase, ce total peut être porté à 208 millions de dollars.

Après l'adoption des Protocoles de 1984, et malgré quelques péripéties (Odier, 1987, p. 113), les compagnies pétrolières et les transporteurs ont reconduit dans une nouvelle version les plans CRISTAL et TOVALOP.

Reprenant une expression de Victor Hugo, E. du Pontavice (1987, p. 122) constate qu'il s'agit-là des rayons des Protocoles de 1984. « Et pourtant, les ombres existent ». Suivant cet auteur, la conférence diplomatique ayant élaboré les Protocoles a bien tiré les leçons de l'affaire de l'Amoco-Cadiz. Mais cela s'est fait au profit des professions pétrolières, l'intérêt des victimes passant au second rang.

La prise en compte des intérêts des professions pétrolières apparaît très clairement dans la définition des conditions permettant de dépasser les limites de réparation. Dans la Convention de 1969, il suffisait qu'il y ait eu faute personnelle de l'armateur. Avec le Protocole, il est nécessaire de prouver que le dommage par pollution est dû à une faute intentionnelle ou inexcusable. On voit bien le durcissement du texte en faveur des propriétaires de navire, mais cela vaut aussi pour les autres participants à l'expédition maritime.

D'autre part, il est précisé que la faute à l'origine de la marée noire, doit être personnelle au propriétaire du navire. Ceci signifie plus de difficultés dans la recherche du responsable de la faute lorsqu'on a affaire à une personne morale.

Enfin, les auteurs du Protocole ont rendu plus difficilement franchissable la limite de réparation en énumérant une longue liste de personnes qui, sans être membres de l'équipage, s'acquittent de services pour le navire, et qui bénéficient d'une immunité, sauf en cas de faute intentionnelle ou inexcusable. Dans la Convention de 1969 la liste était

(2) Toutes les sommes figurant dans les Conventions et Protocoles sont exprimées en DTS (Droits de Tirage Spéciaux). Cette unité, cotée quotidiennement par le Fonds Monétaire International est composée d'un panier de 5 monnaies : Dollar pour 42 %, Deutsche Mark pour 19 %, Yen, Livre et Franc comptant chacun pour 13 %. Par commodité les montants sont exprimés en dollars dans ce qui suit.

restreinte. Cette extension revient à accorder une plus large immunité à l'armateur non propriétaire. Cela ne peut que profiter aux grandes compagnies pétrolières aptes à jongler avec le statut juridique de leurs filiales par le biais de contrats de conseil, comme le montre l'exemple de la Standard Oil.

En revanche, constate E. du Pontavice (1987), « la Conférence diplomatique de 1984 n'a pas tiré les leçons de l'affaire de l'Amoco-Cadiz lorsqu'il s'agissait de l'intérêt des victimes, les terriens ». Cela est manifeste avec la fixation des nouvelles limites de réparation. Le maximum envisageable, soit 208 millions de dommages suppose en effet que les Protocoles soient ratifiés par les trois plus gros importateurs d'hydrocarbures. Au premier rang d'entre eux, figurent les Etats-Unis. Ayant en projet une législation plus sévère, ils n'envisagent pas de ratifier ces protocoles. Dans ces conditions, le maximum à attendre pour les victimes s'élève à 140 millions de dollars.

Par rapport au montant réel des dommages subis par les victimes de l'Amoco-Cadiz le total de 208 millions de dollars paraît déjà insuffisant. Que dire alors de 140 ? D'autant plus que la révision des plafonds fixés en 1984 ne sera effective qu'après 1990, lorsqu'un nombre suffisant d'Etats aura ratifié les Protocoles. Entre ces deux dates, 1984 et 1990, par le simple jeu de la dépréciation monétaire, la possibilité de réparation des dommages enregistrera une diminution en termes réels d'au moins 50 %. Même s'il existe un processus de révision périodique des montants, afin de tenir compte des fluctuations monétaires, les victimes risquent d'être désavantagées entre deux réévaluations.

En contre-point de la décision du juge Mc Garr, ces protocoles n'apparaissent pas adaptés au règlement des catastrophes provoquées par les marées noires. Si l'on suit E. du Pontavice (1987, p. 131) le vice de fond de ces Conventions et de leurs Protocoles réside dans le fait que l'on traite d'une matière tenant du droit de l'environnement comme si elle relevait exclusivement du droit maritime. On applique ainsi aux victimes, les terriens, des règles de responsabilité élaborées pour le monde de la mer.

Références bibliographiques

Assemblée Nationale, 1978. Rapport fait au nom de la Commission d'Enquête Parlementaire créée à la suite du naufrage d'un navire pétrolier sur les côtes de la Bretagne, le 16 mars 1978. *Publication de l'Assemblée Nationale*, n° 665.

BONASSIES P., 1986a. Le droit maritime classique et la sécurité des espaces maritimes. *Espaces et Ressources Maritimes*, n° 1, 113-134.

BONASSIES P., 1986b. Déversement d'hydrocarbures pour l'Amoco-Cadiz au large des côtes françaises le 16 mars 1978. *Espaces et Ressources Maritimes*, n° 1, 183-198.

KISS A., 1985. L'affaire de l'« Amoco-Cadiz » : responsabilité pour une catastrophe écologique« . *Journal du Droit International*, 575-601.

PONTAVICE E. (du), 1987. Les rayons et les ombres des Protocoles de 1987. *Espaces et Ressources Maritimes*, n° 2, 117-132.

REMOND-GOUILLOUD M., 1988. *Droit Maritime.* Paris, Editions Pedone, 450 p.
RODIER R., PONTAVICE E.(du) 1986. *Droit Maritime*, Paris, Dalloz (10è édition) 751 p.
Sénat, 1978. Rapport fait en conclusion des travaux de la Commission d'Enquête Parlementaire. Rapport n° 486, 289 p.
STIGLER G., 1983. *La théorie des prix.* Paris, Dunod, 330 p.

CHAPITRE 2.

LE NETTOYAGE

Dans le coût des marées noires les opérations de nettoyage constituent le poste le plus important. A tel point d'ailleurs que les premiers textes organisant l'indemnisation des pollutions imputables aux hydrocarbures se limitaient à ce chapitre (Remond-Gouilloud, 1982, p. 104). Il est vrai qu'il s'agit des dépenses les plus faciles à identifier, et du type de dommage pour lequel le lien de causalité est le plus évident. Cela n'exclut ni les difficultés d'évaluation, ni les problèmes d'indemnisation.

Le poids de ce poste dans le total des dommages tient à la difficulté des opérations. En fait, plutôt que de nettoyage, il vaut mieux parler de « mesures de sauvegarde ». Selon la convention de 1969 sur la responsabilité civile pour les dommages dus à la pollution par les hydrocarbures, il s'agit « des mesures raisonnables prises par toute personne après la survenance d'un événement pour prévenir ou limiter la pollution » (article 1/6). On conçoit que dans le cas de déversement d'énormes quantités de pétrole sur des côtes très découpées, où règne une forte activité humaine, comme en Bretagne, la prévention et la lutte contre la pollution soient très complexes et donc onéreuses.

La façon dont les choses se sont passées lors du naufrage de l'Amoco-Cadiz permet de mieux prendre conscience des problèmes rencontrés, et qui doivent être résolus à chaud. L'analyse des faits, abordée dans le premier point, montre que le caractère « raisonnable » des opérations doit être apprécié dans le contexte, certaines décisions jugées après coup peu rationnelles apparaissant parfaitement justifiées lorsqu'elles sont replacées dans le cours des choses.

Le deuxième point expose les bases méthodologiques sur lesquelles les estimations doivent s'appuyer. Par un passage de l'analyse statique à l'analyse dynamique, on essaye de prendre en compte le caractère aléatoire des phénomènes, notamment météorologiques, et l'importance des risques environnementaux.

Enfin dans le troisième point, le montant des coûts de nettoyage fait l'objet d'une évaluation en raisonnant rubrique par rubrique grâce aux éléments d'information disponibles dans le cas de l'Amoco-Cadiz.

1. Le déroulement des opérations lors du naufrage de l'Amoco-Cadiz

Le rapport de la Commission de l'Assemblée Nationale créée à l'occasion du naufrage de l'Amoco-Cadiz fournit les éléments pour une présentation succincte des faits (Assemblée Nationale, 1978, 3ème partie). On insistera sur le caractère préventif des opérations pour montrer la difficulté de mettre en place un dispositif parfaitement efficace. Dans cette perspective on mettra l'accent principalement sur les efforts en mer en présentant les problèmes de traitement de l'épave et du ramassage en mer, puis le traitement des nappes d'hydrocarbures et en dernier lieu, les barrages côtiers.

1.1. Le traitement de l'épave et le ramassage en mer

Les efforts en mer portent en premier lieu sur le traitement de l'épave, sachant que dès la nuit du sinistre, le 16-17 mars, son allégement par pompage de la cargaison est prévu. Deux voies s'offrent aux responsables : pomper et refouler le pétrole vers la mer, ou bien pomper et refouler vers la terre. Mais à l'examen, cette deuxième solution apparaît plus compliquée et c'est la première qui est retenue. Les dispositions sont alors prises aussi bien par les responsables français que par ceux de l'Amoco pour réunir le matériel nécessaire (pompes spéciales, flexibles, conduites flottantes...) et dérouter les pétroliers nécessaires au recueil de la cargaison.

En fait, la tempête à l'origine de l'échouement du navire avec des vents de force 10, va se poursuivre de sorte que le 26 mars le pompage n'est plus envisagé. D'autant plus qu'à ce moment-là l'épave contient seulement 15 % de la cargaison initiale, et ce qui en reste est mélangé à l'eau de mer. Ainsi, 10 jours après l'échouement, la récupération du pétrole à bord n'a plus de sens et les matériels rassemblés sont inutiles.

Sans attendre que les conditions météorologiques condamnent la solution de l'allègement de l'épave, l'éventualité de sa mise à feu est étudiée en s'inspirant de l'exemple espagnol de l'Urquiola deux ans auparavant. Mais dans ce cas le feu avait pris spontanément à bord alors qu'il y avait un très beau temps. D'autre part, à l'analyse il était apparu que les fumées dégagées avaient produit une pollution terrestre non négligeable.

Le caractère peu exemplaire de l'Urquiola était accentué par le fait qu'une mise à feu volontaire du pétrole des soutes n'est pas si aisée. En 1967 les Britanniques avaient tenté cette opération en vain en bombardant l'épave du Torrey-Canyon. En effet, pour obtenir un résultat, il faut une alimentation en air des soutes, ce qui nécessite la réalisation d'ouvertures dans la coque. Par tempête, un tel travail est risqué. Enfin, l'incendie de la cargaison ne pouvait concerner que la partie la plus volatile du produit, soit 20 à 45 %, qui précisément s'était déjà évaporée. En conséquence la mise à feu n'était pas justifiée.

1.2. Le traitement des nappes d'hydrocarbure

A côté des tentatives de transvasement de la cargaison ou de sa destruction, les efforts en mer se concentrent sur les nappes d'hydrocarbure afin d'éviter qu'elles ne touchent les côtes. Le plus simple pour cela, du moins en théorie, consiste à ramasser le pétrole. Si par temps calme, c'est-à-dire avec des creux inférieurs à deux mètres les systèmes sont efficaces, il n'en va pas de même par mer forte. Avec des creux de 4 à 5 mètres, comme c'était le cas après le naufrage de l'Amoco-Cadiz, aucun dispositif n'a donné de résultat probant. Ainsi disposait-on de modules de pompage créant un tourbillon dans lequel sont pompés les hydrocarbures, avec la version statique (vortex) et la version dynamique (cyclonet). Ces matériels français sont restés à quai, ou n'ont même pas pu rejoindre les lieux du sinistre.

En plus des dispositifs français, des systèmes étrangers de ramassage de pétrole ont été testés sans plus de succès, qu'il s'agisse de matériel anglais, néerlandais ou norvégien. Ainsi Amoco a affrété un système d'origine norvégienne composé de deux remorqueurs tirant un barrage à l'intérieur duquel une sorte de ravitailleur de plate-forme de forage s'accoste. Là, le pétrole est emprisonné, et des écrémeuses par adhérence ou « *skimmers* », fixées à l'extrémité de grues se mettent en action. Les conditions météorologiques ont seulement permis des essais symboliques.

Le ramassage en mer s'avérant impossible, il ne restait plus que le traitement des nappes pour réduire la pollution arrivant à la côte. En effet, la frange littorale, plus précisément la bande entre les cotes + 5 et – 10 mètres qui correspond à la zone intertidale doit être protégée en priorité. La richesse biologique y est considérable puisque sur 200 000 espèces maritimes 195 000 sont benthiques avec une très forte localisation dans les zones peu profondes. Le type de produits qu'on va utiliser doit tenir compte impérativement de la nécessaire sauvegarde de ces espèces.

Bien qu'il y ait une gamme très large de substances disponibles, on peut se cantonner aux trois grands types de produits utilisés lors du naufrage de l'Amoco-Cadiz, à savoir : les agglomérants, les agents coulants, et les dispersants.

– Les agglomérants ou absorbants-flottants visent, comme leur nom l'indique, à agglomérer les hydrocarbures et à épaissir les nappes de façon à faciliter leur récupération. Ces agents chimio-mécaniques sont des produits organiques naturels, ou synthétiques, ou minéraux dont la densité est inférieure à l'unité et qui ne sont pas toxiques. Pour être efficaces, ils doivent être utilisés en très grande quantité, ce qui limite évidemment leur emploi. D'autre part, au moment de l'épandage ils risquent de s'envoler compte-tenu de leur faible densité.

Pour le traitement des nappes de l'Amoco-Cadiz, seule la poudrette de caoutchouc était disponible, mais en faible quantité. Les 152 tonnes qui ont pu être employées jusqu'à la fin avril sur petits fonds, ont donné des résultats satisfaisants en termes d'efficacité quant à l'épaississement des nappes, et en termes de protection du milieu.

– Les agents coulants, parmi lesquels on trouve essentiellement la craie oléophile, permettent de faire couler les hydrocarbures absorbés. Au moment du sinistre, on disposait de 110 tonnes de ce type de produit à Brest et on en a livré 700 tonnes entre le 13 et le 28 avril. Mais les absorbants-coulants constituent une technique de dernier recours car les hydrocarbures coulés sédimentent dans le fond sans qu'on sache très bien comment ils évoluent à long terme. En effet, contrairement aux eaux douces, il n'y a pas de milieux fermentescibles favorables à la dégradation du pétrole, et donc celui-ci reste actif. Ces agents sont à employer avec une grande prudence, et seulement pour protéger une zone très sensible dans laquelle aucun des autres moyens n'a pu être utilisé.

– Les dispersants sont des composés tensio-actifs constitués par une partie oléophile et une partie hydrophile venant à l'interface entre l'huile et l'eau. L'agitation de ce mélange par la houle a pour effet une mise en émulsion qui favorise la solubilisation des hydrocarbures dans l'eau.

Les premiers dispersants, tels ceux mis en œuvre pour le Torrey-Canyon étaient très efficaces mais aussi très toxiques. Aussi pour l'Amoco-Cadiz, a t-on utilisé 560 tonnes de dispersants dits de la deuxième génération. Ces produits contiennent 15 à 20 % de tensio-actifs et comme ils ne sont pas concentrés il faut les utiliser en grandes quantités, entre 15 et 30 % du poids des hydrocarbures que l'on traite. On voit que ces 560 tonnes ont permis de traiter au mieux seulement 3700 tonnes d'hydrocarbures.

On a aussi utilisé 900 tonnes de dispersants de la troisième génération dont la caractéristique est une forte concentration en tensio-actifs. Cela permet un emploi en proportion trois fois moindre. Toutefois, ce type de produit, s'il est moins toxique, a pour inconvénient d'être moins émulsifiant et donc moins efficace. Il donne des résultats probants uniquement lorsqu'il est appliqué aux nappes de pétrole « frais », alors que les émulsifiants de la deuxième génération agissent aussi sur les nappes dérivant depuis un certain temps.

Le traitement, qui nécessite une importante flottille de bâtiments, doit se faire au large afin que l'émulsion provoquée par les produits soit très diluée quand les masses d'eau arrivent aux endroits à protéger. Jusqu'à 50 mètres de hauteur d'eau on estime que les possibilités de dilution sont suffisantes. Les consignes données au début de la lutte prévoyaient de ne rien faire sur des fonds moins profonds. En fait, en-deçà de 50 mètres, on peut encore traiter en tenant compte de l'hydrologie locale et de la nature des fonds. La limite extrême concerne des hauteurs d'eau de 20 mètres.

La figure 1 retrace l'utilisation des divers produits de traitement des hydrocarbures durant la période allant du 17 mars au 29 avril 1978. On voit que les dispersants non concentrés, qui conviennent bien aux nappes de pétrole déjà anciennes, ont été utilisés surtout les premiers jours. Par contre, les dispersants concentrés, de troisième génération, qui conviennent bien aux nappes de pétrole frais ont été répandus beaucoup plus tard. Ce paradoxe semble dû à la non disponibilité des dispersants concentrés au moment où l'on en avait besoin, d'où l'emploi des autres !

Figure 1. – Tonnages cumulés des produits de traitement des nappes d'hydrocarbures utilisés du 17 mars au 29 avril 1978.

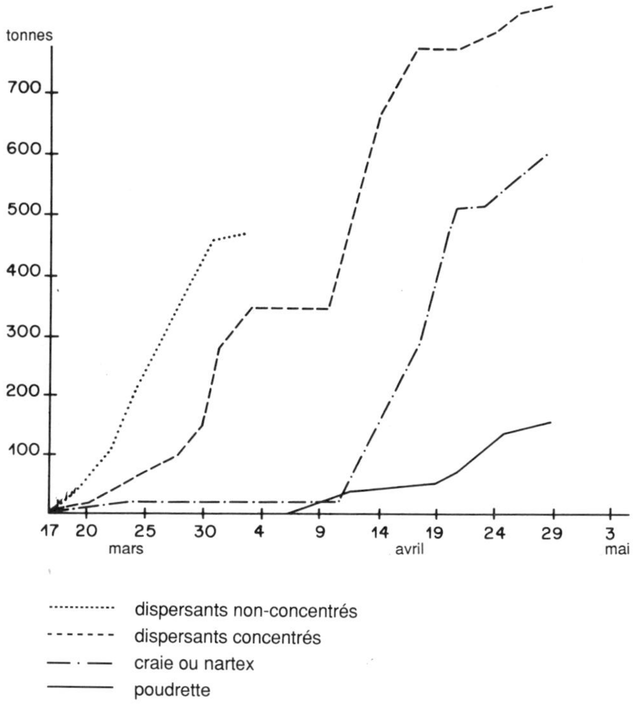

1.3. Les barrages côtiers

Traditionnellement le recours aux barrages côtiers est considéré comme un des moyens de lutte à terre, pour des raisons à caractère plutôt administratif. En effet, alors que les actions en mer relèvent de la marine nationale, lorsque les nappes d'hydrocarbures atteignent le littoral, ce sont d'autres administrations qui sont responsables. Dans l'optique qui est la nôtre, les barrages côtiers constituent l'ultime possibilité d'éviter l'échouage des nappes à terre. De ce point de vue, il s'agit bien d'un dispositif préventif en mer, au même titre que l'action sur le pétrolier ou sur les nappes.

Ces barrages côtiers, dont la mise au point date d'une vingtaine d'années, servent à protéger les zones sensibles de faible profondeur, où l'on ne peut traiter les nappes, et à éviter que les flots de pétrole n'envahissent les estuaires ou les baies. Sur les 21 km de barrage stockés en France au moment du sinistre, 18 km ont été mis à disposition des autorités responsables, dont la moitié deux jours seulement après la catastrophe.

Dans la première semaine ont été utilisés des barrages de type gonflable pour défendre les abers (Aber Ildut, Aber Benoît et Aber Wrac'h). Des ruptures se sont produites à plusieurs reprises. A la fin de cette première semaine, on a pu mener à bien à l'aide de barrages rigides la protection de la baie de Morlaix, bien qu'il y ait eu là aussi des ruptures de matériel. Il convient de noter que cette opération était beaucoup plus importante que celle des abers, du fait de la longueur barrée (3,4 km).

Globalement ces divers types de barrages n'ont pas donné d'excellents résultats pour toute une série de raisons.

Les premiers matériels dans les abers ont été montés par du personnel du service des phares et balises insuffisamment nombreux et entraînés qui n'a pas toujours disposé des équipements nécessaires. *A contrario*, l'utilisation ultérieure de marins de la marine nationale bénéficiant d'embarcations du type *Zodiac* a permis une pose plus efficace.

Par ailleurs, au début, les barrages ont été posés perpendiculairement au courant, en barrant les baies à protéger de façon linéaire. La force de la mer et du vent, rendent une telle disposition fragile et inefficace. Quand le matériel ne casse pas les hydrocarbures passent à la fois au-dessus et en dessous du barrage. L'expérience montre qu'il vaut mieux avoir un dispositif en épi qui dévie le pétrole vers des zones moins sensibles, où, étant plus concentré, il est plus facile à récupérer.

Enfin, ces barrages sont difficiles à gérer lorsqu'ils se situent dans des endroits où, par l'effet de la marée, le courant s'inverse quatre fois par jour et où le marnage est important. Dans ces conditions on ne peut pas laisser les dispositifs sans surveillance. A chaque flux et reflux, il faut intervenir pour modifier les amarrages ainsi que la tension du barrage.

Pour toutes ces raisons, on conçoit que les barrages ne puissent donner pleine satisfaction et que l'essentiel des opérations soit constitué par le ramassage des hydrocarbures sur la côte.

2. Considérations méthodologiques

Face au déversement de pétrole sur le littoral on est confronté à deux attitudes extrêmes relevant schématiquement de l'alternative du tout ou rien :

– le nettoyage intégral afin de retrouver l'état initial. Cela correspond à une position que l'on pourrait qualifier « d'écologiste » visant à préserver coûte que coûte le patrimoine naturel. Ce point de vue, qui est le propre des personnes directement touchées par la pollution, se retrouve chez les responsables de la lutte (Pasquet, 1982, p. 125).

– l'absence d'intervention humaine. On laisse à la nature le soin de réparer les dégâts, en arguant que l'action de l'homme dans les zones fragiles côtières, ou à l'aide de dispersants en mer, est plus néfaste que bénéfique. Ce raisonnement, qui s'appuie sur les premières tentatives de lutte, type Torrey-Canyon, se rencontre chez les représentants des armateurs pétroliers (White et Nichols, 1982).

Ces deux attitudes correspondent aux intérêts propres de deux groupes bien précis. Dans un raisonnement prenant en charge l'intérêt collectif on va réagir différemment, en définissant le degré d'intervention en fonction des résultats. Autrement dit, face à la pollution, les efforts de lutte sont déterminés par les avantages attendus, et l'on arrête le nettoyage quand le coût marginal des efforts équivaut à l'amélioration de l'environnement obtenue. Il s'agit-là d'un principe général que l'on peut exprimer de manière plus précise en présentant une analyse statique puis une analyse dynamique.

2.1. L'analyse statique

Raisonnant dans un cadre atemporel, on suppose que les dommages subis par le littoral sont une fonction simple de la quantité d'hydrocarbures déversée. A une forte quantité de pétrole correspond une importante dégradation de l'environnement. Réciproquement, l'effort de lutte se traduit par une amélioration de la qualité des côtes. On peut donc réduire l'analyse à une comparaison marginale du coût de nettoyage et de l'amélioration de l'environnement en résultant. Cette dernière pouvant être appréciée à partir du degré de propreté du littoral.

Tous les éléments dont on dispose montrent que les efforts de nettoyage sont de plus en plus difficiles au fur et à mesure que le temps s'écoule, en raison d'une moindre accessibilité des zones touchées. D'autre part, le pétrole en émulsion se mélange au fil des jours avec des matériaux solides, puis se disperse le long des côtes, accroissant ainsi le travail de ramassage. Ainsi, dans le cas de l'Amoco-Cadiz a-t-on vu la quantité de pétrole en émulsion recueillie en m^3 par homme et par jour, diminuer très vite au cours des dix premiers jours (fig. 2a). De même, entre le 10ème et le 100ème jour, la production par homme-jour a diminué dans la proportion de 1 à 20 (Meade, 1982, p. 162). Cette évolution traduit bien un coût marginal de nettoyage croissant dans le temps au fur et à mesure que les quantités épandues diminuent.

La courbe de coût marginal de nettoyage exprimée par rapport aux quantités est exactement de même nature lorsqu'on raisonne avec un tonnage donné de pétrole déversé (fig. 2b). L'effort pour enlever une tonne de produit est relativement faible quand les quantités présentes sont élevées. Inversement, lorsqu'on se rapproche de zéro, c'est-à-dire d'un littoral propre, l'effort pour se débarrasser d'une tonne supplémentaire se traduit par des coûts importants.

Figure 2. – Rendement décroissant des opérations de nettoyage : évolution de la productivité du travail et du coût marginal du travail de nettoyage.

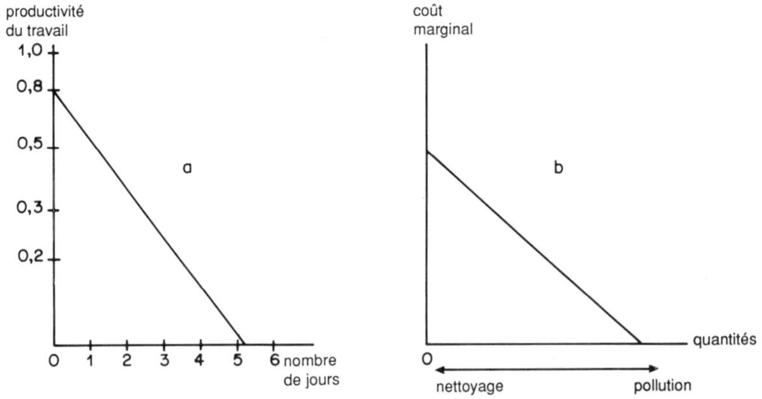

a) Evolution de la productivité du travail : ajustement des quantités (m^3) pompées par homme-jour (exprimées en log) en fonction du temps à partir des données de MEADE 1982, p. 162, lissées.

b) Coût marginal du nettoyage en fonction des quantités de pétrole présentes sur le littoral.

En ce qui concerne la dégradation du littoral, il est clair que celle-ci croît en fonction de l'accumulation des hydrocarbures. Plus il y a de pétrole, par m^2 de plage, et plus celui-ci imprègne le sable et les sédiments les empêchant de remplir leur rôle naturel. Ce coût marginal des dommages reflète le consentement à payer de la collectivité pour retrouver un littoral propre. Il est évident que pour des groupes particuliers on a un consentement à payer très variable selon que l'on attache plus ou moins d'importance à la qualité des côtes.

En théorie, le niveau optimal de nettoyage est celui où le coût marginal de nettoyage égale l'avantage marginal fourni par celui-ci, c'est-à-dire le coût marginal des dommages (fig. 3).

A l'intersection des courbes de coûts marginaux, à l'optimum social, on a retiré la quantité A C d'hydrocarbures. Il en résulte une dépense équivalent à l'aire du triangle ABC. Il reste à ce moment-là une quantité AO de pétrole à laquelle correspond un dommage résiduel que mesure l'aire du triangle ABO. Les responsables de la marée noire ont donc normalement à payer le coût du nettoyage ABC et le montant de la dégradation résiduelle du littoral ABO.

Figure 3. – Niveau optimal de nettoyage.

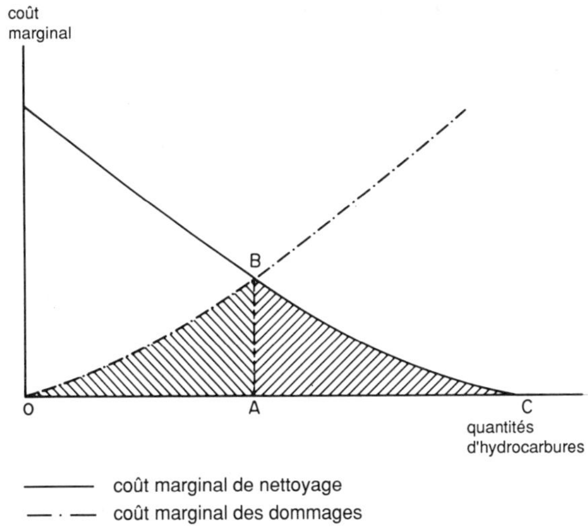

2.2. L'analyse dynamique

Dans un souci de simplification nous avons supposé que le nettoyage visait à une simple remise en état des plages et des roches souillées. En fait, la dépollution, surtout en mer, a aussi pour but la protection de milieux sensibles. Si l'on récupère le maximum d'hydrocarbures, avant qu'ils aient atteint le rivage ou une baie à écosystème très riche, on évite d'importants dégâts. Au-delà d'une question de propreté du littoral, le nettoyage a une fonction de prévention.

Face à des risques environnementaux importants, dont on ignore a priori l'ampleur, les décideurs sont confrontés à des choix délicats : quelle importance attribuer aux actions en mer ou sur la côte ? Ceci dépend bien entendu de l'efficacité des moyens disponibles et du type de pétrole. Mais cette efficacité est elle-même déterminée par les conditions climatiques qui rendent le nettoyage en mer plus ou moins difficile. Les courants, la direction et la force des vents interviennent également dans la stratégie de protection à mettre en œuvre. Même si la lutte à terre est soumise à moins d'aléas, le choix des moyens à mobiliser suppose la connaissance de nombreux paramètres qui ne sont pas tous disponibles au moment où les décisions doivent être prises.

Au total on est confronté à un problème typique de prise de décision en avenir incertain avec, selon les options retenues, des conséquences très variables pour l'environnement. Ainsi, laisser dériver une nappe de pétrole vers une zone très sensible, alors qu'il y a des moyens, même coûteux, pour l'arrêter, revient à compromettre l'existence d'un bien naturel rare. Le choix du laisser-faire aboutit dans ces circonstances à des effets irréversibles puisqu'on risque d'assister à la disparition de ce bien unique. On note, par ailleurs, que des possibilités d'adaptation dans le temps existent dans la mesure où l'on peut prendre de nouvelles dispositions en fonction d'informations de type météorologique, par exemple. Si les vents tournent, on peut modifier l'emplacement des barrages flottants ; de même si les éléments se calment on peut améliorer le dispositif de protection des côtes.

On a donc la présence simultanée des trois éléments :

– des choix à faire en avenir incertain,

– un processus de décision à caractère séquentiel permettant d'exploiter au fur et à mesure des informations plus précises,

– l'existence de choix, ne rien faire étant un choix, débouchant sur des phénomènes d'irréversibilité.

Dans ces conditions, le choix évitant les effets irréversibles fait apparaître selon Henry (1974), une valeur particulière, dite valeur d'option[(1)]. Celle-ci correspond à « la disponibilité à payer pour retarder la perte irréversible d'un service naturel final, compte tenu du fait que l'on pourrait vouloir ultérieurement bénéficier de ce service » (Point, 1986, p. 511).

Habituellement le raisonnement liant irréversibilité et valeur d'option est présenté selon un schéma inverse. On part d'une situation où l'aménagement d'une zone naturelle présente des effets irréversibles par destruction d'un site, d'un écosystème ou de tout autre bien non renouvelable. La rentabilité à terme d'un tel projet, qui est incertaine, peut faire l'objet d'une évaluation plus sûre au fil du temps, en fonction d'informations supplémentaires, conduisant le cas échéant à des choix différents. A cela s'oppose la décision de conservation de la zone, qui elle, est une option parfaitement réversible.

La valeur d'option s'exprime par la différence entre l'espérance de bénéfices après coup du choix préservant le bien naturel, et l'espérance de gains de l'option à caractère irréversible. Un modèle de simulation (Henry, 1974), et des travaux empiriques (Greenley et al., 1981), font apparaître une valeur d'option supérieure à 10 % du montant des bénéfices apportés par l'option irréversible.

(1) Par commodité de langage on a retenu la terminologie de Henry bien qu'il s'agisse plutôt d'une valeur de quasi-option. Pour plus de détails cf. Crabbe (1985).

Pour résumer les implications de l'existence d'une valeur d'option, on peut noter avec Amigues (1987, p. 104) que :

– son signe positif justifie le choix de l'option réversible en début de période en permettant d'utiliser l'information ultérieure, et cela bien que le choix initial soit moins intéressant a priori,

– sa valeur est d'autant plus élevée que « le risque de se tromper en choisissant l'option irréversible est élevé »,

– sa valeur dépend par ailleurs du degré d'aversion pour le risque du décideur.

Il convient toutefois de souligner l'importance des hypothèses de concavité des fonctions d'évaluation qui restreignent quelque peu la portée pratique de ces résultats.

Quoiqu'il en soit, lors d'une marée noire les décideurs sont conduits à mettre en œuvre des moyens très importants dépassant le simple coût de nettoyage. Cela parce que la collectivité accorde une grande importance aux zones fragiles et à la qualité des plages. Cette forte acceptation à payer se traduit par une courbe de coût marginal de dommages plus élevée que celle considérée dans l'analyse statique (fig. 4).

Outre le déplacement de l'optimum par la prise en compte des actions de prévention, la figure 4 met en évidence la valeur d'option égale au triangle ODD_1.

Figure 4. – Déplacement du niveau optimal de nettoyage dans un cadre dynamique.

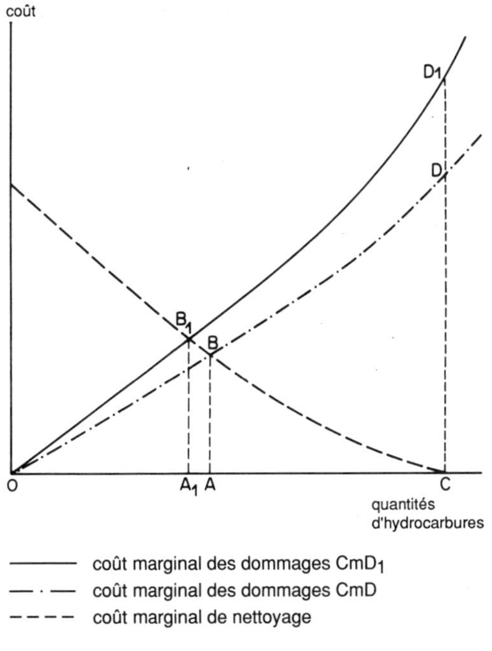

2.3. Quelques implications pratiques

Dans la définition du niveau optimal de nettoyage, on a vu que l'on cessait toute dépollution pour un niveau de pétrole résiduel correspondant à l'égalisation des coûts marginaux de dommage et de nettoyage. A ce niveau-là, les coûts de nettoyage équivalent à l'aire A_1B_1C quand on se place dans un cadre dynamique. Dans les faits, même dans l'ignorance de l'optimum, on peut faire l'hypothèse que les dépenses engagées sont assez proches de ce niveau théorique.

Mais après coup, le risque est grand de constater que la stratégie de dépollution mise en œuvre n'était pas la meilleure. Cela signifie l'existence *ex post* d'une courbe de coût marginal de nettoyage C_m N_2 inférieure à la courbe *ex ante* C_m N_1. Ayant arrêté le nettoyage en A_1 il apparaît un surcoût de nettoyage égal à l'aire hachurée de la figure 5.

Figure 5. – Coût de nettoyage *ex ante* et *ex post* et conséquences en termes de coût et de remise en état.

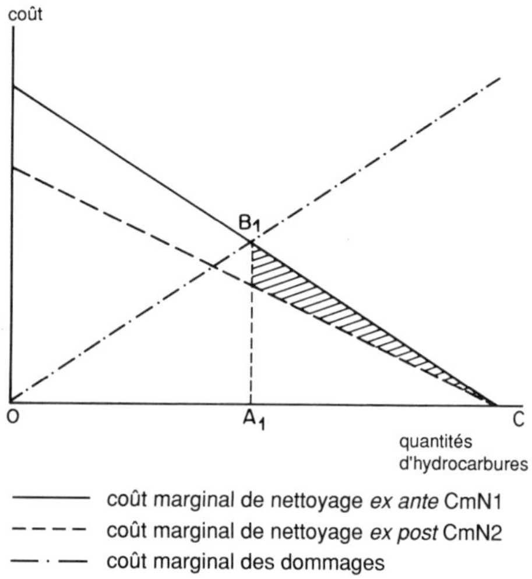

Le surcoût que l'on vient d'évoquer correspond à certains reproches faits *a posteriori* et relatifs à la mobilisation de moyens qui se sont révélés inutiles. Tel est le cas des dépenses engagées pour protéger les côtes de l'Ille-et-Vilaine ou de la Manche, qui en fin de compte n'ont pas subi de pollution, ou de l'acquisition de certains matériels inemployés. L'analyse précédente montre que ces reproches ont un caractère théorique se référant à une situation avec information parfaite, alors que le raisonnement doit se faire par rapport à une information imparfaite. Le surcoût envisagé équivaut simplement à la valeur de l'information.

Indépendamment de cette question, reste le coût résiduel des dommages, défini par l'aire A_1B_1O qui ne fait l'objet d'aucune demande de remboursement spécifique. Cela revient à admettre implicitement qu'on laisse aux éléments naturels et au temps le soin d'effacer le reste de la pollution. Mais ceci se discute, et on peut très bien envisager une demande d'indemnisation pour ces dommages résiduels. Cela permet de voir qu'en tout état de cause, le coût correspondant à l'aire A_1B_1C a un caractère minimal.

L'importance relative des dommages résiduels par rapport au coût de nettoyage dépend de la forme des courbes de coût marginal de nettoyage et de dommage. Pour une courbe de coût de nettoyage à concavité accentuée et une courbe de dommage linéaire à très forte pente on voit (fig. 6) que le nettoyage représente l'essentiel, et réciproquement.

Figure 6.– Forme des courbes de coût marginal et importance relative du nettoyage et des dommages résiduels.

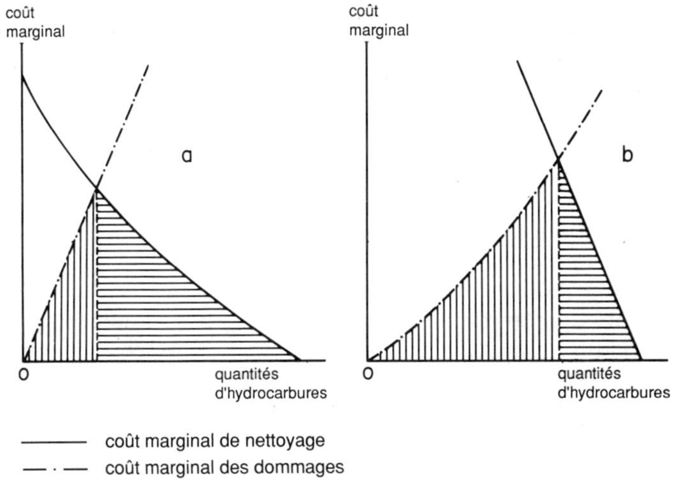

a) coût de nettoyage elevé et faible dommage résiduel

b) faible coût de nettoyage et dommage résiduel elevé

Pour terminer, le schéma d'analyse utilisé peut servir de base à l'établissement d'une redevance de pollution supportée par les transporteurs de pétrole et qui serait cohérente avec le principe pollueur-payeur. En fait, il ne s'agit pas de faire payer à tout prix, mais d'inciter à réduire la pollution. Mais pour établir un taux de redevance optimal par tonne de pétrole transporté, il faut connaître le risque de marée noire ainsi que les fonctions de coût et de nettoyage.

L'estimation du risque de marée noire imputable à un naufrage de pétrolier ne se heurte pas à de trop grandes difficultés. Divers calculs, évoqués par Grigalunas (1990, p. 66 et 67) existent ! Ainsi sur la période 1974-1980, pour 159 millions de tonnes transportées dans le monde,

Lanfear et Amstutz évaluent le risque de forte marée noire à 1,3. Cette probabilité se décompose en 0,9 pour un accident en pleine mer et 0,4 pour un accident dans un port. Par forte marée noire, on entend un déversement supérieur à 1 000 barils, soit 159 tonnes. Les risques de petits déversements (moins de 159 tonnes) sont évidemment beaucoup plus importants. Le chiffre de 395 petites marées noires, dont une grande majorité de moins de 8 tonnes, est avancé. Mais ce chiffre se réfère aux quantités produites et non aux quantités transportées.

Les travaux plus complets d'Anderson et Labelle, concernant la période 1970-1987, aboutissent également à une occurrence de 1,3. Ce résultat est à rapprocher du chiffre antérieur obtenu par Stewart et Kennedy sur les données entre 1964 et 1975, et qui est trois fois supérieur. Au vu de ces diverses estimations, il semblerait donc que le risque de marée noire imputable aux pétroliers manifeste une tendance à la baisse.

En affinant les résultats par grandes zones géographiques, on obtiendrait probablement des risques de marée noire assez hétérogènes en fonction des caractéristiques propres à chaque portion du monde (type de côtes, courants, climatologie), de l'importance du trafic et de l'état des navires utilisés.

En ce qui concerne la possibilité de disposer de fonctions de coût de nettoyage, les choses sont plus complexes compte tenu de l'existence d'un grand nombre de facteurs influant sur les dépenses, et de la grande variabilité spatiale dans le consentement à payer pour avoir des plages et des rochers propres.

A défaut de telles fonctions, le ministère de l'Intérieur des Etats-Unis a adapté une approche simplifiée. Dans un premier temps on détermine les risques pour qu'en un lieu donné le pétrole déversé en mer atteigne le rivage. Pour cela, l'espace maritime américain est divisé en 22 grandes zones, et pour chacune d'elles on a évalué, à l'aide de modèles de simulation, la trajectoire d'une nappe de pétrole en intégrant le lieu de production des hydrocarbures, la route des pétroliers, les vents, les courants. Ainsi un déversement en mer a-t-il 85 % de chances d'arriver sur le littoral dans le Golfe d'Alaska et 10 % seulement dans l'Atlantique Nord (Grigalunas, 1990, p. 68).

Puis à partir d'études de cas adaptées, on utilise un coût de nettoyage unitaire. Là aussi, les côtes de l'Alaska sont supposées beaucoup plus difficiles à nettoyer puisque le surcoût par rapport au littoral le moins cher est évalué à 45 %. Ces chiffres qui ont un caractère forfaitaire ne tiennent pas compte bien sûr du naufrage de l'Exxon Valdez dans Glacier Bay en Alaska. D'autre part, ils constituent une approximation très simplifiée d'une fonction de coût.

Si donc il était possible de disposer d'une fonction de coût du nettoyage un peu plus affinée, il serait assez aisé de définir le niveau de redevance qu'auraient à supporter les transporteurs de pétrole par tonne. Ce niveau s'établit en OD sur la figure 7. Toutefois, cela revient à faire payer aux armateurs pétroliers une somme équivalant au rectangle ODEC alors que le dommage estimé s'élève à l'aire du triangle OFC. On voit que pour qu'il y ait équivalence entre somme payée et dommage les triangles A_1FE (triangle avec le signe -) et A_1OD (signe +) doivent être égaux. Cela suppose l'existence de fonctions de coût et de dommage symétriques.

Figure 7. – Principe d'une redevance par tonne transportée et problème d'équivalence entre dommages et redevance.

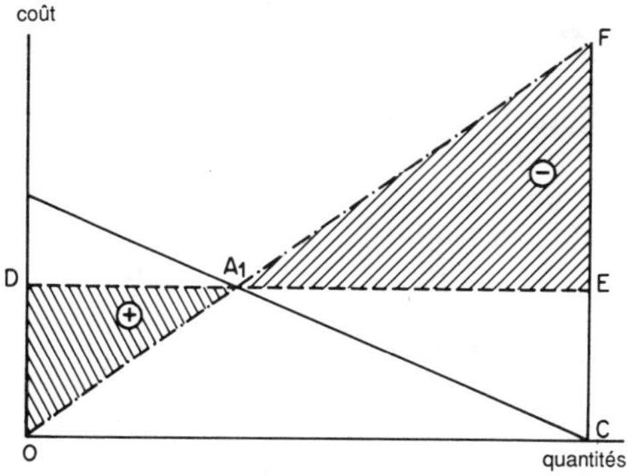

3. L'évaluation des coûts de nettoyage

On part de l'hypothèse que le niveau de nettoyage auquel on s'est arrêté n'est pas trop éloigné de l'optimum. De ce fait, les dépenses engagées ont un caractère « normal ». Avant d'examiner les ordres de grandeur auxquels on a abouti dans les opérations concernant l'Amoco-Cadiz, il convient de réfléchir aux problèmes d'évaluation.

3.1. Les problèmes d'évaluation

Dans une réflexion consacrée à la pollution marine par les hydrocarbures, l'OCDE regroupe sous une même rubrique les coûts de lutte et de restauration en distinguant les rubriques suivantes (OCDE, 1981) :

- déchargement ou pompage de la cargaison en péril
- lutte contre les hydrocarbures en mer (dispersants et aspiration)
- nettoyage des côtes
- nettoyage des équipements souillés
- restauration des milieux pollués.

Cette nomenclature est critiquable puisqu'elle comporte des oublis et inclut un type de dommage à traiter ailleurs. En effet, les opérations proprement dites de lutte entraînent des charrois très importants de graviers et de sables mêlés d'hydrocarbures. Il en résulte une dégradation des infrastructures non prévues pour un tel usage. De la même manière, la présence d'importants effectifs en hommes pour le nettoyage se traduit par des dégradations dans les bâtiments les accueillant. La remise en état des routes, bâtiments, et autres infrastructures constitue bien un élément de la lutte antipollution.

Mais à l'inverse, inclure la restauration des milieux pollués revient à prendre parti sur les dommages écologiques, car il s'agit de déterminer si telle zone détruite doit être reconstituée. Cela conduit donc à déterminer la valeur d'un écosystème perturbé. De ce fait, il semble plus judicieux de traiter la restauration des milieux pollués sous la rubrique des dommages écologiques. Il est à noter que les opérations de nettoyage, outre la dégradation des infrastructures, participent aux perturbations des zones fragiles, comme les dunes ou marais, posant ainsi le même type de problème.

Sur le plan des principes, les coûts de nettoyage s'analysent comme une mobilisation de moyens économiques, humains et financiers qui auraient été normalement affectés à d'autres usages productifs. C'est par rapport à ces derniers que l'on doit estimer les charges de la dépollution. On reconnaît là la notion de coût d'opportunité définie plus précisément par Stigler (1983, p. 98) comme étant le produit maximum qu'un facteur pourrait produire ailleurs ; c'est la valeur de cette alternative sacrifiée.

Toutefois, les estimations supposent que l'on soit dans une situation d'équilibre où il y a égalisation des rendements marginaux, et donc où il y a concurrence parfaite sur tous les marchés. En période de chômage et en présence de nombreuses rigidités, notamment sur le marché du travail, ces conditions ne sont pas remplies et on doit en tenir compte. Par ailleurs, les emplois alternatifs d'une ressource sont nombreux lorsqu'on raisonne dans le long terme. Mais ici, l'horizon est le court terme, ce qui signifie beaucoup moins d'usages alternatifs possibles pour les ressources immobilisées en vue du nettoyage, et donc une moindre valorisation.

La mise en œuvre du coût d'opportunité ne se heurte à aucun obstacle particulier quand il s'agit de biens et services marchands. Il convient simplement de vérifier si les fournisseurs n'ont pas abusé de la situation, afin de voir en quoi les prix facturés correspondent au véritable coût d'opportunité pour la collectivité.

Le seul problème, qui est d'une autre nature, a trait aux achats de biens d'équipement, et à la fraction qui doit être imputée aux coûts de nettoyage. Cette imputation doit se faire sur la base de la durée de vie économique restante après usage. Elle va dépendre du degré d'utilisation du matériel et de la possibilité d'emploi ultérieur. Ce dernier point soulève quelques difficultés car des biens très spécifiques auront très peu d'usages autres (faible coût d'opportunité), alors que des équipements polyvalents pourront resservir facilement. Les fourchettes de coût retenues correspondent à une valeur résiduelle comprise entre 50 et 25 % du prix d'acquisition (Meade, 1981, p. 152).

Plus délicat est le traitement des biens et services non marchands, au premier rang desquels se trouve le recours à l'armée. Si l'on admet que la mission normale des forces publiques n'est pas de nettoyer les côtes polluées mais de défendre le pays, on voit qu'il y a un détournement d'usage. Dans ces conditions le coût d'opportunité a un contenu différent. En ce qui concerne les militaires de carrière, on peut estimer que leur solde reflète les salaires qu'ils pourraient obtenir dans un autre emploi. Le même raisonnement vaut pour tous les autres fonctionnaires de l'Etat ou des collectivités mobilisés dans les opérations de dépollution : employés de préfecture et police, gendarmerie, pompiers, employés municipaux.

Pour les appelés, leur affectation à des tâches de lutte contre la marée noire peut s'apprécier par rapport à ce qu'ils auraient pu gagner dans le civil. Compte tenu des conditions générales du marché du travail et du niveau moyen des appelés, la solution d'un salaire équivalent à celui des ouvriers sans qualification semble raisonnable (Meade, 1981, p. 150). Ce même niveau de rémunération peut être retenu pour les bénévoles, car il s'agit d'étudiants qui n'auraient pas forcément trouvé un emploi pendant les vacances.

Comme on peut s'en douter, ce type d'évaluation ne rencontre pas l'assentiment des responsables d'Amoco. Selon G. Stigler, leur expert lors du procès, le seul principe d'estimation à retenir est celui des coûts additionnels encourus lors du recours à l'armée ou aux autres corps, par rapport à une utilisation normale. L'armée ayant vocation à intervenir d'urgence, dans les grandes catastrophes naturelles, il juge normal d'imputer au pollueur uniquement le supplément de dépenses résultant de son emploi. Dans l'utilisation des navires et des avions, c'est le même raisonnement qui prévaut.

L'argumentation de G. Stigler, concernant les employés municipaux est moins brutale. En effet, ces personnels ont été utilisés à d'autres tâches que celles qui sont normalement les leurs. De ce fait, les résidents des communes n'ont pas bénéficié des services habituels qu'ils sont en droit d'attendre dans leurs démarches administratives ou dans l'utilisation des infrastructures locales. Toutefois, tout le temps passé à lutter contre la marée noire n'équivaut pas à cette perte de services, en raison d'un sous-emploi manifeste du personnel. Cet argument s'appuie uniquement sur le fait qu'en mars-avril, au moment de la marée noire, les touristes n'étant pas encore là, les employés municipaux sont moins occupés....

En ce qui concerne les volontaires, G. Stigler admet bien l'existence d'un coût d'opportunité, mais uniquement pour les intéressés, et pas pour les autorités qui ont eu recours à leurs services. La ressource « volontaires » ne leur appartenant pas, elles ne pouvaient que les accepter ou les refuser. La philosophie exprimée dans ce cas est que ce qui était gratuit pour les autorités françaises, ne pouvait être mis à la charge d'Amoco, même si la chose avait une valeur en soi.

Parti de bases économiques, le raisonnement aboutit à des considérations juridiques (le coût d'opportunité pour les bénévoles ne peut être réclamé par d'autres) et morales (ce qui n'a rien coûté ne peut être facturé).

D'un point de vue économique, l'OCDE a analysé la compatibilité entre l'imputation aux pollueurs des coûts fixes (dépenses d'investissement, salaire du personnel des autorités publiques, et mise sur pied d'une force spéciale d'intervention en cas de marée noire) et le principe pollueur-payeur. La conclusion est qu'il est normal de comptabiliser ces coûts fixes si on veut inciter les pollueurs à « anticiper les conséquences de leurs actions sur l'environnement et à en tenir compte dans leurs décisions » (OCDE, 1982, p. 28).

D'un point de vue juridique et éthique, les réflexions de l'OCDE concernant un éventuel enrichissement de l'Etat pollué, si celui-ci facture ces coûts fixes, vont dans le même sens. En effet, « le responsable doit la réparation intégrale du dommage au prix du marché même lorsque la victime effectue elle-même (hors marché) les opérations de réparation du dommage » (OCDE, 1982, p. 32). Dans ces conditions, il est évident que le travail des bénévoles doit être comptabilisé, ainsi que celui des élus locaux, contrairement à ce qu'affirme G. Stigler.

3.2. Le montant des coûts de nettoyage

Même si les collectivités locales ont joué un rôle non négligeable, la plus grande part des dépenses de nettoyage a été à la charge de l'Etat qui a géré ce problème à travers le plan Polmar. De ce fait, il convient de présenter les problèmes d'organisation, et subsidiairement d'efficacité, avant d'aborder le chiffrage.

Problèmes d'organisation

Depuis 1970, il existe une instruction ministérielle relative à la lutte contre les marées noires qui est explicitée dans un document intitulé « Pollution de la mer et des côtes par les hydrocarbures Plan Polmar », appelé plus simplement Plan Polmar. Ce document contient : les textes de base, les modalités de l'alerte, le déclenchement du plan, l'action gouvernementale, l'organisation de la coordination, l'organisation opérationnelle gouvernementale, le règlement des dépenses et diverses annexes (Sénat, 1978, p. 85).

Pour le règlement des dépenses, les pièces sont adressées par les préfets aux ministres intéressés qui, ensuite, envoient des relevés au ministre de l'Intérieur. Celui-ci, enfin, adresse ces relevés au Ministre des Finances, avec les justificatifs.

Les opérations maritimes, organisées par le plan Polmar-mer, relèvent du ministre de la Défense, ce qui explique la responsabilité exercée dans l'Amoco-Cadiz par le préfet maritime de Brest. Les opérations à terre, dans le cadre du plan Polmar-terre, relèvent du ministre de l'Intérieur. De ce fait, ce sont les préfets des départements touchés qui sont chargés de la direction des opérations. La coordination interdépartementale est assurée par le préfet de la zone de défense. La coordination entre Polmar-mer et Polmar-terre est théoriquement du ressort du Premier ministre, mais pratiquement c'est le ministre de l'Intérieur qui l'exerce. Pour la marée noire de l'Amoco-Cadiz, la responsabilité fut exercée par le secrétaire d'Etat auprès du ministre de l'Intérieur.

Lors du naufrage de l'Amoco-Cadiz, l'action en mer a révélé assez vite ses limites en raison d'une météorologie très défavorable. Ainsi, le pompage des soutes qui avait été étudié n'a pas pu être mis en œuvre tant que la tempête faisait rage. Une fois celle-ci calmée, il ne restait plus que 10 à 15 % de la cargaison dans les flancs du pétrolier, et la récupération de la cargaison n'avait plus de sens, le pétrole s'étant dispersé. Sous l'action du vent une partie des hydrocarbures avait été rabattue sur le rivage, puis le vent ayant changé de sens, le pétrole est parti vers le large.

C'est au moment où les nappes d'hydrocarbures étaient répandues en mer que les navires sont réellement intervenus en tentant d'abord de les récupérer par pompage. Mais la houle avec des creux de 5 à 6 mètres n'a pas permis aux divers systèmes présents de fonctionner. D'où l'emploi de produits précipitants du type craie hydrophobe sur les zones ayant des fonds supérieurs à 100 mètres, et dépourvues de crustacés. Mais on a surtout fait appel aux dispersants sur les zones de plus de 50 mètres de fond. Ces produits, en transformant les hydrocarbures en fines gouttelettes, facilitent leur biodégradation.

En ce qui concerne les actions sur terre, l'organisation était complexe, avec des différences entre le Finistère et les Côtes-d'Armor. Dans le Finistère, le plan Polmar-terre était dirigé de la préfecture à Quimper, mais un poste de commandement (P. C.) avancé était installé à Ploudalmézeau, à proximité du lieu du sinistre. Cette antenne très étoffée qui, au départ, coiffait l'ensemble des dispositifs sur toute la côte, est devenue très rapidement responsable des chantiers du seul Finistère, compte tenu de l'importance de la pollution dans ce département.

Les Côtes-d'Armor, bénéficiant d'un délai de cinq jours par rapport au département voisin, ont eu le temps de s'organiser de façon plus structurée, avec le P.C. de la préfecture et le P.C. opérationnel de Lannion organisant les chantiers en association étroite avec les élus locaux. Dans le Finistère, le rapport du Sénat note que les élus locaux n'ont pas été associés à la mise en œuvre du plan (Sénat, 1978, p. 90), ce qui ne les a pas empêchés d'avoir une importante action, mais à leur propre initiative.

L'efficacité des dispositifs

On a vu dans le premier point que l'intervention en mer ne s'était pas révélée très efficace, essentiellement pour des raisons météorologiques. L'inexistence de matériel de pompage permettant de travailler dans une mer assez forte a donc conduit à traiter les nappes. L'estimation en termes quantitatifs et monétaires de l'efficacité de l'action en mer est difficile, les éléments d'appréciation manquant. Même si l'on savait quel tonnage d'hydrocarbures a pu être traité, on aurait du mal à rapprocher ce résultat des efforts déployés. Par exemple, dans le temps d'opération des navires, il est difficile de chiffrer la part qui incombe à la surveillance et au traitement des nappes. Tout au plus a-t-on une indication à partir du nombre de bâtiments disperseurs engagés chaque jour. Cette figure montre que le maximum se situe une semaine après le naufrage. Ce renseignement est tout à fait partiel, car en nombre d'heures de navigation par jour, le maximum se manifeste deux semaines après le naufrage (Congar, 1982, p. 118).

En ce qui concerne la lutte à terre, l'efficacité des techniques a fait l'objet d'un essai d'appréciation analytique par Pasquet (1982), dont nous reprenons les résultats.

Pour la collecte des hydrocarbures, on distingue tout d'abord le pompage, avec ou sans écrémeur selon les conditions, en association avec des possibilités de stockage. Celles-ci prennent la forme de tonnes à lisier ou de camions d'assainissement, sachant que ces derniers coûtent environ deux fois plus cher par mètre cube d'hydrocarbures pompé (teneur de 10 %). La poursuite du pompage à marée basse suppose le creusement de tranchées avec un coût supplémentaire équivalent au coût de pompage avec une tonne à lisier.

Mais dès que la viscosité du produit augmente, il faut passer à une phase de ramassage des déchets pâteux à sec. Si les engins de travaux publics ont un rendement élevé, en contrepartie ils récupèrent un matériau ne contenant pas plus de 1 à 2 % d'hydrocarbures. A l'inverse, les méthodes manuelles, beaucoup plus lentes, sont plus sélectives (5 à 10 % d'hydrocarbures). Le ramassage mécanique n'a d'intérêt que dans le cas d'une pollution importante et continue, lorsqu'il y a un accès facile et la possibilité de travail pour les engins de travaux publics. De plus, il faut que la distance entre le lieu de ramassage et le lieu de traitement soit assez réduite, en raison de l'importance du volume de matériau transporté (au moins trois fois plus en ramassage mécanique qu'en ramassage manuel).

Lorsqu'on passe au stockage on doit distinguer trois phases. La première, de nature intermédiaire ou primaire assure le tampon entre la collecte et l'évacuation. La seconde, à caractère provisoire, sert de transit entre l'évacuation et le traitement des déchets, et peut de ce fait durer entre plusieurs mois et 1 ou 2 ans. La dernière phase correspond au stockage définitif, avec éventuellement le traitement des déchets, afin d'éviter tout risque de pollution. Si l'on tient compte de la durée de séjour des déchets et du type d'aménagement (fosses creusées prévues pour des produits liquides ou secs, utilisation de bacs préfabriqués), le coût pour le stockage primaire varie de 1 à 8 par m^3. Par rapport à la fourchette basse, le coût par m^3 de stockage provisoire de la grande fosse de Brest est à multiplier par 30.

Pour ce qui est du transfert des déchets pollués l'efficacité dépend très étroitement du mode de transport utilisé. En deçà de 50 km la route est toujours moins onéreuse, avec le recours à la tonne à lisier ou à la remorque agricole pour la liaison entre site pollué et zone de stockage intermédiaire. Les camions bennes servent pour le transport de matériaux pâteux ou solides. Le recours à la voie ferrée est de 10 à 20 fois plus cher et il faut éviter d'utiliser les wagons-citernes, pour le stockage provisoire en attente de traitement, par les stations de déballastage. Outre l'immobilisation du matériel, cette solution complique le débarquement des déchets et le nettoyage des wagons, car il y a stabilisation et décantation des matières solides. Le transport par voie maritime conduit aux mêmes problèmes et rend ce mode de transport 5 à 6 fois plus cher que par voie ferrée.

Reste enfin le traitement des déchets qui se fait par incinération, ou lavage avec séparation des liquides polluants, ou biodégradation, ou stabilisation par un liant minéral, ou plus simplement par la mise en décharge sans traitement. Le choix dépend de facteurs physiques (degré de liquidité), de la teneur en polluant, des délais...

Ainsi pour les produits liquides, il vaut mieux une séparation conduite en station de déballastage. Celles-ci étant rares, cela suppose un transport sur longue distance et donc une dépense à la tonne traitée non négligeable comme on a pu le noter. Le coût intrinsèque est, quant à lui, du même ordre que pour le traitement en vue d'une stabilisation avec de la chaux, mais 3 à 4 fois moins cher que l'incinération.

De manière synthétique Congar (1982), a tenté d'estimer le coût de la lutte à terre pour l'Amoco-Cadiz, en cherchant les variables explicatives les plus pertinentes. En raisonnant sur les dépenses quotidiennes C_t pendant une durée de 149 jours, il montre qu'interviennent seulement la quantité Y_t de déchets récoltés et E_t le travail. C_t étant exprimé en dizaines de milliers de francs, Y_t en dizaines de tonnes et E_t en dizaines d'hommes-jour, on a la relation :

$$C_t = -32{,}81 + \underset{(5{,}46)}{0{,}171\, Y_t} + \underset{(26{,}084)}{1{,}066\, E_t} \qquad R^2 = 0{,}87 \qquad F = 496{,}5$$

t de Student entre parenthèses.

Ainsi un accroissement marginal de 10 tonnes de déchets, se traduit par un coût supplémentaire de 1 710 F, tandis qu'un accroissement de 10 hommes-jour entraîne un supplément de 10 660 F. On voit l'importance du facteur travail dans la lutte à terre.

Le chiffrage

Compte tenu du système d'organisation, la principale source d'information sur les dépenses engagées dans le nettoyage est le plan Polmar. Mais il y a eu d'autres dépenses de nature non comptable ou engagées dans un cadre différent.

En ce qui concerne les chiffres provenant du plan Polmar, on peut distinguer ce qui a trait au plan Polmar-mer de ce qui ressort du plan Polmar-terre. Le tableau 1 récapitule l'ensemble des dépenses engagées au titre du premier. Comme il est normal, on remarque le poids des postes location de bâtiments, et coût des navires de la Marine Nationale, qui représentent près de 45 % du total. Les dépenses en produits chimiques constituent le troisième poste par importance. Ces trois éléments atteignent 62 % du total des engagements au titre du plan Polmar-mer.

Pour le plan Polmar-terre, figurent dans le tableau 2 les principales rubriques de dépenses par département. Les coûts relatifs aux bénévoles ou aux dépenses encourues par les communes sont évoqués dans le point suivant.

Les dépenses relevant strictement du plan Polmar-terre s'élèvent à 270,2 millions de francs, soit quatre fois plus que pour la partie mer. Dans ce total, plus du tiers revient à l'armée de terre, sachant que ce poste est fondé sur les propres évaluations du ministère de la Défense, ce qui ne permet pas de savoir comment le matériel a été amorti et comment ont été estimés les coûts des soldats du contingent. Tout au plus sait-on qu'il y a eu près de 350 000 hommes-jour d'emploi de militaires. La rubrique achat de matériel, avec une fourchette basse concernant l'amortissement (valeur résiduelle de 75 %), et de fournitures représente quant à elle le deuxième poste avec un peu moins du tiers du total.

Tableau 1. – Coûts de nettoyage au titre du plan Polmar-mer (en millions de F 1978).

Location de bateaux privés	15,1
Location de matériel de pompage	5,6
Coût des aéronefs militaires et privés	4,8
Coût total d'utilisation des navires de la Marine Nationale	14,1
Frais de personnel de la Marine Nationale	9,3
Fournitures et achat de matériels (valeur résiduelle nulle)	1,0
Réparation et entretien	4,2
Produits chimiques	11,2
Transport d'équipement et de personnel de la Marine Nationale	0,2
Total	65,5

Source : Meade, 1982, p. 157.

Tableau 2. – Coûts de nettoyage au titre du plan Polmar-terre ventilés par département (en millions de F 1978).

	Finist.	C.-d'A.	I. et V.	Manche
Armée de terre	70,2	26,5	–	–
Police	3,1	1,2	–	–
DDE et autres	5,7	2,2	0,2	0,2
Services préfectoraux et incendie	1,7	1,9	0,1	–
Achat matériel* et fournitures	62,0	24,3	1,0	0,6
Location de matériel				
Transport et élimination déchets**	26,8	14,4	–	–
Combustibles	0,3	0,4	–	–
Nettoyage et réparation matériel	10,0	0,1	–	–
Réaménagement des sites et sauvetage des oiseaux	10,6	3,4	–	–
Intérêts	2,2	1,1	–	–
Total	192,6	75,5	1,3	0,8

* La valeur résiduelle des matériels est supposée égale à 75 %
** La ventilation entre Finistère et Côtes-d'Armor est faite à partir de Congar (1982, p. 120).
Source : Meade, 1982, p. 158.

Quant à la répartition géographique, elle montre que le Finistère a concentré plus de 70 % des coûts du plan Polmar-terre. Le reste revient presque intégralement aux Côtes-d'Armor, puisque l'Ille-et-Vilaine et la Manche, qui n'ont pas été touchés par les hydrocarbures, ont simplement engagé des dépenses de protection préventive.

Pour les coûts de nettoyage relevant d'autres sources ou d'une approche non marchande, on peut se référer aux calculs présentés par les collectivités locales lors du procès à Chicago. Ainsi l'estimation des volontaires (104 430 hommes-jour) est-elle faite sur la base d'un coût quotidien de 121 F compte-tenu du SMIC et des charges sociales. Le travail des élus sur le terrain a été assimilé à celui des cadres supérieurs (700 F par jour tout compris) pour les maires, les adjoints et les conseillers généraux. Pour les conseillers municipaux, on s'est aligné sur les cadres moyens (363 F par jour). Les frais de transport ont été évalués aux tarifs de l'administration.

Le recours au matériel départemental et municipal a fait l'objet d'estimations se référant au taux de location quotidien des types de matériel utilisés en multipliant par le nombre de jours. De la même manière, l'utilisation des bâtiments communaux lors des opérations de nettoyage a fait l'objet d'une évaluation fondée sur le nombre de mètres carrés et le montant de la location normale du mètre carré de chaque type de bâtiment (de 0,11 F à 0,25 F par jour).

Tableau 3. – Coûts de nettoyage hors plan Polmar (en million F 1978).

Personnel communal et départemental	10,0
Travail d'encadrement des élus	6,7
Travail des volontaires	12,6
Utilisation du matériel départemental et communal	3,3
Valeur locative des bâtiments utilisés	1,1
Divers (nourriture, réparations, petits achats...)	6,3
Restauration des infrastructures	183,3
Total	223,3

Reste enfin le coût de restauration des infrastructures correspondant aux dégradations dues au passage d'engins trop lourds, évalué à partir d'enquêtes communales.

Le tableau 3 récapitule ces divers éléments ainsi que d'autres dépenses du ressort des communes.

Il ressort du tableau 3 que l'essentiel des coûts de nettoyage, hors plan Polmar, concerne la restauration des infrastructures avec 82 % du total.

Tableau synthétique

Si l'on récapitule l'ensemble des coûts de nettoyage, on arrive à un chiffre de 559 millions de francs 1978, soit environ 134 millions de dollars en 1978, ce qui équivaut à 609 dollars par tonne déversée. Il s'agit-là d'un montant élevé, puisque le naufrage du Torrey-Canyon en 1967 avec 117 000 tonnes s'est traduit par un coût de nettoyage de 375 dollars 1978 par tonne.

Des coûts beaucoup plus élevés ont pu être observés, tels ceux relatifs à l'Antonio Gramsci en Baltique (6 700 $/t), mais il s'agissait d'une marée noire limitée, avec 5 000 t, et le bien-fondé de ce montant a été discuté (Smets, 1981). De même, les estimations données en Suède sur des coûts de nettoyage variant entre 475 $ et 7 850 $ par tonne déversée (OCDE 1981, p. 12) concernent des quantités bien inférieures à celles observées lors des grandes catastrophes.

Comme autre point de référence, on dispose comme on l'a vu des coûts unitaires retenus par les Etats-Unis pour évaluer les éventuels dommages liés à l'exploitation pétrolière de leur plateau continental. Ainsi le baril de pétrole arrivant à la côte, le coût de nettoyage varie de 228 à 331 dollars (dollars de 1987) (Grigalunas, 1990, p. 69). Ramenée à la tonne,la dépense moyenne de nettoyage s'élève donc à 1 820 $ environ. Ce montant équivaut à celui de l'Amoco-Cadiz si l'on admet que la quantité d'hydrocarbures arrivée sur le littoral s'est élevée à 88 000 tonnes approximativement (Assemblée Nationale, 1978, p. 264). En effet, dans ce cas, la dépense par tonne s'élève à 1 520 dollars au prix de 1978.

Références bibliographiques

AMIGUES J.-P., 1987. L'effet d'irréversibilité en économie de l'environnement. *Cahiers d'Economie et Sociologie Rurales*, n° 4, 97-112.

Assemblée nationale, 1978. Rapport fait au nom de la Commission d'Enquête Parlementaire créée à la suite du naufrage d'un navire pétrolier sur les côtes de la Bretagne, le 16 Mars 1978. *Publication de l'Assemblée Nationale*, n° 665.

CONGAR R., 1982. L'analyse chronologique des coûts de la lutte contre la pollution de l'Amoco-Cadiz dans le Finistère, 1978 in OCDE, *Le coût des marées noires*, 117-120.

CRABBE P., 1985. Valeur d'option et de quasi-option des ressources naturelles. Cahier de recherche n° 85-01, du Groupe de Recherche en Economie de l'Energie et des Ressources Naturelles. Université Laval-Québec.

GREENLEY D.A., WALSH R., YOUNG R.A., 1981. Option value : empirical evidence from a case study of recreation and waterquality. *The Quarterly Journal of Economic*, Nov., 657-673.

GRIGALUNAS T.A., 1990. in FARROW R.S., *Managing the outer continental shelf lands*. Taylor & Francis ed., 59-81.

HENRY Cl., 1974. Instrument decisions under uncertainty : the irreversible effect. *American Economic Review*, vol. 64, n° 6, 1006-1012.

MEADE N., 1982. La marée noire de l'Amoco-Cadiz : analyse des coûts des opérations d'intervention d'urgence, de nettoiement et de remise en état de l'environnement in OCDE. *Le coût des marées noires*, 145-166.

PASQUET R., 1982. Efficacité et coût des techniques de lutte à terre contre une pollution accidentelle des eaux par des hydrocarbures in OCDE. *Le coût des marées noires*, 125-141.

POINT P., 1986. Eléments pour une approche économique du patrimoine naturel in *Les comptes du patrimoine naturel*. Collection INSEE, C 137-138, p. 449-533.

OCDE, 1981. Les bénéfices des politiques de l'environnement en tant que dommages évités, ronéo oct. 1981, *Comité de l'Environnement*, 25 p.

OCDE, 1982. L'imputation du coût des marées noires et le principe pollueur-payeur (Note du Secrétariat) p. 23-35 in *La lutte contre les marées noires* Aspects économiques.

REMOND-GOUILLOUD M., 1982. L'indemnisation des frais de lutte et de nettoyage des marées noires in OCDE. *La lutte contre les marées noires*, aspects économiques, 104-132.

Sénat, 1978. Rapport fait en conclusion des travaux de la Commission d'Enquête Parlementaire... Rapport n° 486, 289 p.

SMETS H., 1988. Certains aspects économiques concernant les marées noires accidentelles. Etudes et Recherches. Paris, Ministère de l'Environnement. Troisièmes assises internationales de l'environnement. *Compte rendu du colloque*, volume 2, 52-61.

STIGLER G., 1983. *La théorie des prix*. Dunod, Paris, 330 p.

WHITE I.C. NICHOLS J.A., 1982. Considérations pratiques concernant le coût des marées noires in OCDE, 1982, *Le coût des marées noires*, 77-96.

CHAPITRE 3.

LES DOMMAGES SUBIS PAR LE TOURISME

La saison 1978 a certainement été le plus mauvais cru touristique qu'ait connu la Bretagne. Mais avant d'aborder la question des dommages, il convient de cerner le problème sur la plan économique. La difficulté que l'on a à définir l'industrie touristique tient au fait qu'il n'y a pas de correspondance entre un produit et une branche d'activité. Le phénomène touristique a un caractère diffus et hétérogène qui rend son appréhension malaisée. Du côté de l'offre, des entreprises extrêmement diverses, qui appartiennent à de nombreuses branches, hôtels-cafés-restaurants, commerces, transports, services, interviennent dans la production de biens et de services touristiques. Du côté de la demande, la diversité n'est pas moins grande entre le client de l'hôtellerie de luxe et celui des campings, sans parler du tourisme d'affaires ou de la cure thermale.

Le tourisme est souvent assimilé aux vacances, celles-ci étant définies comme des séjours de quatre jours consécutifs ou davantage passés hors du domicile pour des motifs autres que professionnels, d'étude ou de santé. Cette définition exclut les déplacements de plus courte durée, de type week-end, et est trop étroite. A l'opposé, celle retenue par l'établissement du compte satellite du tourisme est très large. Elle repose sur un critère simple : le déplacement assorti d'une nuit au moins passée hors du domicile principal. Les déplacements d'affaires de plus de 24 heures et les déplacements personnels, à l'exception de ceux motivés par un événement familial ou par le règlement d'affaires personnelles, font ainsi partie du champ. « Dès lors sont considérés comme touristiques, les biens et services consommés par le touriste pendant son déplacement ou en vue de son déplacement, ainsi que les biens et services produits par des activités qui concourent directement au développement de la consommation touristique ».

Parmi les consommations liées au déplacement touristique, on distingue les activités caractéristiques primaires, des secondaires. Les premières correspondent à des biens et services qui n'auraient pas eu d'existence en l'absence du tourisme. Les secondes ont trait à des activités existant indépendamment du tourisme mais qui sont stimulées par lui, comme la restauration par exemple. Enfin, il y a des biens et services de consommation courante mais qui n'ont rien de caractéristique (transports interurbains par exemple). Ils sont considérés comme des biens et services connexes. Cette délimitation du champ a d'importantes répercussions dans les évaluations. Ainsi dans la consommation intérieure des résidents, le tourisme d'affaires qui constitue 12,5 % des nuitées, représente 26,5 % du total en valeur ; les déplacements pour raison de santé, thermalisme, sont peu importants : 1,8 % en valeur. Les courts séjours d'agrément constituent 19,6 % des nuitées et 13,8 % de la consommation intérieure. Le tourisme d'agrément correspondant aux seules vacances ne représente que les deux tiers des nuitées et 58 % de la consommation pour les résidents.

Ce qui nous intéresse dans le cas de la marée noire, c'est le tourisme estival, principalement de villégiature et dans une moindre mesure à buts culturels. Pour suivre ce secteur, il n'existe aucun moyen d'observation direct au plan régional, qui soit suffisamment fiable, pour que les variations d'une année à l'autre soient significatives. Il a fallu mettre au point une méthodologie qui a fait l'objet d'un examen contradictoire par les avocats et les experts de la compagnie Amoco. Elle s'articule en trois parties.

L'objet de la première partie est de montrer que le seul événement qui puisse expliquer le recul de la fréquentation touristique est bien la marée noire. Pour y parvenir nous proposons une analyse de la demande et de l'offre touristique, en longue période. Dans la seconde partie, après avoir éliminé l'incidence éventuelle des facteurs climatiques, nous montrons à partir d'indicateurs indirects la réalité du recul. Le calcul du recul est délicat et fait l'objet de la troisième partie. Il consiste en l'application d'idées anciennes selon lesquelles on peut suivre des variations de population, à partir d'une consommation particulière, celle du pain dans le cas présent. L'application de la démarche est intéressante puisqu'elle aboutit à des résultats qui ont résisté à la critique. Elle apparaît donc fiable à la lumière du procès. Enfin nous considérons l'évaluation des dommages en termes monétaires à trois niveaux d'agrégation : l'entreprise sinistrée, l'industrie touristique et l'économie bretonne.

Ce chapitre fournit donc une méthodologie pour étudier l'impact sur le tourisme d'une catastrophe écologique. Tenant compte des particularités du secteur et de la qualité des statistiques disponibles, elle est également cohérente avec la théorie micro-économique. C'est donc une théorie appliquée des dommages subis par l'industrie du tourisme, qui dépasse le cadre de la Bretagne et est transposable à d'autres cas.

1. La bretagne et le tourisme

Les éléments d'appréciation sur la place du tourisme dans les économies régionales sont limités et parfois sujets à caution. La concentration dans le temps et l'espace se traduit par un effet de prisme déformant qui conduit souvent à exagérer le poids du tourisme dans les économies régionales. Là où des études fiables ont pu être faites, on aboutit à des résultats plus modestes que ceux qui sont le plus souvent avancés. Ainsi dans le Languedoc-Roussillon, l'estimation de la valeur ajoutée touristique pour l'été 1979, n'aurait atteint que le tiers de celle de l'agriculture ou encore le neuvième de celle de l'industrie (INSEE, 1982). Ces apports ne sont cependant pas négligeables et correspondent à un impact d'autant plus spectaculaire qu'il est localisé. La fréquentation touristique entraîne aussi un gonflement visible de l'emploi salarié en période estivale.

Pour la Bretagne on ne disposait pas des mêmes informations. On a pu toutefois estimer qu'à la fin des années soixante-dix lors du naufrage de l'Amoco-Cadiz plus de 53 000 personnes étaient occupées partiellement ou à temps plein grâce au tourisme (Bonnieux et Rainelli, 1980, rapport p. 28).

Au-delà du secteur des biens et services directement produits à des fins touristiques, celui du bâtiment est aussi très étroitement concerné. Ainsi de 1962 à 1967 sur 100 logements neufs construits en Bretagne, 9,14 étaient des résidences secondaires, avec un minimum de 5,0 % en Ille-et-Vilaine et un maximum de 12,1 % dans le Morbihan. Pour la période 1968-1974, la proportion s'élève à 12,26 % avec des écarts de 6,8 % à 17,5 % pour les mêmes départements. On en vient à estimer qu'entre 1975-1979 l'édification de résidences secondaires constitue de 16 à 17 % de l'ensemble des constructions. Cela représente environ 600 millions de francs par an dans la région, sans compter le second œuvre concernant la réfection d'anciens bâtiments.

L'importance du tourisme pour l'économie bretonne peut encore être appréhendée à partir de la balance touristique, dont le solde est nettement positif, l'excédent ayant augmenté de façon sensible au cours des années soixante-dix (Bonnieux et Rainelli 1980, annexes p. 4-5). Le tourisme est donc une activité importante pour l'économie bretonne, il apparaît même vital pour certaines zones du littoral (Bonnieux et Rainelli, 1979).

Dans ce paragraphe on examinera les principaux aspects du marché du tourisme en Bretagne, demande, consommation de vacances, part de marché. Puis on envisagera à partir des capacités d'accueil le volet offre et production, avant de discuter quelques spécificités de ce marché.

1.1. Les grandes tendances de la demande

Afin de replacer l'année 1978 dans la longue période, il convient d'examiner les deux composantes de la demande touristique adressée à la France, celle qui émane de la clientèle étrangère et celle des Français.

Chacun sait qu'au plan mondial, la demande de loisirs a progressé à un rythme soutenu au cours des dernières décennies. Le nombre d'arrivées de touristes internationaux aux frontières constitue un bon indicateur de ce phénomène. Il a augmenté au taux de 10,9 % de 1950 à 1960, de 8,3 % de 1960 à 1970 et de 6 % de 1970 à 1980 (Py, 1986, p. 17). Depuis, on a constaté une stabilisation et même, certaines années un léger recul des flux internationaux. Ainsi, la moyenne de 7,5 % par an sur longue période (1950-1987) recouvre des phases marquées par des évolutions bien caractérisées. On observe cette même progression lorsqu'on analyse les recettes du tourisme international ; leur importance ressort de leur part dans les exportations mondiales, puisque celle-ci hors transports atteint et même dépasse les 6 % en 1986 (Conseil Economique et Social, 1988, p. 16).

Sur ce marché, l'Europe s'est taillée une part prépondérante qui atteint 60 % en termes de recettes, et davantage (66 %) si l'on considère le nombre d'arrivées. Mais qu'en est-il de la France ? Elle se situe désormais au quatrième rang mondial très près de l'Italie, les deux premières places étant occupées par l'Espagne et les Etats-Unis. Sa part de marché oscille entre 7 % et 8 % des recettes depuis 1982, avec une dégradation récente liée au ralentissement de la croissance de la demande internationale. Toutefois, l'année 1978 se situe encore dans la décennie de croissance continue des recettes touristiques de la France, avec une progression de 118 % en francs constants de 1970 à 1981 (Py, 1986, p. 115).

L'analyse de l'autre composante de la demande confirme, comme nous allons le voir, cette périodisation : forte croissance des années soixante-dix, puis ralentissement, montrant bien qu'au plan national, 1978 s'inscrit dans une excellente conjoncture. L'évolution de la demande touristique des Français peut-être retracée avec précision depuis le milieu des années soixante avec la mise en place par l'I.N.S.E.E. d'enquêtes régulières. Cependant les séries ne sont véritablement homogènes qu'à partir de 1973. Elles ne concernent que les séjours d'au moins quatre jours consécutifs passés hors du domicile, pour des motifs autres que professionnels, d'études ou de santé. Les séjours du type week-end, relativement importants, surtout en avant-saison dans une région comme la Bretagne, proche de la Région Parisienne, sont donc exclus du champ de ces statistiques.

La série des taux de départ en vacances des Français confirme la croissance rapide de la demande au cours des années soixante et soixante-dix. Ce taux est passé en effet de 43,6 % en 1964 à 58,3 % en 1983. Depuis, il s'est stabilisé autour de 58 %. Combinée à celle de la population, cette évolution signifie une augmentation de 50 % du nombre de Français partis en vacances ; 20,3 millions en 1984 et 31,9 millions en 1987. L'explosion du phénomène vacances est encore plus impressionnante si on compare ces chiffres à ceux qui sont cités pour la période d'avant-guerre (Py, 1986, p. 18) : 5 millions en 1935 et un million supplémentaire en 1936 après le vote de la loi instituant les congés payés. Le rapprochement du taux de départ en vacances observé en France avec ceux de certains autres pays (Norvège, Suède, Suisse, Pays-

Bas, Grande-Bretagne) qui sont plus élevés, montre des perspectives de développement beaucoup plus limitées que par le passé.

Mais l'augmentation de la population concernée par les vacances ne s'est pas traduite par une croissance comparable du volume de la demande. En effet, si les Français partent en plus grand nombre, ils partent aussi plus souvent et moins longtemps à chaque voyage. Tant et si bien, qu'après avoir augmenté jusqu'en 1983, le nombre total de journées de vacances oscille depuis autour de 920 millions. Or la demande séjours à l'étranger ayant augmenté plus vite que la demande totale, le nombre de journées de vacances passées en France a légèrement diminué depuis cette date.

Lorsqu'on considère les seules vacances d'été qui correspondent au segment de marché intéressant la Bretagne, on observe des tendances plus marquées puisque le partage été-hiver continue à évoluer lentement en faveur des vacances d'hiver malgré un début de stagnation des sports d'hiver. L'année 1978 (fig. 8) correspond à une reprise après le recul conjoncturel de 1977 analogue à celui de 1968. Elle se situe dans la période de hausse du taux de départ, et bien avant le début de la période de stagnation.

Figure 8. – Taux de départ en vacances d'été et nombre moyen de journées de vacances d'été par personne partie

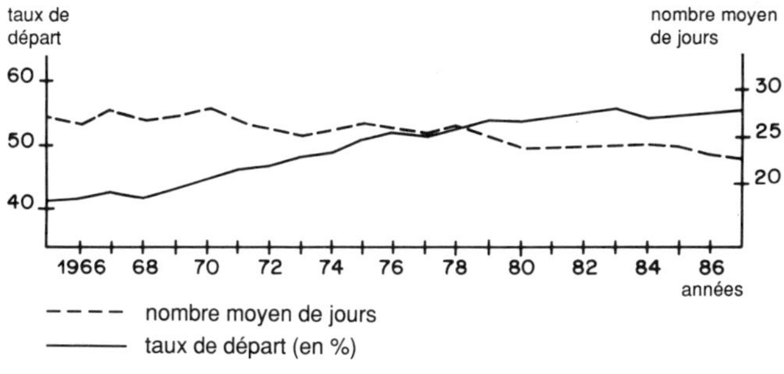

Source : I.N.S.E.E., Enquêtes annuelles sur les vacances des Français.

L'étude de la série du nombre de journées de vacances d'été des Français en France achève de montrer que 1978 s'est inscrit dans une période de croissance de la demande et qu'elle se situe avant la stabilisation qui démarre à partir de 1983. Tout comme 1968 et 1979, les saisons 1980 et 1981 correspondent à des reculs dont l'explication doit être recherchée du côté de la conjoncture économique générale.

En longue période, la croissance de la demande touristique s'explique par l'élévation du niveau de vie. A partir de chacune des enquêtes annuelles, on peut vérifier qu'il y a bien une corrélation positive entre, d'une part, le revenu et d'autre part, des variables caractéristiques de la consommation touristique comme les taux de départ, la durée des séjours et les dépenses. Mais le revenu ne suffit pas à expliquer toutes les variations de la demande. Il faut faire intervenir des facteurs supplémentaires comme le temps libre et les contraintes professionnelles pour rendre compte de la très faible consommation des agriculteurs.

Lorsqu'on analyse la demande en fonction de l'âge, on observe les taux de départ les plus élevés chez les enfants et les adultes de moins de 40 ans. Mais si l'on considère le nombre de journées par personne partie, on observe les durées les plus élevées chez les jeunes et les plus de 60 ans, ce qui montre bien l'importance du temps libre, tout au moins à titre de facteur secondaire comme déterminant de la demande. Ainsi, le croisement du critère revenu avec celui de l'âge rend compte des écarts interrégionaux importants, les zones économiquement les plus développées et les plus urbanisées étant caractérisées par les taux de départ les plus élevés.

L'évolution du revenu disponible des ménages permet aussi d'expliquer les variations conjoncturelles qui ont été notées, ainsi que le tassement de la demande constaté à partir de 1983. Certes, en longue période, il ne faut pas négliger l'importance de la diffusion d'un modèle culturel dans lequel la recherche de la détente ou du divertissement ainsi que d'une certaine différenciation sociale joue (Py, 1986, p. 32-33), mais ce type de facteurs apparaît secondaire par rapport aux déterminants économiques dans une analyse dont l'horizon temporel est plus limité.

1.2. Part de marché de la Bretagne

Il n'existe pas de système régional d'observation qui permette de suivre sur une longue période la fréquentation touristique. Seule l'hôtellerie homologuée fait l'objet, de longue date, d'enquêtes de conjoncture qui permettent de déterminer, entre autres éléments, les taux d'occupation des hôtels et l'importance de la clientèle étrangère par période. Les résultats de ces enquêtes seront utilisés par la suite, pour analyser la saison 1978. L'enquête analogue pour les campings n'a pas pu être exploitée. En effet, elle venait d'être mise en place en Bretagne l'année précédente et n'avait pas encore acquis la fiabilité nécessaire. En tout état de cause, ces enquêtes ne concernent qu'une partie de la clientèle. Ce manque d'information n'est pas propre à la Bretagne et se retrouve dans les autres régions. Certes il existe des enquêtes qui permettent de caractériser les vacanciers d'une région, mais le suivi des flux touristiques n'est pas réalisé. La mise en place récente d'un dispositif d'évaluation quantitative des flux touristiques vise à pallier ce manque d'information dans la région Provence-Alpes-Côte d'Azur, mais il demeure l'exception.

L'enquête sur les vacances des Français est faite au domicile des ménages interrogés et fournit des informations sur les destinations de vacances. Elle doit donc permettre une estimation de la part de marché de la Bretagne dans l'ensemble de la clientèle française. Ce calcul doit être mené avec précaution car la régionalisation de l'enquête se révèle délicate. L'échantillon national comprend environ 8 000 ménages, ce qui donnait pour la période qui nous intéresse un nombre de questionnaires exploités en février à 6 000. Ce nombre suffit pour suivre les variations du phénomène d'une année sur l'autre au niveau national, mais reste insuffisant pour mener à bien une analyse régionale de cette nature.

Le manque de fiabilité de ces résultats à l'échelle d'un groupe de départements est évident pour les régions qui ont bénéficié d'investigations particulières en matière touristique dans les années soixante-dix. Tel est le cas du Languedoc-Roussillon où des observations directes ont été effectuées, ainsi que pour l'Aquitaine. La comparaison des sources (tabl. 4) fait apparaître d'importants écarts sur les valeurs absolues. Ceci est concevable en raison de différences de champ statistique (présence ou non des étrangers), de champ géographique, ou de période de référence. Mais on constate également des variations d'une année sur l'autre, souvent contradictoires. Ainsi la source nationale indique-t-elle pour le Languedoc-Roussillon une hausse de 21 % entre 1975 et 1976 succédant à une baisse de 8 %. Or l'enquête directe donne l'indication exactement inverse (légère baisse entre 1975 et 1976 après un accroissement en 1975 de près de 21 % !). Les mêmes anomalies sont enregistrées en Aquitaine.

Tableau 4. – Comparaison du nombre des nuitées (en millions) dans le Languedoc-Roussillon et l'Aquitaine selon les résultats de l'enquête nationale, et selon les chiffres des enquêtes directes (indice 100 année précédente)

	1973	1974	1975	1976	1977	1978
Languedoc-Roussillon						
enquête nationale	100	105,0	92,0	121,0		
enquête directe	100	108,8	120,5	98,4		
Aquitaine						
enquête nationale			100	92,7	84,7	114,2
enquête directe			100	109,9	94,3	107,3

Sources : Enquête nationale : Les vacances des Français. Regards sur les statistiques du tourisme n° 21, 1979, p. 18. Il s'agit des journées de vacances d'été (du 1er mai au 30 septembre) prises dans les groupes de départements ayant une bordure maritime (dans l'ensemble de ces départements).
– Languedoc-Roussillon : cf. Les flux touristiques sur le littoral du Languedoc-Roussillon, Economie Méridionale, n° 88, 4è trim. 1978 ; et Repères, Etudes et Statistiques, INSEE D.R. Montpellier, n° 1, avril 1977.
– Aquitaine : cf. Vue sur l'économie aquitaine, INSEE, D.R. Bordeaux, n° 1, fév. 1978 et n° 2, mai 1979. Pour les résidences secondaires, seul est concerné le littoral du 15 juin au 15 septembre. Pour les hôtels et campings les départements sont concernés du 1er juin au 15 septembre.

L'analyse du nombre de journées de vacances d'été passées en Bretagne montre des variations assez erratiques. La part de la Bretagne dans le marché des régions côtières constitue un indicateur plus fiable et plus facile à interpréter. Elle s'établit régulièrement aux environs de 20 % dans les années soixante-dix, mais ses fluctuations inter-annuelles sont de l'ordre de l'erreur aléatoire et ne permettent de conclure ni dans le sens d'une hausse, ni dans celui d'une baisse en 1978. Ainsi l'intervalle de confiance à 95 % pour 1977 va de 17,7 % à 22,1 %, pour 1978 de 18,8 % à 23,2 % et pour 1979 de 18,0 % à 22,4 %.

Si les enquêtes successives ne permettent pas de faire ressortir des variations significatives entre 1977, 1978 et 1979, elles autorisent cependant une évaluation grossière de la fréquentation des côtes bretonnes. Pour y parvenir, on a cumulé les résultats de plusieurs enquêtes afin de raisonner sur des moyennes de quatre années (tabl. 5).

Tableau 5. – Nombre de journées de vacances d'été des Français dans les régions côtières (en millions)

Moyenne	Littoral Bretagne	Total littoral français
1974-77	65,1	314,9
1978-81	65,6	338,0
1982-85	57,9	353,9

On a distingué une première sous-période qui s'arrête en 1977, l'année précédant la marée noire de l'Amoco-Cadiz, la seconde démarrant en 1978. Ces deux premières sous-périodes s'inscrivent, comme on l'a vu précédemment, dans une période de forte croissance de la demande touristique au niveau national et international. Le nombre de journées de vacances pour l'ensemble du littoral augmente d'ailleurs très sensiblement entre ces deux sous-périodes avec un accroissement de 7,3 % entre les moyennes. La troisième sous-période s'inscrit par contre dans une perspective de croissance moins rapide de la demande ; ce que l'on vérifie à partir des chiffres pour l'ensemble du littoral : le taux de croissance tombe en effet à 4,7 % entre 1978-81 et 1982-85.

L'évolution de la fréquentation de la Bretagne est d'abord stable, puis diminue en valeur absolue. On a donc dans un marché qui progresse, une régression de cette région. Sa part passe de 20,7 % en 1974-77, à 19,4 % en 1978-81 et seulement 16,4 % en 1982-85. Pour expliquer ce recul, on peut tout d'abord invoquer le développement d'importantes capacités d'hébergement dans d'autres régions côtières, en particulier l'Aquitaine et le Languedoc-Roussillon. La croissance de la fréquentation de cette dernière région est effectivement très forte. Mais il semble aussi que les craintes quant à la qualité de l'environnement aient joué. Le naufrage du Torrey-Canyon en mars 1967 dans le Sud de l'Angleterre a été vécu comme exceptionnel et n'a probablement pas eu d'effet à long terme sur la fréquentation touristique. Mais la marée noire provoquée par celui de l'Amoco-Cadiz a eu des conséquences en termes de pollution du littoral bien plus grandes et durables. De fait, elle a interdit des pratiques de loisirs pendant une période assez longue et les a gênées durant l'été 1978. A ces facteurs objectifs, il faut ajouter des causes plus subjectives et le manque d'information de la clientèle qui ont favorisé une certaine désaffection pour les côtes bretonnes. N'oublions pas d'autre part que cette catastrophe s'inscrit dans une série de naufrages : Bohlen à proximité d'Ouessant en octobre 1976, Tanio en mars 1980 au large des Côtes-d'Armor et Gino. Bien qu'ayant eu des effets limités, ces accidents ont certainement eu des impacts négatifs sur l'image de la Bretagne. Aussi, la mise en œuvre d'un processus cumulatif à la suite du naufrage de l'Amoco-Cadiz paraît assez probable.

Les enquêtes nationales ne permettent pas de caractériser la situation qui a prévalu en 1978 en Bretagne. Elles fournissent toutefois une évaluation de la fréquentation normale des Français dans la seconde moitié des années soixante-dix. Elle se situerait entre 65 et 66 millions de nuitées. Il est possible, de passer à l'ensemble de la fréquentation en utilisant les résultats d'une enquête ponctuelle réalisée en 1979 par la Direction Régionale de l'I.N.S.E.E. de Rennes. On peut alors évaluer à 9 % la part des étrangers dans le total des nuitées (Bonnieux et Rainelli, 1980, rapport p. 22), ce qui donne une fréquentation totale d'environ 72 millions de nuitées.

Enfin, en utilisant conjointement cette enquête et un cumul des enquêtes nationales, on peut régionaliser la demande des Français (Bonnieux et Rainelli, 1980, annexes p. 7). A partir de cette information on a donc établi une décontraction de la demande totale selon l'origine géographique des vacanciers (tabl. 6).

Tableau 6. – Nombre de journées de vacances d'été en Bretagne selon l'origine géographique (en %)

Etrangers	Français	Ouest dont Bretagne	Ile-de-France	Reste Bassin Parisien	Reste France
9	91	29 21	36	13	13

Cette décontraction montre tout d'abord l'importance limitée de la clientèle étrangère et la forte concentration, quant à l'origine géographique de la clientèle française. L'importance des attaches familiales semble dessiner l'image de vacanciers fidèles à la Bretagne. Cette observation est corroborée par l'examen d'autres données. Ainsi, la part des résidences secondaires possédées par des ménages résidents hors de Bretagne s'élève aux environs de 30 %, un tiers étant possédé par des ménages habitant l'Ile-de-France. Ces pourcentages assurent à la Bretagne un flux important de clientèle sûre d'une année à l'autre. Les personnes logées en résidences secondaires sont en effet des habitués ;

94 % d'entre elles viennent régulièrement. Les pourcentages dans le cas des meublés et campings ne s'élèvent qu'à 49 % et 48 %. Dans le cas des logements occupés à titre gratuit on trouve un chiffre plus proche de celui des résidences secondaires : 82 % (Bonnieux et Rainelli, 1980, annexes p. 7). Les ménages résidant en Bretagne sont fidèles à leur région puisque sur 100 séjours d'été en France, ils en passent 62 en Bretagne. Si l'on tient compte des départs à l'étranger, cela donne un pourcentage de l'ordre de 50 % pour la Bretagne (Bonnieux et Rainelli, 1980, annexes p. 7).

Ainsi la Bretagne semble bénéficier d'un réservoir de clientèle sûre, en partie captive, qui devrait la rendre moins sensible à certains aléas.

1.3. Capacités d'accueil et fréquentation touristique

Les grandes tendances nationales se retrouvent en Bretagne avec une forte croissance pour le camping et le caravaning, et les résidences secondaires, lente dans l'hôtellerie, et une stagnation pour l'accueil chez les parents ou amis. En valeur relative cela se traduit par une forte progression dans le premier cas, une augmentation de la part des résidences secondaires, une baisse de l'hôtellerie et une forte diminution du dernier type d'hébergement.

En ce qui concerne l'hôtellerie, il y a en fait des substitutions entre les catégories « non homologuées » et « une étoile », en baisse, et les hôtels de meilleur niveau. La même évolution qualitative se retrouve pour les terrains de camping.

L'enquête sur les vacances des Français et l'enquête spécifique à la Bretagne réalisée en 1979 permettent de caractériser la fréquentation touristique par mode d'hébergement à la fin des années soixante-dix.

Le tableau 7 fait apparaître le faible poids de l'hôtellerie en ce qui concerne l'accueil des vacanciers, poids plus petit encore dans la région que dans le pays tout entier. Toutefois, si l'on regarde la part de l'hôtellerie dans le total de la dépense touristique, il en va autrement. Sa

Tableau 7. – Répartition selon le mode d'hébergement des journées de vacances d'été des Français en Bretagne et au niveau national (en % du total)

	Hôtel	Location meublé	Rés. second.	Héberg. gratuit	Tente & caravane	Autres formes	Total
Bretagne	4,1	17,6	18,0	15,8	38,8	6,1	100
France	6,2	16,0	13,5	35,0	21,9	7,4	100

Sources : Bretagne : Cormier (H.), Le Moal (R.), La saison estivale 1979 en Bretagne. Octant. Cahiers. Statistiques de la Bretagne, INSEE Rennes, 1er trim. 1980, n° 1, p. 40 et tableaux particuliers.
France : Les vacances des Français en 1978. Regards sur les statistiques du tourisme, n° 21, 1er trim. 1979, p. 20. Les chiffres régionaux concernent les mois de juillet et août 1979 alors que les chiffres nationaux ont trait à la saison 1978 du 1er mai au 30 septembre.

place en pourcentage fait plus que doubler en raison du coût élevé de la journée de vacances en hôtel. C'est probablement la cause de la régression relative de l'hôtellerie dans la répartition des journées de vacances, telle qu'elle est perçue dans les enquêtes annuelles sur les vacances d'été des Français.

Cette diminution, en pourcentage de l'hôtellerie se fait au profit du camping-caravaning qui touche presque 22 % des Français. Au plan régional on a, avec près de 39 % des journées, un pourcentage élevé, puisqu'il est du même ordre de grandeur que pour le littoral de l'Aquitaine. A l'inverse, le poids relatif de cette forme d'hébergement est plus faible lorsqu'on s'intéresse au montant des dépenses.

L'hébergement en logement traditionnel (location, résidence secondaire, hébergement à titre gratuit chez des parents ou amis) atteint plus de la moitié en Bretagne et près des deux tiers pour la France entière. Les trois formes d'hébergement en logement traditionnel sont très équilibrées en Bretagne (entre 16 et 18 %), avec une légère prédominance de la résidence secondaire. Il n'en va pas de même au plan national où l'hébergement à titre gratuit tient une place considérable, accueillant plus d'un Français sur trois.

Outre les Français en vacances, il faut tenir compte de la clientèle étrangère dont l'importance est loin d'être négligeable. En effet pour l'ensemble des vacances en 1978, on compte 19 % des nuitées provenant des non résidents (vacances d'été et d'hiver). Pour l'été uniquement, la Bretagne enregistre 9 % de journées de touristes étrangers (Cormier, 1979).

Dans la ventilation de journées de vacances des étrangers, il convient de relever la part prépondérante de l'hôtel, surtout au niveau national. En effet près d'une chambre sur deux est occupée par des non-résidents pour la France entière, proportion qui est seulement de un sur quatre dans la région. Les étrangers venant en vacances en France vont à l'hôtel dans la proportion de 1 sur 3, alors qu'il y en a seulement 1 sur 10 en Bretagne. Dans la région, les étrangers choisissent la location (presque 40 %) et l'hôtellerie de plein air (un tiers).

Les renseignements sur la capacité d'accueil des terrains de camping-caravaning ont un caractère partiel car ils ignorent le phénomène de camping « sauvage » qui, par définition, a lieu hors de terrains autorisés et répertoriés. D'autre part, le nombre de places disponibles est un chiffre théorique car les dépassements sont fréquents. Une enquête effectuée par le secrétariat d'Etat au Tourisme en 1976 donne des éléments d'appréciation sur ces deux aspects.

Ainsi, pour l'ensemble du littoral breton, le taux de remplissage varie de 140 % (première quinzaine de juillet) à 170 % (deuxième quinzaine) et monte à 190 % la première quinzaine d'août. Pour 131 100 places officielles dans les communes littorales on arrive à une fréquentation instantanée de 253 000 personnes durant la première quinzaine d'août. Pour cette même quinzaine, le nombre de personnes hors des camps autorisés était estimé à 46 000 soit 15 % des nuitées des campings aménagés. Sur la saison, cela conduisait à attribuer au camping sauvage 9 % des 14,4 millions de nuitées de l'hôtellerie de plein air sur les communes du littoral breton (Secrétariat d'Etat au Tourisme 1977, Synthèse régionale, La Bretagne, p. 5 et 11).

Dans l'ensemble, les résidences secondaires jouent un rôle important. La Bretagne dans son entier a un taux de résidences secondaires par rapport aux résidences principales qui atteint 11,0 % contre 8,0 % au plan national, selon les chiffres du recensement de la population de 1975. Si on se limite aux seules stations touristiques du littoral, on a des résultats différents (Statistiques du Tourisme, n° 9, 1976, p. 35). Le taux régional atteint 42,6 % contre une moyenne française de 50,3 %. L'écart entre ces deux sortes de renseignements indique le degré de diffusion des résidences secondaires hors de ce que l'on définit strictement comme station touristique littorale.

Ces résidences secondaires, qu'elles soient occupées par leurs propriétaires, des locataires ou des parents ou amis ont la particularité d'avoir un taux d'occupation très élevé en Bretagne, par rapport aux autres régions. C'est aussi la région où l'on a le plus grand nombre moyen de vacanciers par résidence secondaire occupée (Statistiques du Tourisme, n° 11, 1976, p. 16 et 17-19).

En ce qui concerne l'hébergement de vacanciers dans des résidences principales, la Bretagne est aussi la région où l'on trouve le plus grand nombre de touristes par logement (1,3 pour une moyenne de 0,78). Aussi est-ce là où le nombre de vacanciers en résidences principales pour 100 habitants permanents est le plus fort (44 contre 28 sur le littoral français).

L'analyse selon les zones littorales permet d'affirmer ces résultats. Ainsi, la distinction dans le Finistère de trois zones (partie nord, partie ouest et partie sud) aide à mieux saisir les caractéristiques du littoral (tabl. 8).

Si l'on exclut la façade ouest du Finistère, on peut opposer une bordure maritime nord constituant 46,6 % de l'hébergement du littoral (non compris l'accueil dans les résidences principales), à une bordure sud d'importance un peu moindre (43,2 % du littoral total). Toute la partie septentrionale est marquée par le poids des résidences secondaires qui composent aux environs des deux tiers de la capacité. La partie nord du Finistère, la première touchée par la pollution, a même plus des trois quarts de ses possibilités d'accueil, constituées de résidences secondaires. A l'inverse la bordure méridionale n'a que 50 % environ un peu plus dans le Morbihan, un peu moins dans le Sud-Finistère de sa capacité d'hébergement en résidences secondaires.

Dans son ensemble, le littoral nord a une capacité d'accueil caractérisée par l'importance des lits en hôtel au détriment des places dans les campings. Le cas le plus caractéristique est celui de l'Ille-et-Vilaine où l'hôtellerie représente 14 % du total des lits, et le camping-caravaning

Tableau 8. – Poids respectif des zones littorales en pourcentage du nombre de lits, et structure selon le mode d'hébergement.

	Littoral I et V	Littoral Côtes-d'Armor Est	Ouest	Total
Nombre de lits (% total Bretagne)	8,8	12,2	6,0	18,2
Struct. hébergement				
• résid. second.	65,5	68,6	64,1	67,1
• hôtels	14,0	10,6	11,9	11,0
• campings	18,5	19,2	21,5	20,0
• autres	2,0	1,6	2,5	1,9
	100	100	100	100
	Littoral du Finistère Nord	Ouest	Sud	Total
Nombre de lits (% total Bretagne)	8,3	7,8	10,9	27,0
Struct. hébergement				
• résid. second.	76,5	68,3	46,5	62,0
• hôtels	9,0	12,5	12,4	11,4
• campings	12,7	17,8	35,3	24,1
• autres	1,8	1,4	3,8	2,5
	100	100	100	100
	Littoral Morbihan	Ensemble littoral	Intérieur	Bretagne
Nombre de lits (% total Bretagne)	21,8	75,8	24,2	100,0
Struct. hébergement				
• résid. second.	54,1	61,3	81,8	66,3
• hôtels	8,5	10,8	9,7	10,5
• campings	34,9	25,6	8,0	21,3
• autres	2,5	2,3	0,5	1,9
	100	100	100	100

Source : Service d'Etudes et d'Aménagement Touristique du Littoral (SEATL). Ministère de l'Environnement et du Cadre de Vie. Fichier « capacité d'hébergement » de 1977 du Service Statistique de la Direction du Tourisme. Les subdivisions du littoral sont les mêmes que celles utilisées dans le chapitre précédent.

18,5 %. A contrario, la bordure sud voit prédominer l'hôtellerie de plein air, avec en contre-partie une hôtellerie traditionnelle moins présente. Tel est le cas du Morbihan, où ces deux types d'hébergement constituent respectivement 34,9 % et 8,5 %. Dans le Sud-Finistère si le camping tient une place comparable, on trouve par contre une hôtellerie représentant 12,4 % de la capacité totale.

En conclusion, il convient de souligner la très forte concentration des capacités d'accueil sur le littoral puisque on y recense plus des trois quarts des lits. La part des résidences secondaires est nettement plus faible sur la côte que dans l'intérieur de la région, alors qu'à l'inverse l'hôtellerie de plein air et les autres installations y sont davantage présentes.

1.4. Equilibre du marché du tourisme

La concentration de la demande sur quelques semaines est une caractéristique du marché du tourisme. Les Français prennent plus de la moitié de leurs journées de vacances d'été au mois d'août et environ 80 % en juillet et en août. La pointe de fréquentation est particulièrement nette en Bretagne pendant cette période, et affecte en premier lieu la première quinzaine d'août, puis la seconde quinzaine de juillet.

La concentration géographique des lieux de séjour constitue une seconde caractéristique de marché particulier. Elle concerne tout d'abord le littoral, la mer demeurant la destination la plus appréciée. Mais le long des côtes, les vacanciers se concentrent dans un nombre relativement limité de zones. Ce phénomène concerne tout particulièrement la Bretagne, comme l'a montré une typologie des cantons littoraux (Bonnieux et Rainelli, 1979). Seuls quelques-uns d'entre eux correspondent à des petites régions à forte vocation touristique et possèdent des structures d'accueil très développées.

L'afflux de touristes pendant l'été se traduit par un surcroît d'activité dans le commerce de détail alimentaire, la boulangerie et l'hôtellerie qui peut être évalué à partir de la masse salariale distribuée dans ces branches. Sur la base 100 au premier trimestre elle s'élève en Bretagne à l'indice 140 au troisième trimestre (Guillemet, 1987). Un indicateur de variation saisonnière de la population peut-être calculé à un niveau géographique fin, et permet de préciser le phénomène de concentration des touristes dans des zones bien délimitées. Cet indicateur rapporte la population estivale à la population permanente. La population estivale est la somme de la population permanente et de la population touristique, cette dernière est calculée en appliquant des coefficients d'occupation à la distribution du nombre d'hébergements par catégorie (Guillemet, 1987). Cet indicateur vaut 131 en moyenne régionale et est caractérisé par des variations intra-régionales considérables. Il dépasse l'indice 200 pour treize cantons tous situés sur le littoral. Pour cinq d'entre eux il est supérieur à l'indice 300.

Cette concentration estivale et géographique explique des différences accentuées de prix dans le temps et dans l'espace. L'hôtellerie fournit un bon exemple de tarifs différenciés selon la saison. Sur la figure 9, on a indiqué le prix des chambres en fonction du taux d'occupation des hôtels, SS' représente l'offre de chambres, $D_1D'_1$ la demande en haute saison et $D_2D'_2$ la demande en basse saison.

En haute saison, l'équilibre du marché hôtelier se situe en A_1, le taux d'occupation vaut OQ_1 et le prix OP_1. En basse saison, l'équilibre est en A_2 ce qui correspond à une sous-utilisation, puisque le taux d'occupation OQ_2 diminue par rapport à la haute saison, le tarif basse saison est aussi inférieur au tarif haute saison. Le passage de la haute saison à la basse saison s'accompagne donc d'une baisse de surplus de l'hôtellerie, qui est représentée sur la figure 9 par l'aire $A_1P_1P_2A_2$.

Figure 9. - Equilibre sur le marché hôtelier

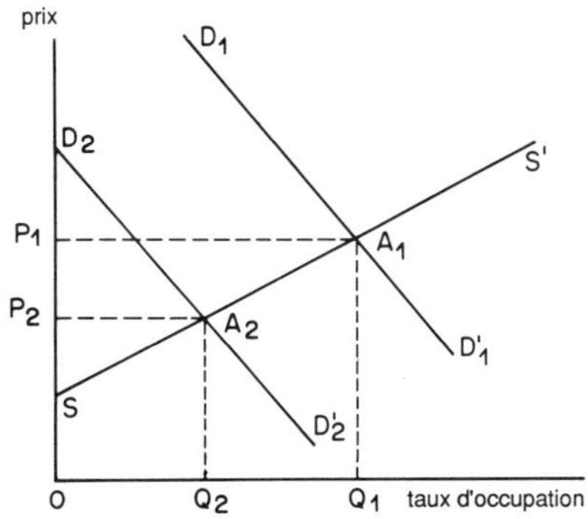

Ce modèle simplifié du marché hôtelier met en évidence la sous-utilisation des hôtels pendant une bonne partie de l'année. D'après des calculs cités par Py (1986, p. 96) cette situation concerne tous les types d'hébergement ; l'occupation moyenne de l'ensemble des hébergements touristiques serait de 56 nuitées par an. Cette moyenne fournit un ordre de grandeur de la sous-utilisation d'un potentiel coûteux, elle résulte de la forte concentration dans le temps des vacances, mais aussi d'une faible utilisation pendant la saison elle-même (à eux seuls juillet et août représentent 62 nuitées). Bien sûr, il existe des différences selon les types d'hébergement, de 41 nuitées pour les résidences secondaires à 93 nuitées pour les hôtels et villages de vacances commerciaux, mais l'observation demeure vraie pour toutes les catégories. La Bretagne n'échappe pas à cette situation et on peut constater à partir des enquêtes de conjoncture dans l'hôtellerie une sous-utilisation manifeste des équipements. Depuis 1975, le taux d'utilisation des hôtels homologués se situe entre 60 % et 68 % pendant la saison (Bonnieux et Rainelli, 1980, annexes p. 34 ; Le Verre, 1988), ce qui correspond respectivement à 91 et 103 nuitées par lit, le minimum ayant été atteint en 1978.

A l'inverse, les insuffisances de l'offre se manifestent en période de pointe, en particulier pour les hébergements de plein air. Des calculs théoriques de demande moyenne instantanée mettent en évidence l'existence d'une pénurie de places. Le rapport entre places demandées et places disponibles atteint 1,4 à la fin des années soixante-dix (Py, 1986, p. 97), ce qui entraîne une saturation et une surpopulation des terrains des zones accessibles au camping sauvage. Les enquêtes sur le terrain en Bretagne pendant la saison 1979 montrent, comme on l'a déjà signalé, un taux d'occupation des campings dépassant les 150 % pendant la première quinzaine d'août. Le marché fonctionne comme si l'offre de places était infiniment élastique, la tarification pratiquée ne suffit pas à assurer une régulation satisfaisante du marché. Avec les mêmes notations, pour la demande que sur la figure 9, l'application du tarif OP entraîne en haute saison un taux d'occupation OQ_1 supérieur à 100 % (fig. 10). Pour limiter la surpopulation, il serait nécessaire de faire payer au moins OP_1, ce qui ne s'observe pas dans la pratique. En début et en fin de saison même l'application d'un prix nul ne permettrait pas d'atteindre la pleine utilisation des installations. Cette absence de tarification correspond au cas des zones réservées au camping sauvage et entraîne en haute saison, une sur-saturation mesurée par $Q_1Q'_1$, comme on peut facilement l'observer sur le littoral là où cette pratique est en fait possible. Ces considérations conduisent aussi à une réflexion sur le caractère contingent de la notion de capacité d'hébergement pour le camping, qui correspond à une norme administrative associée à un niveau donné de confort.

Une analyse réaliste du tourisme doit donc distinguer des segments de marché pour tenir compte de la dimension spatio-temporelle et des différents types d'hébergement. Si le choix de la période de séjour semble dicté par des facteurs, tels que la date des vacances scolaires ou de fermeture des usines, le revenu et les prix interviennent de façon prépondérante dans les autres décisions. Le revenu joue à titre principal

Figure 10. – Equilibre sur le marché des campings.

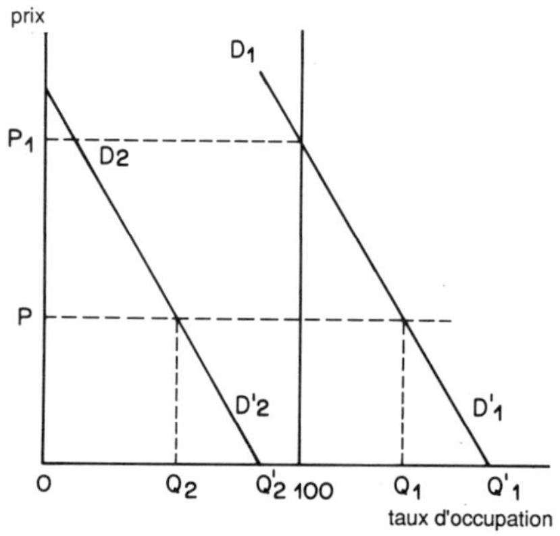

pour le choix du mode d'hébergement, les prix déterminant ensuite la décision précise quant à la destination et le choix précis de l'hôtel, du terrain de camping ou du meublé en location. Certes, le fonctionnement du marché par certains de ses aspects, relative opacité et manque d'information des consommateurs, semble s'éloigner de la concurrence parfaite. Il ne faudrait cependant pas sous-estimer le rôle des facteurs économiques et les possibilités de substitution entre destinations.

2. Evaluation de la baisse de fréquentation en 1978

La saison estivale 1978 se présentait sous les meilleurs auspices puisqu'était réalisée la conjonction d'un ensemble de facteurs favorables à sa réussite : croissance à long terme de la demande et reprise après le recul conjoncturel de 1977. Dès lors que l'on peut éliminer, comme nous allons le montrer dans un premier point, la responsabilité des facteurs climatiques, la baisse de fréquentation en Bretagne est donc imputable au naufrage de l'Amoco-Cadiz, seul facteur explicatif restant.

En l'absence de suivi de la fréquentation touristique au niveau régional à partir d'enquêtes ou de mesures des flux d'entrée et de sortie, l'évaluation des fluctuations d'une année sur l'autre est délicate. Elle doit s'appuyer sur des indicateurs indirects liés à la consommation des touristes (Rouzier, 1980). L'utilisation de deux indicateurs fiables et disponibles sur une période assez longue (consommation de carburant auto, salaires distribués dans les hôtels-cafés-restaurants et le commerce de détail) confirme l'opinion des hôteliers et permet d'apporter la preuve d'une baisse de fréquentation, dont la réalité n'a d'ailleurs jamais été sérieusement contestée par les experts d'Amoco-Cadiz. Les débats au cours du procès ont porté sur deux questions bien circonscrites, le lien de cause à effet entre le naufrage et ce recul du tourisme ainsi que la possibilité d'exprimer ce recul en termes de nuitées ou de touristes perdus. Pour mener à bien ce dernier calcul, nous utiliserons les livraisons de farine à la boulangerie, qui sont directement liées à la consommation de pain, donc à l'importance de la population résidente.

2.1. Les conditions climatiques de l'été 1978

Les fluctuations climatiques d'une année à l'autre, peuvent expliquer une part des variations de la clientèle touristique d'une région donnée. Ainsi on a souvent avancé le rôle du mauvais temps pour expliquer au moins en partie la chute de la fréquentation touristique pendant l'été 1978. Les commentateurs faisaient alors référence à l'été exceptionnel de 1976 oubliant du même coup que la période de beau temps avait cessé fin août et que la Bretagne n'avait pas connu une affluence record dans l'ensemble. Par ailleurs, ils oubliaient alors que l'été 1977 n'avait pas été bon sur le plan climatique et que, somme toute, de ce point de vue 1977 et 1978 sont comparables. Ces remarques illustrent le caractère sélectif des souvenirs en la matière. L'importance potentielle des conditions climatiques dans l'économie touristique nécessite une analyse détaillée de ce que fut l'été 1978 en comparaison des étés précédents.

La climatologie touristique ne peut pas se contenter d'une variable comme la température, à laquelle elle fait jouer un rôle discriminant. Elle doit essayer d'approcher le climat vécu par les vacanciers, ce qui nécessite de recourir à un ensemble de critères qui permettent de définir des types de temps plus ou moins favorables au tourisme et en particulier aux activités de plein air (Besancenot *et al.*, 1978). Un ensemble de six variables (durée d'insolation, nébulosité, température, vitesse du vent, tension de vapeur et précipitations) permet de définir huit types de temps :

1. très beau temps ensoleillé,
2. beau temps ensoleillé,
3. beau temps frais ensoleillé,
4. beau temps avec couverture majeure partielle,
5. beau temps avec bref épisode pluvieux,
6. temps chaud et lourd,
7. beau temps aux vents forts,
8. temps défavorable au tourisme.

Les sept premiers types peuvent être considérés comme favorables au tourisme. Toutefois, seuls les deux premiers réunissent un ensemble de conditions idéales. Le soleil est présent (insolation excellente, plus de 9 heures), le ciel est bleu et la pluie absente. Par ailleurs le vent est très faible, la tension de vapeur est suffisante sans que l'on ait pour autant l'impression subjective de temps lourd. Seule la température permet de les différencier. Le troisième type de temps s'apparente aux précédents. La température est sensiblement plus faible, il s'agit d'un temps agréable en début et en fin de saison. Les autres temps favorables au tourisme ne réalisent pas l'ensemble des conditions idéales, soit qu'ils soient trop lourds ou trop chauds (type 6), qu'il y ait trop de vent (type 7) une insolation insuffisante ou une nébulosité trop forte (types 4 et 5) ou encore des précipitations (type 5). Les journées qui n'ont pu prendre place dans aucune des catégories précédentes sont considérées comme défavorables au tourisme. Une sous-catégorie pourrait être définie. Elle correspond au temps pourri qui réalise la conjonction d'une insolation très faible ou d'une très forte nébulosité et de précipitations durables. Ces journées sont incompatibles avec les activités de plein air et immobilisent le vacancier.

Pour l'ensemble du littoral, le nombre de journées défavorables au tourisme pendant la période estivale est assez réduit (tabl. 9). Il n'atteint en moyenne décennale que 52,1 journées sur un total de 122 du 1er juin au 30 septembre. Une analyse par sous-période montre qu'à peine une journée sur deux est favorable pour les mois de juillet et d'août. L'année 1976 apparaît donc à cet égard exceptionnelle, et ne peut donc pas servir de base pour une comparaison. Les deux années suivantes se situent en dessous de la moyenne et apparaissent donc relativement médiocres ; toutefois 1978 a été légèrement meilleure que 1977.

Tableau 9. – Nombre de journées favorables au tourisme estival (période juin septembre).

	Moyenne 1966-1975	1976	1977	1978
Côtes-d'Armor (non pollué)	50,8	77,4	48,1	47,0
Côtes-d'Armor (pollué)	46,6	76,9	44,7	43,2
Finistère (partie Ouest)	43,2	58,3	29,8	35,1
Finistère (partie Sud)	57,3	77,6	57,2	43,5
Finistère (partie nord polluée)	40,3	61,5	29,7	41,1
Ille-et-Vilaine	55,8	72,4	46,0	54,8
Morbihan	70,7	86,3	71,6	71,0
Ensemble du littoral	52,1	72,9	46,8	48,0

L'analyse, par zone littorale, oppose la façade sud de la Bretagne nettement privilégiée, à la côte nord. Mais une étude plus détaillée conduit à une carte climatique plus nuancée. Ainsi la côte d'Ille-et-Vilaine apparaît peu homogène, le climat de Dinard est nettement meilleur que celui de Cancale. L'embouchure de la Rance à l'Est et le Sillon du Talbert à l'Ouest marquent les frontières d'une zone au climat plus agréable. Le Trégor (partie polluée des Côtes-d'Armor) connaît un climat plus favorable au tourisme que le Léon (partie polluée du Finistère). Cette zone dispute la dernière place à la façade ouest du Finistère. Par ailleurs sur la côte sud la Pointe de Penmarch correspond à une frontière climatique. C'est une des raisons pour laquelle la façade ouest du Finistère, telle que nous l'avons définie, inclut le cap Sizun et s'étend jusqu'au canton de Plogastel Saint-Germain, le canton de Pont-l'Abbé marquant la limite nord de la façade sud. Enfin la côte sud morbihanaise connaît un climat plus clément l'été que celle du Finistère.

Les disparités climatiques intra-régionales, sont donc importantes et plus accentuées lors des années médiocres, le nombre de journées favorables s'écartant davantage de la moyenne dans les zones littorales les moins favorisées. La stabilité dans le Morbihan est en effet nettement plus importante, et l'on voit que les années 1977 et 1978 se situent au niveau moyen. Concernant le littoral touché par la marée noire, on a des évolutions différentes entre le Finistère et les Côtes-d'Armor. Pour le premier on se situe légèrement au-dessus de la moyenne en 1978 marquant ainsi un net progrès par rapport à 1977, alors qu'il y a une diminution du nombre de journées favorables dans le second cas en 1978, par rapport à la moyenne ainsi que par rapport à 1977.

Sur le plan climatique, la saison 1978 a certes été relativement médiocre, mais nullement mauvaise. Elle fut d'ailleurs meilleure que 1977, qui fournit donc une référence assez basse. L'appréciation des hôteliers sur les conditions atmosphériques, qui ont prévalu recoupe d'ailleurs ces observations objectives : 42 % d'entre eux les ont considérées comme normales et 50 % comme peu favorables, ce qui classe 1978 en 6ème position parmi les quatorze années pour lesquelles on dispose de cette information, cinq étant caractérisées par des appréciations moins favorables, deux années étant considérées comme excellentes (Bonnieux et Rainelli, 1980, annexes p. 131).

2.2. La preuve du recul de 1978

La preuve de ce recul peut être apportée à partir de deux indicateurs complémentaires. Le premier, la consommation de carburant auto, permet une analyse à l'échelon régional et départemental, du déroulement, mois par mois, de la saison touristique. Le second, élaboré à l'aide de la masse des salaires, autorise une analyse plus fine sur le plan géographique, mais ne permet pas de considérer des périodes inférieures au trimestre. Les deux indicateurs apportent donc des éléments de preuve qui se complètent.

La très grande majorité des ménages, prenant des vacances en Bretagne a recours à l'automobile comme moyen de transport. De ce fait, les quantités d'essence utilisées, notamment pendant la période estivale, donnent une idée des flux touristiques. Cet indicateur, disponible mensuellement, n'a de sens qu'au niveau départemental puisqu'il est assez rare que le carburant acheté dans une commune soit consommé uniquement dans celle-ci. Cet indicateur donne une excellente mesure du caractère saisonnier du tourisme, et de son importance relative dans chaque département. Ainsi l'étude des coefficients mensuels de l'année 1977 montre que le rapport entre les coefficients d'août et de janvier s'étage entre 2,02 dans le Morbihan ; 1,97 dans les Côtes-d'Armor ; 1,84 dans le Finistère et seulement 1,43 dans l'Ille-et-Vilaine. La pointe d'août est partout la plus importante dépassant juillet d'environ 10 %. Pour les autres mois de la saison, on constate un certain écrêtage lié au développement des déplacements de courte durée, propres aux résidents et autres catégories, en dehors de la période juillet-août.

L'analyse rétrospective depuis 1962 enregistre les mouvements de fond, telle la forte accélération en 1969-70 dans l'Ille-et-Vilaine, et plus encore le Morbihan, et les événements conjoncturels. La crise pétrolière de la fin 1973 a des répercussions l'année suivante. Dès 1975, sauf dans les Côtes-d'Armor où il faut attendre une année de plus, la consommation retrouve son niveau antérieur. Mais le rythme de croissance est plus faible. Et même il y a un léger recul en 1977 dans le Morbihan.

Dans cette perspective, il est intéressant de voir (tabl. 10) à quel niveau s'est établie la consommation de carburant auto en 1978, trimestre par trimestre, en prenant pour base 100 les périodes correspondantes de 1977.

Tableau 10. – Consommation trimestrielle de carburant auto en 1978 (base 100 la même période en 1977).

	1er trimestre	2e trimestre	3e trimestre	4e trimestre
Côtes-d'Armor	108	104	95	104
Finistère	114	104	95	104
Ille-et-Vilaine	109	107	102	97
Morbihan	101	107	101	112

Le tableau 10 indique clairement un recul en valeur absolue du troisième trimestre pour les Côtes-d'Armor et le Finistère, départements directement touchés par la pollution. L'Ille-et-Vilaine et le Morbihan subissent un recul relatif puisque se situant à peu près au même niveau qu'en 1977, alors que les autres trimestres marquent une progression. Ce recul tant en valeur absolue, que relatif, doit également s'analyser par rapport à la pointe saisonnière habituelle du troisième trimestre.

Mais il est possible d'aller plus loin, en comparant la consommation du troisième trimestre à une estimation fondée sur un modèle de prévision. Les séries départementales ont été décomposées selon un modèle multiplicatif. Les coefficients mensuels sont prévus à partir d'un lissage par moyenne mobile et la tendance au moyen d'un modèle linéaire ajusté sur les données corrigées des variations saisonnières.

La prévision porte sur les mois d'août à décembre 1978. Le tableau 11 permet de comparer les prévisions aux réalisations pour chaque trimestre et par département. Pour les deuxième et quatrième trimestres, la qualité de la prévision est remarquable puisqu'il n'y a aucun écart sensible. L'écart constaté au troisième trimestre n'en est que plus significatif. Les pertes de consommation s'élèvent donc à 9,8 % pour la Bretagne. Elles ont affecté de façon différente les Côtes-d'Armor et le Finistère d'une part, l'Ille-et-Vilaine et le Morbihan d'autre part.

L'analyse des pertes mensuelles, de juillet à septembre, permet de suivre le déroulement de la saison (tabl. 12). Globalement la perte est sensible et concentrée surtout sur le mois de juillet sans que l'on puisse déceler un quelconque rattrapage aux mois d'août et septembre. Tout ce que l'on peut dire, c'est qu'il y a eu une atténuation dans le temps. Le processus est identique dans les quatre départements avec seulement une variation dans le degré, les Côtes-d'Armor et le Finistère étant nettement plus touchés que les deux autres départements. Ceci montre bien l'effet de diffusion, qui a eu lieu hors des zones directement polluées. Cet effet de diffusion se combine avec une certaine redistribution à l'intérieur de la région.

Tableau 11. – Prévision de la consommation de carburant auto d'avril à décembre 1978 (unité : dizaine de mètres cube).

	Période	Valeurs observées	Valeurs prévues	Ecarts en %
Côtes-d'Armor	2è trimestre	5 579	5 600	– 0,4
	3è trimestre	6 487	7 238	– 11,6
	4è trimestre	4 984	5 013	– 0,6
	total	17 050	17 851	– 4,7
Finistère	2è trimestre	8 378	8 411	– 0,4
	3è trimestre	9 572	10 619	– 10,9
	4è trimestre	7 685	7 689	– 0,1
	total	25 635	26 719	– 4,2
Ille-et-Vilaine	2è trimestre	8 669	8 654	0,2
	3è trimestre	8 797	9 325	– 6,0
	4è trimestre	8 177	8 069	1,3
	total	25 643	26 048	– 1,6
Morbihan	2è trimestre	7 479	7 445	0,5
	3è trimestre	9 403	10 129	– 7,7
	4è trimestre	6 889	6 896	– 0,1
	total	23 771	24 070	– 2,9
Bretagne	2è trimestre	30 105	30 110	0,0
	3è trimestre	34 259	37 311	– 8,9
	4è trimestre	27 735	27 667	0,2
	total	92 099	95 088	– 3,2

Tableau 12. – Prévision de la consommation de carburant auto en juillet-août-septembre 1978 (unité : dizaine de mètres cubes).

	Période	Valeurs observées	Valeurs prévues	Ecarts en %
Côtes-d'Armor	juillet	2 118	2 513	– 18,6
	août	2 601	2 837	– 9,1
	septembre	1 768	1 888	– 6,8
Finistère	juillet	3 137	3 714	– 18,4
	août	3 688	4 029	– 9,2
	septembre	2 747	2 876	– 4,7
Ille-et-Vilaine	juillet	2 884	3 217	– 11,5
	août	3 125	3 250	– 4,0
	septembre	2 788	2 858	– 2,5
Morbihan	juillet	3 081	3 525	– 14,4
	août	3 824	4 023	– 5,2
	septembre	2 498	2 581	– 3,3
Bretagne	juillet	11 220	12 969	– 15,0
	août	13 238	14 139	– 6,8
	septembre	9 801	10 203	– 4,1

On a pu élaborer pour l'ensemble de la Bretagne des séries homogènes annuelles pour la masse des salaires versés dans le commerce de détail et les hôtels-cafés-restaurants, qui couvrent la période 1962-1978 (Bonnieux et Rainelli, 1980, annexes p. 23-27).

Pour le commerce de détail, l'analyse de la série chronologique montre les effets de la conjoncture avec des taux de croissance annuels très élevés en 1973 et 1974, période marquée par d'importants achats. Ceux-ci sont dus aux anticipations des consommateurs face à la crise. Les années suivantes sont marquées par un net ralentissement. En 1977 et 1978, les taux de croissance d'une année sur l'autre sont respectivement de 1,7 % et 1,9 % en francs constants (tabl. 13).

Tableau 13. – Evolution en volume de la masse salariale dans le commerce de détail et les hôtels-cafés-restaurants de 1962 à 1978 (par rapport à l'année précédente).

19..	63	64	65	66	67	68	69	70	71	72	73	74	75	76	77	78
(1)	16,8	13,9	9,1	9,0	9,5	12,3	10,9	12,0	10,3	11,5	15,6	14,3	5,5	8,5	1,7	1,9
(2)	9,3	14,7	10,7	9,5	11,9	15,1	8,0	11,3	10,2	13,3	13,9	12,2	8,7	10,0	3,1	- 4,3

(1) commerce de détail
(2) hôtels, cafés et restaurants

Pour les hôtels-cafés-restaurants, on voit que l'évolution est parallèle à celle enregistrée dans le commerce de détail. L'amplitude est différente avec un mouvement de hausse atténué en 1973 et surtout 1974. En effet, il est probable que le comportement d'anticipation ne se manifeste pas dans ce domaine. Par contre, le mouvement est accéléré dans les années récentes. Si 1977 marque une décélération de la croissance, aux environs de 3 % contre plus de 10 % en moyenne les 3 années précédentes, 1978 est caractérisée par une chute de 4,3 %.

La stagnation du commerce de détail en 1978, n'est pas propre à la Bretagne. Au niveau national, l'évolution a été du même ordre. Mais on ne peut pas en dire autant des hôtels-cafés-restaurants. Pour la France entière, la masse salariale a progressé de 2,2 % en volume. Au 3ème trimestre 1978, par rapport à la même période de 1977, le nombre de demandes d'emploi non satisfaites dans l'hôtellerie augmente en Bretagne alors qu'il diminue en moyenne nationale. Ces évolutions nationales sont corroborées par celle du nombre de journées des vacances des Français. Pour l'été il progresse en 1978 de 4,6 % par rapport à 1977 et de 2,8 % par rapport à la moyenne 1976-77 (tabl. 13), l'évolution sur l'ensemble de l'année étant encore plus forte. La baisse en Bretagne n'est donc pas imputable à une évolution défavorable de la demande adressée aux hôtels-cafés-restaurants.

Cette analyse peut être affinée à partir de données trimestrielles sur la masse des salaires. Elle ne sont exploitables qu'à partir du quatrième trimestre 1976 et ont permis une comparaison à l'échelon de la zone littorale entre les 3èmes trimestres 1977 et 1978 (tabl. 14).

Tableau 14. – Ecarts en % des masses salariales dans les hôtels-cafés-restaurants par zone littorale entre 1977 et 1978.

Littoral I. et V.	Littoral Côtes-d'Armor			Littoral Finistère			Littoral Morbihan	Ensemble	
	Est	Ouest	total	Nord	Ouest	Sud		Littoral	Bretagne
- 8,4	- 10,1	- 29,2	- 16,2	- 27,1	- 4,6	- 6,7	+ 5,2	- 8,4	- 5,9

Les baisses d'activité des hôtels-cafés-restaurants s'avèrent particulièrement fortes dans les zones directement touchées par la pollution : Nord-Finistère et Ouest-Côtes-d'Armor. Ceci corrobore partiellement les résultats obtenus avec la farine où l'on voyait qu'outre la zone polluée des Côtes-d'Armor, c'était surtout le Sud-Finistère qui enregistrait un important recul. L'utilisation des masses salariales introduit des nuances car elle reflète plus spécifiquement certains secteurs du tourisme. Par contre dans les deux cas, on voit que le Morbihan a été la zone la moins défavorisée dans le contexte régional.

Un dépouillement par canton de cet indicateur complète ces observations. Il illustre la forte baisse d'activités dans les grandes stations touchées par la marée noire :

Saint-Pol-de-Léon	- 49 %
Plestin-les-Grèves	- 49 %
Perros-Guirec	- 37 %

la diffusion du recul sur toute la côte nord, avec atténuation à mesure que l'on s'éloigne de la zone polluée :

Pléneuf-Val-André	- 19 %
Dinard	- 11 %
Saint-Malo	- 6 %

ainsi que sur le littoral du Finistère-Sud :

Fouesnant	- 18 %

tandis que la hausse observée dans le Morbihan :

Quiberon	+ 2,3 %

s'interprète comme un léger recul, compte tenu de l'évolution antérieure dans cette zone.

2.3 Calcul du recul de 1978

La preuve du recul dû à la marée noire est une étape importante, mais insuffisante puisque l'on souhaite aboutir à une estimation en termes de nuitées perdues ou de touristes qui ne sont pas venus. Pour y parvenir nous avons mis au point une méthodologie fondée sur un indicateur indirect, les livraisons de farine à la boulangerie et boulangerie-pâtisserie. Elle a permis des évaluations qui ont joué un rôle central dans les expertises faites à l'occasion du procès et dans les débats du procès lui-même, aussi les présentons-nous plus en détails.

Les livraisons de farine reflètent assez fidèlement la consommation de pain et donc le nombre de personnes présentes. La population résidente ne variant pas brutalement d'une année à l'autre, toute modification dans les livraisons de farine traduit des changements de fréquentation touristique. Par rapport au carburant, les livraisons de farine ont l'avantage d'être significatives à un échelon géographique assez fin, tel le canton. Mais n'ayant que les livraisons et non la consommation, on n'est pas assuré qu'il n'y ait pas d'effet de stockage ou de déstockage. En conséquence, on doit raisonner sur des périodes supérieures au mois, surtout lorsqu'on examine les données à un échelon géographique restreint.

En longue période, les livraisons de farine en Bretagne diminuent. Cette tendance résulte de deux évolutions qui se contredisent : accroissement de la population et diminution de la consommation de pain par personne. La série des livraisons mensuelles est marquée par une pointe estivale très nette, qui apparaît clairement sur les données régionales, mais est encore plus forte lorsqu'on raisonne sur des stations touristiques.

Afin d'éliminer les effets de stocks, on peut apprécier l'impact de la fréquentation touristique en ramenant la moyenne mensuelle des livraisons de farine de mai à septembre, à la moyenne mensuelle des autres mois. Sur la période 1970-77, ce rapport aboutit à un indice de 114,6. Pour les zones les plus touristiques, on trouve des valeurs beaucoup plus élevées, proches de l'indice 200 à Perros-Guirec, le dépassant à Pléneuf-Val-André et Fouesnant, et supérieures à 300 à Quiberon.

En 1978, l'indice des livraisons de farine en Bretagne est plus faible et atteint seulement le niveau de 111,5. Ceci traduit une diminution de la fréquentation touristique si l'on admet que la population résidente a la même consommation pendant la saison estivale et hors saison. Si l'on fait l'hypothèse supplémentaire d'une consommation, par tête de pain, égale chez les touristes et les résidents, il est possible d'évaluer les nuitées perdues, puisque la population de la Bretagne est connue.

En l'absence de tout flux de population de mai à septembre, le nombre total de nuitées en Bretagne, serait égal au produit de la population bretonne (2 632,9 milliers) par le nombre de nuitées par personne (153), ce qui correspond à la valeur 100 de l'indice. L'indice normal 114,6 correspond à une pointe équivalant à 58 814 milliers de nuitées supplémentaires. L'indice de 1978 correspond à un supplément de 46 326 milliers de nuitées. La différence, soit 12 488 milliers de nuitées, fournit le nombre de nuitées perdues en 1978 par rapport à la situation normale appréciée par la moyenne 1970-77.

Le nombre total de nuitées des vacanciers en Bretagne est ensuite facile à obtenir, connaissant le nombre de nuitées des Bretons hors de Bretagne. Il a été évalué à 14 383 milliers (Bonnieux et Rainelli, 1980, annexes p. 16-17), ce qui donne une fréquentation normale de la Bretagne égale à 73 197 milliers de nuitées, valeur très proche de l'estimation de 72 000 milliers de nuitées à laquelle nous aboutissons au sous-paragraphe 1-2, à partir d'éléments sur la part de marché de la Bretagne et sur l'origine géographique des touristes.

Ce calcul permet de chiffrer la baisse de fréquentation touristique à 17 % de la normale. La simplicité de la méthode l'a privilégiée dans les débats devant le tribunal de Chicago. Les hypothèses sur le comportement des vacanciers et des résidents quant à la consommation de pain ont été critiquées par les experts de la compagnie Amoco. Ainsi W. Wecker, professeur de statistique à Davis, s'est appliqué à limiter la portée des résultats en raisonnant sur les séries départementales du Finistère et des Côtes-d'Armor et en jouant sur les limites du découpage de la période qui correspond à la saison estivale. Il a par ailleurs tenté de mettre en évidence une hausse anormale des livraisons hors saison pour ces deux départements, qui aurait pu être liée aux opérations de nettoyage et dont nous tiendrons compte par la suite.

En fait, la démonstration des pertes s'appuie essentiellement sur une prévision des livraisons de farine qui évite des hypothèses sur le comportement de vacanciers des Bretons. La prévision des livraisons mensuelles de farine à partir d'avril 1978 (tabl. 15) a été fondée sur un modèle autorégressif de moyennes mobiles ARIMA (0,1,2) (Bonnieux et Rainelli, 1980, annexes p. 17).

Tableau 15. Prévisions des livraisons de farine en Bretagne d'avril à novembre 1978 (unité : tonne).

	Livraison de farine		Ecarts observations prévisions	Cumul des écarts
	observation	prévision		
avril 1978	10 628	10 718	- 90	- 90
mai	9 948	10 349	- 491	- 581
juin	10 415	10 833	- 418	- 999
juillet	15 389	13 702	1 687	+ 688
août	11 934	13 380	- 1 446	- 758
septembre	9 675	10 430	- 755	- 1 513
octobre	10 091	10 410	- 319	- 1 832
novembre	10 342	10 277	65	- 1 767

Le déroulement de la saison transparaît à travers les écarts entre observations et prévisions. L'excédent de juillet traduit des anticipations optimistes rapidement prises en défaut, comme le montrent les déficits importants d'août et septembre. En fait, il faut attendre octobre-novembre pour que les écarts se stabilisent.

L'écart cumulé mesuré en septembre peut être retenu comme base, pour estimer les pertes de la saison. Il convient, toutefois d'en défalquer l'écart de 90 tonnes observé en avril, donc avant le début de la saison touristique. Par ailleurs, on doit ajouter la consommation supplémentaire de farine entraînée par les opérations de nettoyage, soit 94 tonnes. En fin de compte, les pertes imputables au déroulement de la saison touristique s'élèvent à 1 517 tonnes de farine.

Cette étape du calcul n'a pas été discutée par les experts de la Compagnie Amoco. Par contre, l'étape suivante qui consiste à appliquer un coefficient pour passer des pertes en farine aux pertes en nuitées (Bonnieux et Rainelli, 1980, annexes p. 20-21) a été contestée par G. Stigler. A l'appui de sa critique, il a cité des travaux visant à évaluer la population en Angleterre au 18ème siècle à partir d'indicateurs indirects et aboutissant à des résultats parfois contradictoires.

Le résultat de notre calcul, fondé sur une équivalence moyenne entre 1 kg de farine et 7,61 nuitées, conduit à une perte de 11 605,1 milliers de nuitées, cohérente avec l'évaluation sur la base de l'indicateur et qui sera utilisée par la suite.

Grâce à une étude effectuée au niveau cantonal pour les dernières années, il nous a été possible de ventiler les pertes de 1978 par rapport à la moyenne 1976-1977. Ces coefficients de décontraction nous permettent de répartir les baisses de fréquentation touristique par zone littorale (tabl. 16).

Tableau 16. – Ventilation des nuitées perdues par zone sur la base des diminutions de livraison de farine en 1978 comparées aux livraisons de 1976-77.

	Littoral I. et V.	Littoral Côtes-d'Armor			Littoral Finistère				Littoral Morbihan	Ensemble	
		Est	Ouest	total	Nord	Ouest	Sud	total		Littoral	Bretagne
Répartition (%)	5,9	15,1	11,7	26,8	11,2	16,3	23,2	50,7	– 2,6	86,0	100
Nuitées (en 1000)	684,9	1752,4	1357,8	3110,2	1299,8	1891,6	2692,4	5883,8	301,7	9980,4	11 605,1

La ventilation des nuitées perdues par zone obtenue, en se basant sur les diminutions de livraison enregistrées en 1978 par rapport à la moyenne 1976-77 semble légitime. En effet, globalement les pertes de 1978, en ayant pour base 1976-1977, s'élèvent pour la Bretagne entière à 1 462 tonnes. Ce chiffre ne diffère que de 3,6 % du montant obtenu à l'aide du modèle de prévision (1 517 tonnes). L'hypothèse que l'évolution entre 1978 et 1976-77 à l'intérieur de chaque zone est représentative du mouvement de fond, paraît fondée.

L'analyse des pertes en 1978 par zone, rapprochée du poids relatif de chacune de ces zones en année normale donne des indications intéressantes (tabl. 17). Ainsi, constate-t-on que les zones proportionnellement les plus touchées, sont la fraction ouest du littoral des Côtes-d'Armor, zone polluée, et le Sud du Finistère qui lui a été épargné. Relativement, le Nord-Finistère a moins souffert. Ces résultats s'expliquent par la structure des capacités d'accueil. On a vu que dans la partie nord du Finistère plus de trois quarts des lits se trouvaient dans les résidences secondaires. La proximité de Brest explique ce chiffre et fait que l'on a une très forte clientèle captive. A l'inverse, le Sud-Finistère a plus du tiers des lits en camping. D'où l'existence d'une clientèle volatile susceptible de changer facilement de lieu de vacances.

Tableau 17. – Poids respectif des zones littorales dans les livraisons de farine (moyenne 1976-77) et dans le recul des livraisons enregistré en 1978 (en % du total littoral).

	Littoral I. et V.	Littoral Côtes-d'Armor			Littoral Finistère				Littoral Morbihan	Ensemble	
		Est	Ouest	total	Nord	Ouest	Sud	total		Littoral	Bretagne
% livraisons	9,4	17,8	5,8	23,6	10,3	18,6	13,8	42,7	24,3	100	55,6
% recul	6,8	17,4	13,4	30,8	13,9	18,9	26,6	59,4	3,0	100	86,9

Dans toutes les zones littorales, l'année 1979 marque une progression par rapport à 1978. L'Ille-et-Vilaine retrouve sensiblement le niveau antérieur. Le Morbihan, quant à lui, progresse, ce qui montre que la très faible diminution de valeur absolue constatée en 1978 correspond à une perte par rapport à une tendance orientée à la hausse. Pour les deux autres départements, les progrès de 1979 ne suffisent pas à effacer les reculs de 1978. Seule la façade ouest du Finistère échappe à cette régression relative : le niveau de 1979 est comparable à celui de 1976-77. Ces éléments conduisent à s'interroger sur l'éventuelle rémanence des effets de la marée noire, pour les zones ayant subi les plus fortes pertes.

Le recul relatif de la fréquentation touristique est variable selon les zones. Un calcul de la fréquentation normale fondé sur l'indicateur des livraisons de farine a pu être mené à bien, en distinguant le littoral pollué du reste de la Bretagne (tabl. 18). Compte tenu de la durée moyenne des séjours, on aboutit à 2,8 millions de vacanciers en Bretagne, ce qui est cohérent avec l'évaluation de Brown (1984, p. 182) puisqu'elle est de 2,3 millions pour le littoral au sens des communes.

Par rapport à la normale, la fréquentation a donc baissé de 16 % en 1978 pour l'ensemble de la Bretagne, mais la diminution atteint 26 % sur le littoral pollué (zones nord du Finistère et ouest des Côtes-d'Armor) et seulement 14 % pour le reste de la région.

Tableau 18. – Fréquentation touristique (millions de nuitées).

	Total Bretagne	Littoral pollué	Reste Bretagne
Fréquentation normale	73,2	10,4	62,8
Pertes en 1978	11,6	2,7	8,9
Fréquentation 1978	61,6	7,7	53,9

Le littoral pollué représente environ 14 % des lits et le même pourcentage de la fréquentation normale, mais a subi 23 % des nuitées perdues.

2.4. Tableau récapitulatif des nuitées perdues

Les dépenses des touristes sont étroitement liées au mode d'hébergement. Le coût de la nuitée est le plus élevé pour les hôtels, viennent ensuite les meublés, puis les campings et les résidences secondaires, enfin les hébergements à titre gratuit chez des parents ou des amis. L'impact économique du recul de la fréquentation touristique est donc lié à la répartition des nuitées par type d'hébergement. Ainsi en termes de dépenses, une nuitée perdue pour l'hôtellerie équivaut à presque trois nuitées perdues pour le mode d'accueil le moins coûteux, c'est-à-dire l'hébergement à titre gratuit.

Pour décontracter par type d'hébergement les nuitées perdues, on a procédé en deux étapes. Dans la première, on a estimé directement les nuitées perdues dans l'hôtellerie en s'appuyant sur les séries de taux d'utilisation des hôtels. La baisse moyenne de cet indicateur pour la Bretagne est de 9 %, ce qui conduit à 1 110,2 milliers de nuitées perdues. Ce calcul a pu être mené à bien par zone littorale (Bonnieux et Rainelli, 1980, p. 36-37). La source utilisée et le principe de l'estimation n'ont d'ailleurs pas été contestés. W. Wecker s'est simplement attaché à minimiser le recul, en travaillant sur les séries relatives aux départements des Côtes-d'Armor et du Finistère.

La seconde étape a consisté à répartir le reste des nuitées perdues entre quatre modes d'hébergement : résidences secondaires, meublés, hébergements à titre gratuit et campings. Or, pour chacun de ces types d'accueil on connaît, outre les capacités, la fidélité des vacanciers à la région. En effet, l'enquête sur la saison estivale de 1979 donne par mode d'hébergement la proportion de personnes ayant l'habitude de venir en Bretagne. Ce taux est très élevé pour les résidences secondaires (94 %) et l'hébergement à titre gratuit (82 %), ce qui confirme le caractère de clientèle captive pour les vacanciers correspondants. Pour les meublés et l'hôtellerie de plein air, on a respectivement 49 et 48 %, ce qui traduit la plus grande mobilité des personnes ayant recours à ces modes d'hébergement.

Ces résultats peuvent s'interpréter en termes de probabilité conditionnelle : pour un individu utilisant tel type d'hébergement, on a la probabilité pour qu'il vienne en Bretagne. A l'inverse, le complément à 1 du chiffre ainsi trouvé n'est autre que la probabilité de ne pas venir en Bretagne pour une sorte de logement donnée. Le croisement de ces probabilités et du mode d'hébergement de chaque zone donne une ventilation de nuitées perdues par type de logement (tabl. 19).

Tableau 19. – Répartition des nuitées perdues par mode d'hébergement et par zone (unité : milliers de nuitées).

Zones	Total	Hôtel	Résidence secondaire	Meublé	Occupé à titre gratuit	Tente ou caravane
Littoral des Côtes-d'Armor	3 110,2	110,0	105,2	1 492,8	277,0	1 125,2
dont partie Ouest non polluée	1 752,4	71,1	65,6	702,8	171,5	741,4
dont partie Est polluée	1 357,8	38,9	39,6	790,0	105,5	383,8
Littoral du Finistère	5 883,8	279,7	172,7	2 185,1	521,4	2 724,9
dont partie ouest	1 891,6	88,8	30,6	553,5	212,7	1 006,0
dont partie sud	2 692,4	123,2	69,4	1 215,2	167,0	1 117,6
dont partie nord (polluée)	1 299,8	67,7	72,7	416,4	141,7	601,3
Littoral d'Ille-et-Vilaine	684,7	202,1	25,1	126,0	81,1	250,4
Littoral du Morbihan	301,7	268,7	1,0	9,2	1,8	21,0
Ensemble du littoral	9 980,4	860,5	304,0	3 813,1	881,3	4 121,5
Total Bretagne	11 605,1	1 110,2	345,3	4 147,2	1 262,2	4 740,2

Les pertes subies par les hôtels, meublés et campings-caravanings sont relativement plus élevées que celles supportées par les modes d'hébergement à clientèle captive. Les premiers représentent 86,1 % des nuitées perdues contre seulement 13,9 % pour les autres. On notera que dans le Morbihan, l'essentiel des dommages concerne l'hôtellerie. Ce résultat est dû au mauvais démarrage de la saison. La même remarque vaut pour le littoral d'Ille-et-Vilaine pour lequel les hôtels représentent 30 % des pertes en nuitées. Mis à part le début de saison, on peut estimer que la saison a été quasi normale dans le Morbihan. Ce qui n'est évidemment le cas, ni dans les Côtes-d'Armor ni dans le Finistère. L'Ille-et-Vilaine se situe ici en position intermédiaire.

La question qui reste la plus difficile à trancher porte sur le caractère durable de la désaffection pour la Bretagne. L'analyse des livraisons de farine montre une amélioration nette en 1979, mais avec un déficit persistant par rapport aux années antérieures à 1978. Ce résultat n'est pas confirmé par la série des taux d'utilisation des hôtels, qui a servi à W. Wecker pour soutenir la thèse d'un recul limité à la période mai-juillet 1978 et d'une année 1979 normale. L'analyse à long terme de la part de marché de la Bretagne (sous-paragraphe 1-2) amène à soutenir l'hypothèse d'une baisse durable, cependant le lien de causalité avec le naufrage de l'Amoco est difficile à établir à partir de 1980, année de la marée noire due au Tanio. Un effet cumulatif de ces catastrophes écologiques paraît être une hypothèse plus raisonnable, mais difficile à démontrer. Sur la base d'estimations plus fragiles, on peut estimer les pertes de 1979 à 25 % de 1978 ; si on admet une diminution au même rythme les années suivantes des dommages dus à l'Amoco, on a alors des effets sensibles jusqu'en 1981 (fig. 11) dont la valeur cumulée représente 133 % des effets de la première année.

Supposons que pour le Tanio, les effets en 1980 soient la moitié de ceux de l'Amoco-Cadiz en 1978, et que le processus de désaffection suive la même évolution. Les effets cumulés des deux marées noires auraient donc été sensibles jusqu'en 1982.

Figure 11. Effets des marées noires

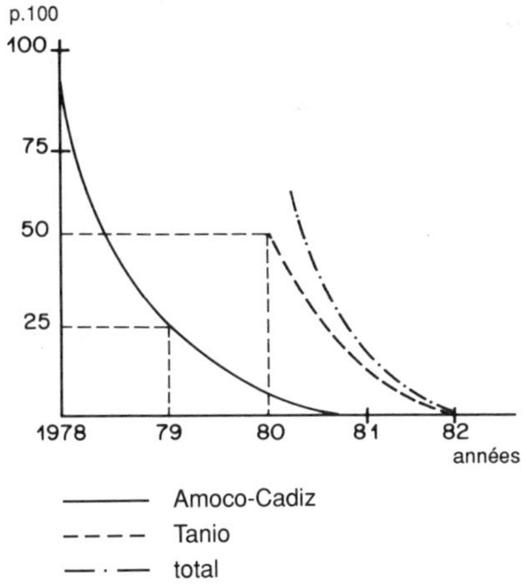

3. Conséquences sur l'économie bretonne en 1978

La baisse de la fréquentation touristique a entraîné la diminution des recettes d'un ensemble hétérogène d'entreprises, dont une partie plus ou moins importante de l'activité est destinée à satisfaire les besoins des touristes. Mais les pertes n'ont pas seulement concerné les hôtels, les restaurants, les commerces, les agences de location ou les campings directement au contact de la clientèle touristique. Elles se sont répercutées sur leurs fournisseurs et leurs salariés, et ont ainsi engendré des effets induits sur l'ensemble de l'économie bretonne. On sera donc conduit à distinguer trois niveaux d'analyse, l'entreprise, l'industrie touristique et l'ensemble de la Bretagne.

Le recul enregistré en Bretagne a certes été compensé par des augmentations de fréquentation dans d'autres régions ou à l'étranger. Il n'appartenait cependant pas aux victimes de la marée noire de se retourner contre des bénéficiaires plus ou moins identifiés, compte tenu du caractère diffus des effets compensateurs. Dès lors que le lien de causalité avec le naufrage était établi, c'est bien contre la compagnie Amoco-Cadiz qu'il y avait lieu de se retourner. Bien peu l'ont fait, comme nous le verrons, d'où un écart important entre les indemnisations réclamées et les pertes subies. Les autres, découragés par les aléas et la durée du procès, mais aussi par la complexité du dossier à préparer, ont préféré renoncer.

3.1. Les pertes des entreprises

La diminution des recettes d'une entreprise, ne constitue pas en général une perte économique, puisqu'une partie des ressources libérées à cause du déclin du tourisme, peut trouver un autre emploi. La farine qui n'est pas utilisée, l'électricité ou le gaz qui ne sont pas consommés par les restaurants ne sont pas perdus. A l'évidence, les consommations intermédiaires qui participent normalement à la production des biens et services touristiques doivent être défalquées des recettes. Le travail salarié soulève des difficultés particulières et il faudra faire un examen cas par cas. Toutefois en général, il n'y aura pas lieu de le déduire compte tenu des faibles possibilités d'emploi alternatif et des règles de licenciement, qui rendent les salariés peu mobiles en courte période. Il n'y a donc une perte économique, que si des facteurs de production habituellement utilisés par les entreprises n'ont pas été mis en œuvre à cause de la baisse de fréquentation touristique.

Le modèle de la concurrence parfaite permet de préciser cette notion de perte économique. Une entreprise, qui appartient à l'industrie touristique, s'analyse comme toute entreprise. C'est une entité juridique qui produit et vend des biens ou des services en utilisant des facteurs fixes et des facteurs variables. Elle acquiert les facteurs variables à un prix déterminé et est locataire ou propriétaire des facteurs fixes. Dans ce dernier cas, ils sont valorisés à leur coût d'opportunité, ce qui signifie qu'à court terme les coûts fixes sont perdus puisque l'entreprise ne peut pas les éviter, même si elle abandonne la production.

Les facteurs fixes imposent donc des limites à l'entreprise. Face à une baisse de la demande, elle ne peut réaliser des ajustements que par la réduction des facteurs variables utilisés (consommations intermédiaires, heures supplémentaires, main-d'œuvre saisonnière). La diminution de la fréquentation touristique se traduit en général par une baisse de profit, parfois l'apparition de pertes, plus rarement l'accroissement des pertes. Des cessations d'activité ont été aussi constatées.

La perte économique est facile à traiter. Représentons par C_m la courbe de coût marginal et CTM la courbe de coût total moyen, l'équilibre avant marée noire correspond au point A_0 et au point A_1 après marée noire, les prix sont désignés par P et les quantités par Q (fig. 12).

Le profit réalisé π est défini par le solde des recettes Y et du coût CT, qui se décompose en la somme des coûts variables CV et des coûts fixes CF :

$$\pi = Y - CT = Y - CV - CF.$$

La variation du profit est alors représentée par l'aire hachurée a. Elle représente la perte économique subie, puisque l'entrepreneur est indifférent entre l'équilibre A_0 et l'équilibre A_1, s'il reçoit la compensation monétaire représentée par a.

Figure 12. Perte d'une entreprise : poursuite de l'activité

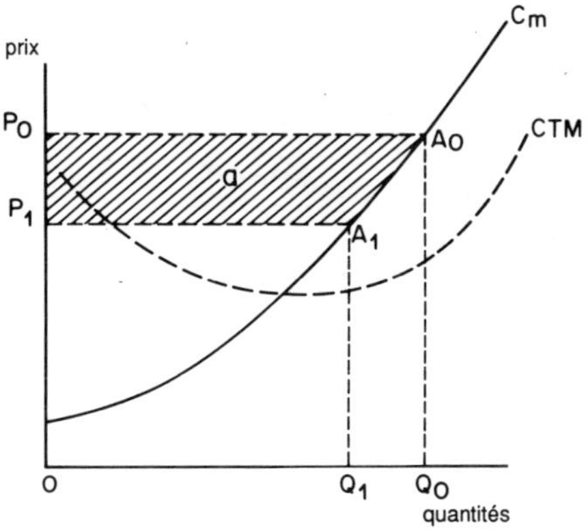

La détermination de la perte économique lorsque l'entreprise cesse provisoirement son activité est un peu plus complexe (Just *et al.*, 1982, p. 53-55). Ce cas est représenté sur la figure 13, où CVM est la courbe de coûts variables moyens.

L'équilibre initial est encore noté A_o, mais le prix P_1 ne permet plus de couvrir les coûts variables, donc l'entreprise cesse son activité. Lorsque le prix diminue, l'entreprise réalise des profits positifs jusqu'au point A_2, minimum de la courbe de coût total moyen, qui correspond au prix P_2. En dessous de ce prix, les pertes apparaissent mais les coûts variables sont couverts jusqu'en A_3, minimum de la courbe de coûts variables moyens, qui correspond au prix P_3. Si l'entrepreneur reçoit une compensation égale à la somme des aires a et b, il est indifférent entre la situation représentée par le point A_o et la cessation d'activité. La perte est donc égale à la quasi-rente R : $R = Y - CV$

et on a encore : $R = \pi + CF$

La variation de la quasi-rente (ou du surplus du producteur) fournit donc une mesure générale de la perte économique des entreprises.

Cette approche s'applique au cas de la concurrence parfaite, où la baisse de la demande se traduit par une diminution des prix. C'est un modèle théorique qui n'est pas adapté à tous les segments du marché touristique. Pour certains on est plus proche d'une situation de monopole. En théorie, la diminution de la demande peut alors s'accompagner d'une baisse, d'une hausse ou de la stabilité des prix. Ce dernier cas est illustré par la figure 14.

La marée noire entraîne une diminution de la demande de D_o en D_1. Le monopole fixe le niveau de production en égalisant son coût marginal C_m et sa recette marginale R_{mo} et R_{m1}. Les quantités produites sont données par Q_o et Q_1 et le prix est constant à P_o. Cette configuration

Figure 13. – Perte d'une entreprise et cessation d'activité.

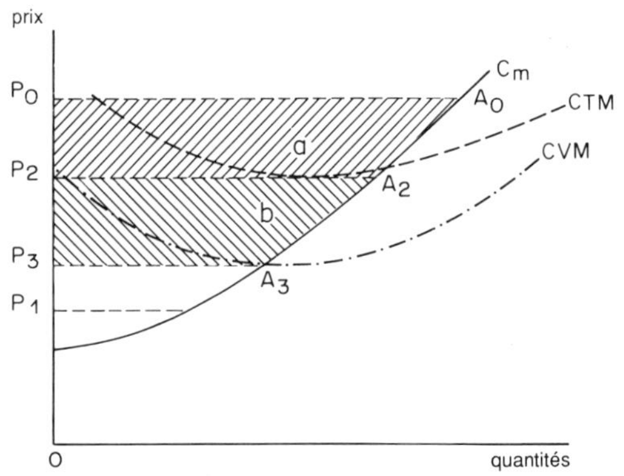

correspond à un cas particulier réaliste. L'introduction d'une imperfection de marché ne modifie pas le principe du calcul de la perte économique. La variation de surplus du producteur est représentée ici par l'aire hachurée $A_0A_1B_1B_0$.

La détermination des pertes des entreprises directement touchées par la baisse de la fréquentation touristique ne soulève donc pas de difficultés théoriques. Les problèmes posés sont d'ordre empirique et ne sont faciles à traiter que pour les entreprises installées depuis longtemps et qui ont poursuivi leur activité. A partir d'une analyse historique des comptes d'exploitation, le calcul est facile à mettre en œuvre. Ce cas général mis à part, différentes situations particulières ont été rencontrées et traitées en se référant aux mêmes principes d'évaluation. Ainsi pour les entreprises qui ont investi en 1977, c'est le cas d'hôtels ayant réalisé des travaux d'amélioration, l'expertise a dû s'appuyer sur les comptes prévisionnels et les données d'entreprises comparables, ce qui constitue évidemment une base moins solide que des comptabilités réel-

Figure 14. – Stabilité des prix : monopole.

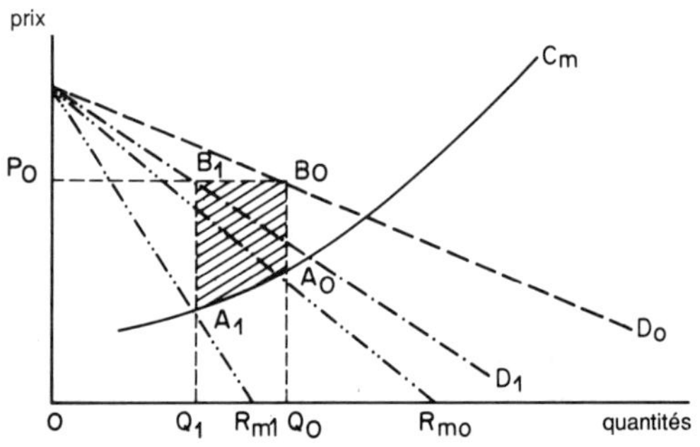

les. La cessation temporaire d'activité, que l'on rencontre dans le cas d'entreprises organisant des excursions en mer, n'a pas soulevé de difficultés insurmontables. Mais de façon générale, outre le problème d'ordre statistique de la prévision ou de l'interpolation de ce qu'aurait dû être la saison 1978 en l'absence de marée noire, la question de fond est bien de séparer ce qui est fixe de ce qui est variable.

Seule une centaine de dossiers individuels ont pu être constitués, l'indemnisation totale réclamée a été de l'ordre de 20 millions de francs répartis presqu'également entre 1978 et 1979. En règle générale, la demande était basée sur des séries 1974-83, avec une méthode simple et admise, ce qui n'a pas empêché des contestations sur 1978, mais surtout sur 1979. A partir d'un indicateur aussi partiel que le taux d'utilisation des hôtels, les experts d'Amoco soutiennent le caractère normal de cette année, tout en concédant qu'il ait pu y avoir des pertes malgré tout. Par ailleurs les débats montrent bien qu'il est très difficile, même à partir de comptabilités complètes, de s'entendre sur ce qu'est un profit normal : est-ce la valeur projetée toutes choses égales par ailleurs, ou la valeur interpolée ? Chaque cas peut donner matière à discussion et en fin de compte, la victime est singulièrement démunie et fait souvent figure d'accusé puisqu'elle doit justifier de ses actes.

3.2. Les pertes de l'industrie du tourisme

Grigalunas *et al.* (1984, chap. 5) ont estimé les pertes économiques de l'industrie du tourisme à partir d'une analyse des séries des salaires versés dans les branches d'activité étroitement liées à la fréquentation touristique. Cette approche est fondée sur un résultat classique d'économie du bien-être, qui établit qu'on peut mesurer les variations de surplus du producteur à partir du marché des facteurs de production. Dans le cas d'un seul facteur de production, le surplus de l'entrepreneur mesuré sur le marché du produit (surplus du producteur) est égal au surplus qu'il obtient sur le marché du facteur (surplus du consommateur), ce qui permet de raisonner sur l'un ou l'autre marché en fonction des disponibilités statistiques. Dans le cas général, multifacteurs, la mesure à partir du marché d'un facteur ne soulève pas de problème théorique, mais des difficultés empiriques que l'on tend à régler de façon plus ou moins satisfaisante.

L'offre de court terme de produits touristiques est représentée par la courbe de coût marginal C_m de l'industrie, la demande normale par D_0 et la demande en 1978 par D_1 (fig. 15). L'équilibre de marché s'établit normalement au point A_0, voisin de la capacité maximum de production de l'industrie, c'est pour cela que l'offre est peu élastique.

La marée noire entraîne donc une diminution de la demande et, en concurrence parfaite, un nouvel équilibre représenté par le point A_1. La perte économique de l'industrie touristique est mesurée par la diminution du surplus du producteur représentée par l'aire $A_0A_1P_1P_0$, c'est

Figure 15. – Equilibre sur le marché du tourisme.

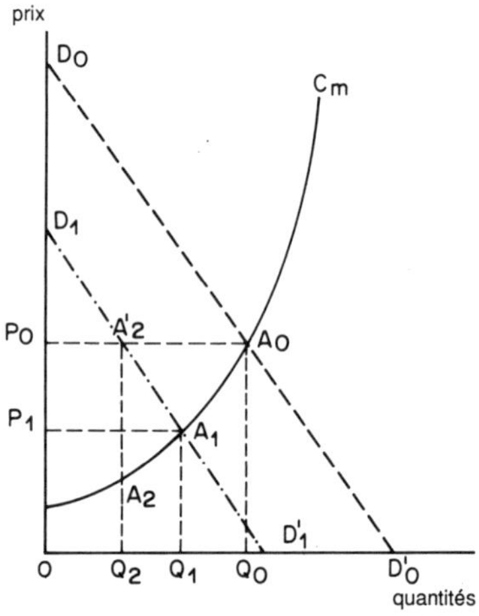

bien la différence entre la perte de recettes et le gain réalisé sur les coûts de production.

Grigalunas et *al.* considèrent que le prix des produits touristiques n'a pas baissé comme l'implique le modèle de concurrence parfaite, ce qui les conduit à raisonner sur un équilibre représenté par le point A_2, donc avec une diminution plus forte de la production, compatible avec l'hypothèse du monopole. La perte est alors mesurée par l'aire $A_oA_2A'_2$.

La concurrence parfaite et le monopole fournissent des instruments utiles pour présenter l'approche suivie, mais il est clair que les conditions des modèles sont trop contraignantes pour être réalistes. Quoiqu'il en soit, baisse de prix ou non, la diminution de la production de l'industrie touristique entraîne une réduction de la demande dérivée, des facteurs de production qu'elle utilise. Pour simplifier le raisonnement, supposons qu'ils puissent être agrégés en un seul. L'équilibre sur le marché de ce facteur est représenté sur la figure 16, où la demande dérivée est indiquée par $M_oM'_o$ en année normale et $M_1M'_1$ en 1978.

Si l'offre de facteur est infiniment élastique, le prix peut être considéré comme fixe, ce qui a été le cas de la plupart des biens d'origine industrielle utilisés comme consommations intermédiaires par l'industrie du tourisme. L'équilibre passe du point B_o au point B_1, à prix constant W_o. La perte économique, mesurée par la variation de surplus du consommateur, est représentée par l'aire $B_oB_1M_1M_o$.

Si le prix des facteurs peut s'ajuster, le long de la courbe d'offre SS', ce qui a été dans une certaine mesure le cas du travail salarié, le nouvel équilibre se situe au point B'_1 avec un prix W_1. La perte économique est alors évaluée par la somme des aires $B_oB_1M_1M_o$ et $B_oB'_1W_1W_o$.

Figure 16. – Equilibre sur le marché des facteurs de production.

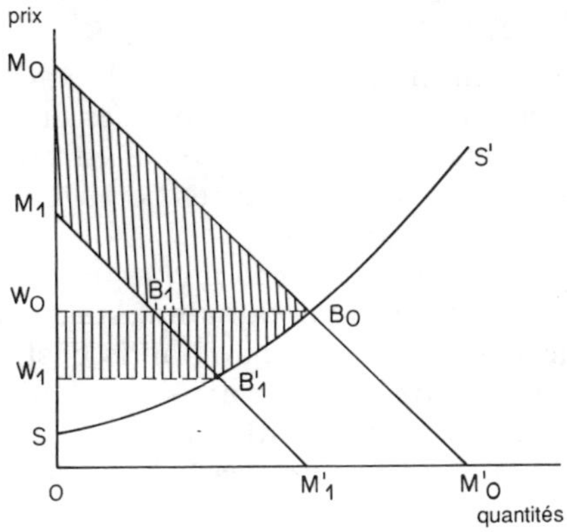

L'analyse théorique précédente justifie le calcul de la perte économique de l'industrie du tourisme. Il est d'abord fondé sur un modèle statistique de prévision de la masse salariale estimé à partir de données annuelles de 1968 à 1976 et de données trimestrielles pour 1977 à 1979. Il s'écrit :

$$S_t = \sum_{i=1}^{4} a_i C_{it} + \sum_{i=1}^{4} b_i T_{it} + d_2 D_{782} + d_3 D_{783}$$

où S_t = valeur des salaires nominaux de la t^e période (en millions de francs) corrigée par l'indice des prix à la consommation.

$$t = \begin{cases} 1, \dots 9 \text{ (1968 à 1976)} \\ 10, \dots 21 \text{ (1}^{\text{er}}\text{ trimestre 1977 au 4}^{\text{e}}\text{ trimestre 1979)} \end{cases}$$

$$C_{it} = \begin{cases} 1 \text{ si } t = 1, \dots 9 \text{ et pour les i}^{\text{e}}\text{ trimestres de 1977 à 1979} \\ 0 \text{ ailleurs} \end{cases}$$

$$T_{it} = \begin{cases} t \text{ si } t = 1, \dots 9 \text{ et pour les i}^{\text{e}}\text{ trimestres de 1977 à 1979} \\ 0 \text{ ailleurs} \end{cases}$$

$$D_{782} = \begin{cases} 1 \text{ si 2}^{\text{e}}\text{ trimestre 1978} \\ 0 \text{ ailleurs} \end{cases}$$

$$D_{783} = \begin{cases} 1 \text{ si } 3^{e} \text{ trimestre } 1978 \\ 0 \text{ ailleurs} \end{cases}$$

Il s'agit donc d'un modèle à tendance linéaire annuelle estimée sur l'ensemble des observations et des tendances linéaires trimestrielles évaluées à partir des trois dernières années. L'introduction de variables indicatrices pour les 2ème et 3ème trimestres de 1978 est destinée à tester un effet marée noire.

Cette équation a été calculée pour chaque département et quatre branches d'activité (commerce de détail alimentaire et non-alimentaire, hôtels-cafés-restaurants et services marchands destinés aux ménages). Les résultats sont décevants sur le plan statistique ; certes on a une valeur élevée du coefficient de corrélation (ce qui n'est guère surprenant eu égard au nombre de variables explicatives), mais peu de coefficients sont significativement différents de zéro et les résidus sont fortement autocorrelés. Les coefficients des variables indicatrices D782 et de D783 sont négatifs dans 27 cas sur 32, celui du deuxième trimestre étant toujours négatif, aussi les auteurs les retiennent-ils pour estimer une perte de masse salariale évaluée à 84,6 millions de francs (1978) pour les quatre branches et les quatre départements.

Cette approche statistique décevante a été complétée par une analyse fondée sur un modèle économique, basée sur des données annuelles (1962-1979) pour les mêmes branches et au même niveau régional. Il s'écrit :

$$\text{Log } S_t = b_0 + b_1 \text{ Log } R_t + b_2 \text{ Log } POP_t + b_3 \, TEMP_t + b_4 \, PLUV_t + b5_t + d \, D78$$

$t = 1, \ldots 18.$

S_t désigne les salaires corrigés par l'indice des prix à la consommation

R_t = revenu nominal corrigé par l'indice des prix à la consommation (France entière)

POP_t = population du département

$TEMP_t$ = écart de la température (en degrés) au 3e trimestre par rapport à la moyenne 1931-1960,

$PLUV_t$ = écart des précipitations (en mm) au 3e trimestre par rapport à la moyenne 1931-1960,

$$D_{78} = \begin{cases} 1 \text{ si } t = 17 \ (1978) \\ 0 \text{ ailleurs} \end{cases}$$

Ce modèle utilise des variables qui peuvent influencer la demande adressée à l'industrie touristique ; les auteurs signalent qu'ils ont aussi testé l'influence d'un taux synthétique de change et la capacité hôtelière. Ses performances statistiques sont meilleures (coefficient de corrélation plus élevé et absence d'autocorrélation des résidus), mais les écarts-types estimés des coefficients sont élevés. D'après les résultats publiés, l'influence des variables climatiques est statistiquement nulle dans 26 cas sur 32. Les coefficients de la variable indicatrice ne sont significativement différents de zéro que dans 4 cas sur 16, 3 portent sur le commerce de détail non-alimentaire, et le quatrième sur le commerce de détail alimentaire.

Les auteurs aboutissent à une perte totale de salaires qui atteint 165,6 millions de francs (1978), la décomposition par branche et par activité apparaît relativement incohérente : c'est le commerce de détail non-alimentaire qui supporte les pertes les plus importantes et les hôtels-cafés-restaurants auraient été peu touchés. Par ailleurs, le Morbihan se situe en deuxième position, après le Finistère, par le montant des pertes subies.

En dépit d'incohérences manifestes, les pertes de salaires calculées à partir du modèle statistique et du modèle économique sont utilisées pour dériver les pertes de profit, d'où les pertes économiques subies par l'industrie du tourisme en Bretagne. La dérivation repose sur l'hypothèse un peu arbitraire d'un coût d'opportunité du travail égal à 50 % des salaires. La détermination des autres composantes s'appuie sur des ratios nationaux. Les auteurs déterminent ainsi les pourboires et gratifications divers perdus par les salariés des hôtels-cafés-restaurants et les profits. Ce calcul aboutit à une perte économique de 124 et de 249 millions de francs (1978) selon le modèle.

Cette démarche fondée sur le plan théorique est transposable, mais l'application mécanique qui en a été faite est critiquable. Elle fait fi de la qualité des statistiques, or les séries de masse salariale ne sont fiables qu'à des niveaux d'agrégation convenables. Ainsi, le classement des établissements entre commerce alimentaire et non-alimentaire est-il source d'erreurs constantes. Par ailleurs, la branche services qui a été utilisée regroupe des activités qui pour certaines, services de santé et services sociaux, n'ont qu'un lointain rapport avec le tourisme. C'est pour ces raisons que l'analyse des séries de longue période de masse salariale que nous avons faite porte sur l'ensemble de la Bretagne. Il n'est pas possible, tout au moins pour les séries portant sur les années soixante et soixante-dix, de raisonner à la fois sur une nomenclature détaillée et à un niveau géographique fin ; entre autres difficultés le changement de nomenclature des activités en 1973 rend délicat la constitution de séries homogènes (Bonnieux et Rainelli, 1980, annexes p. 22-23). Une telle démarche appliquée à la région toute entière et limitée à deux branches seulement : hôtels-cafés-restaurants et commerce de détail, aurait donné des résultats plus significatifs.

3.3. Les pertes de l'économie bretonne

Les budgets des touristes, par catégorie de dépenses et selon le type d'hébergement, sont bien connus. Il a donc été facile de transformer les nuitées perdues (tableau 16) en pertes de recettes. L'impact initial de la baisse de la fréquentation touristique s'est soldé par une perte de recettes de 503 millions de francs (1978). Ce total ne constitue pas une perte économique, mais correspond à la diminution initiale de la demande finale due à la marée noire.

Les conséquences de la baisse de fréquentation touristique ne se limitent pas aux effets directs sur l'industrie du tourisme. Un bilan complet doit inclure les répercussions sur l'appareil productif, et par l'intermédiaire des opérations de répartition dans la région, la baisse de production a provoqué une réduction des achats de consommations intermédiaires dans la région, ou hors de la région pour les biens importés. De façon similaire, la diminution de revenus des agents sinistrés s'est manifestée au niveau de la demande finale, et en particulier elle a touché la consommation des ménages résidents. L'analyse de ces différents effets sur l'économie régionale passe par le recours à un modèle du type tableau d'entrées-sorties (TES) susceptible de décrire de manière cohérente les conséquences mécaniques de cet impact. On notera que seules les conséquences à court terme sont chiffrées, les éventuelles répercussions à moyen ou long terme des atteintes subies par le tourisme n'étant pas envisagées.

Nous avons élaboré un modèle simplifié de l'économie bretonne, en actualisant des travaux de comptabilité régionale réalisés par le Centre Régional d'Etudes et de Formation Economiques de Rennes (Bonnieux et Rainelli, 1980, annexes et 1981). C'est un modèle très agrégé puisque l'on ne considère que cinq catégories homogènes de produits :

- produits de la pêche,
- produits agricoles et alimentaires,
- produits énergétiques, industriels et des bâtiments-travaux publics (BTP),
- produits des hôtels-cafés-restaurants (HCR),
- produits des transports et services,

ce qui conduit à cinq branches d'activité auxquelles il convient d'ajouter une branche commerce. Ce découpage de l'économie est le résultat d'un compromis entre les différentes informations disponibles. La matrice des coefficients techniques (tabl. 20) constitue le cœur du modèle, on peut lire en colonne le compte de production de chaque branche.

La production de la pêche et de la conchyliculture a été directement affectée par la marée noire. Ici, nous ne nous intéresserons qu'aux effets entraînés par les variations de la demande finale, en particulier la baisse de consommation consécutive au recul de la fréquentation touristique. Pour l'ensemble des branches, agriculture, industries agricoles et alimentaires, énergie, industrie, bâtiments et travaux publics, aucune modification sensible de la production imputable à la marée noire n'a été observée. En l'absence d'impact sur l'investissement et les variations de stocks, les ajustements rendus nécessaires par les variations de la demande (consommation finale et consommations intermédiaires) ont

Tableau 20. – Modèle de l'économie bretonne : coefficients techniques.

Produit \ Branches	Pêche conchyliculture	Agriculture IAA	Energie Industrie BTP	Hôtels Cafés Restaurants	Transports Services	Commerce	Total
Pêche et conchyliculture				0,01			
Agriculture, IAA		0,43	0,01	0,40	0,01		
Energie, Industrie, BTP	0,26	0,11	0,41	0,07	0,13	0,07	
Hôtels, cafés-restaurants	0,93			0,02	0,01	0,03	
Transports Services	0,03	0,04	0,11	0,04	0,14	0,16	
Total consommations intermédiaires	0,32	0,58	0,53	0,54	0,29	0,26	0,45
Valeur ajoutée	0,68	0,42	0,47	0,46	0,71	0,74	0,55
Production	1	1	1	1	1	1	1

été réalisés par le biais du commerce extérieur (accroissement des exportations, diminution des importations). A défaut d'informations suffisamment détaillées, nous ferons l'hypothèse que pour les produits agricoles et alimentaires dont la Bretagne est exportatrice nette les ajustements se sont faits par le seul jeu des exportations. Pour les autres produits, la situation est inverse, aussi retiendrons-nous l'hypothèse d'un maintien de l'équilibre par une réduction des importations.

La production des branches transports, services et hôtels-cafés-restaurants est localisée par la demande. L'offre régionale est donc égale à la demande régionale. Il n'y a pas de solde interrégional d'utilisation des services. La baisse de fréquentation touristique a donc induit une diminution correspondante de la production.

La baisse du revenu régional s'est soldée par une nouvelle répartition des ressources entre les agents économiques bretons. Elle s'est donc répercutée sur l'emploi de leurs revenus. Pour des raisons d'ordre statistique nous limiterons cette analyse aux seuls effets sur la consommation des ménages résidents. Les conséquences des variations induites par la baisse d'épargne sont supposées ne pas être significatives. Cette hypothèse aboutira à l'estimation de multiplicateurs partiels. Il est évident que,dans le contexte étudié, cette limitation n'a guère d'incidence pratique.

Pour faire tourner le modèle, il faut ensuite des taux de marge par produit (en distinguant les consommations intermédiaires, les exportations et la consommation des ménages), ainsi que des coefficients moyens par produit pour calculer la taxe à la valeur ajoutée. Cette étape ne soulève pas de difficultés particulières et n'est donc pas reprise ici.

Enfin nous avons estimé que 70 % des variations de valeur ajoutée se répercutait au niveau de la consommation des ménages. Le passage aux variations de consommation par produits se fait par un jeu de coefficients qui complètent le modèle.

La perte de recettes initiales concerne en partie des ménages non-résidents en Bretagne, propriétaires de meublés. Seules les pertes, qui ont touché des établissements ou des ménages résidents sont prises en compte ici, elles atteignent 482,7 millions de francs (1978) et ont été décomposées selon la nomenclature en cinq produits du modèle (tabl. 21).

Tableau 21. – Décomposition des pertes initiales de recettes (en millions de F).

Produits de la pêche et de la conchyliculture	7,0
Produits de l'agriculture et des IAA	190,1
Produits industriels, énergétiques et du BTP	70,2
Produits des hôtels-cafés-restaurants	119,6
Produits des transports et des services	95,8
	482,7

L'étude des conséquences a été limitée aux variations de trois agrégats régionaux : production, consommation et valeur ajoutée. Les effets sur les échanges extérieurs et la taxe à la valeur ajoutée perçue n'ont pas été chiffrés. Présentons maintenant les conséquences sur la valeur ajoutée régionale, qui mesurent bien la perte de l'économie bretonne (tabl. 22).

Le multiplicateur (rapport entre le total des effets et les effets directs) est assez élevé puisqu'il atteint 1,5. Par branche les pertes de valeur ajoutée se répartissent à raison de 55 % pour les transports et les services, 28% pour les hôtels-cafés-restaurants, 16 % pour le commerce et 1 % pour la pêche-conchyliculture. Les autres branches ne sont pas touchées, puisque comme nous l'avons expliqué, les ajustements sur leurs produits se sont réalisés par les échanges extérieurs de la Bretagne.

Tableau 22. Bilan des pertes dues à la baisse de fréquentation touristique (en millions de F)

Impact immédiat de la production		Conséquences sur la valeur ajoutée bretonne		
nuitées touristiques	recettes touristiques	effets directs	effets induits	total
11,6 millions	- 503,0 - 482,7 fuites hors Bretagne	- 134,6	- 73,7	- 208,3

L'importance de la perte économique pour la Bretagne, montre aussi qu'une faible partie, environ 10 %, a fait l'objet d'une demande d'indemnisation sur la base de dossiers individuels. Enfin la perte économique de l'industrie du tourisme chiffrée à partir du modèle statistique, soit 124 millions de francs (1978) est assez proche du montant des effets directs ; il est normal qu'elle leur soit légèrement inférieure puisqu'une partie des biens et services achetés par les touristes ne sont pas produits par les branches dont les salaires ont été analysés.

Références bibliographiques

BESANCENOT J.P., MOUNIER J., de LAVENNE F., 1978. Les conditions climatiques du tourisme littoral : une méthode de recherche compréhensive. *Norois*, n° 99 (juil-sept.), 357-382.

BONNIEUX F., RAINELLI P., in Bonnieux F. *et al.*, 1980. Impact socio-économique de la marée noire provenant de l'Amoco-Cadiz. INRA UVLOE, Rapport 100 p. + Annexes 125 p.

BONNIEUX F., RAINELLI P., 1979. Une typologie des cantons littoraux de Bretagne. *Octant*, n° 4, 14 p.

PY P., 1986. Le tourisme : un phénomène économique. La documentation française. Notes et études documentaires n° 4811, 144 p.

Conseil Economique et Social, 1988. Pour une industrie touristique plus compétitive. *Journal Officiel*, année 1988, n° 15, 54 p.

BROWN G., 1984. in Coût Social de la pollution par les hydrocarbures : l'exemple de l'Amoco-Cadiz. Rapports économiques et juridiques de l'IFREMER n° 1, 294 p., Traduction de Assessing the social costs of oil spills : the Amoco-Cadiz case study, US Department of Commerce, NOAA.

JUST R.E., HUETH, D.L., SCHMITZ A., 1982. *Applied welfare economics and public policy*. Englewood Cliffs : Prentice -Hall.

GUILLEMET M.,1987. Afflux d'estivants et fluctuations d'activité. *Octant*, n° 30, 2è trimestre.

GRIGALUNAS T., TYRELL T., DIRLAM J., CONGAR R., 1984. in Brown G., Coût social de la pollution par les hydrocarbures.

ROUZIER J., 1980. Indicateurs indirects de la fréquentation touristique. *Revue d'Economie Régionale et Urbaine*, Tome 4 (1), 91-111.

CHAPITRE 4.

L'ATTEINTE AUX LOISIRS : LES PERTES D'AMENITE DES RESIDENTS ET DES TOURISTES

La marée noire a entraîné une dégradation de la qualité de vie de la population résidente, qui s'est poursuivie au-delà de la période de nettoyage du rivage. Pendant de longues semaines, la pollution de l'eau, la souillure des plages et des rochers ont interdit toute activité récréative liée au littoral. Certes moins aiguë, la gêne a aussi touché les touristes qui, malgré tout, étaient venus.

Dégradation de la qualité de la vie, gêne dans les loisirs, troubles de jouissance constituent des pertes d'aménité et relèvent des dommages non-monétaires difficiles à quantifier. A l'issue d'un procès, le refus de quantification ne paraît pas acceptable et ne peut que bénéficier au pollueur. Dans les faits, cette attitude revient à retenir un prix nul. A l'inverse choisir une valeur arbitraire se révèle une solution inefficace, d'où la nécessité de se référer à une construction théorique. Seule la théorie du consommateur la fournit et permet de traduire en termes monétaires les variations de bien-être induites par l'amélioration, ou au contraire la détérioration de la qualité de l'environnement. Plus généralement, pour toute politique économique faisant appel aux fonds publics une information en termes monétaires est nécessaire. Il demeure évident cependant, qu'il n'y a pas toujours de méthode appropriée pour résoudre le problème posé. Il s'agit dans ce cas de faire un compromis entre les données et les hypothèses, le choix de la méthode étant alors le plus souvent dicté par les statistiques disponibles.

Une fois admise la nécessité d'une évaluation monétaire, il convient de préciser la nature des aménités qui nous intéressent ici. Il s'agit des services récréatifs offerts par le rivage. La plage et la mer servent de support à des activités telles que la pêche, la baignade ou le bain de soleil qu'il convient de prendre en compte. Cette catégorie englobe aussi la promenade à pied, le pique-nique et la contemplation de la nature. Ce sont des activités auxquelles la nature fournit le support nécessaire. Elles appartiennent bien au champ qui nous intéresse, mais des sports comme le tennis et même le golf en sont exclus.

En se référant à la théorie du ménage, on peut encore interpréter ces services récréatifs comme des services produits et consommés par chaque individu qui en bénéficie. Pour y parvenir, celui-ci doit engager des dépenses (par exemple se déplacer) et y consacrer du temps, qu'il combine à la ressource naturelle. Cette analyse privilégie les usages de la nature et de fait, dans ce chapitre, nous nous intéresserons aux pertes d'aménité subies par les résidents et les touristes pendant leurs loisirs. Les pertes subies par ceux qui ne fréquentent pas le bord de mer sont exclues. Ainsi la valeur d'existence, qui peut concerner des personnes qui ne sont pas des usagers du littoral, n'est pas prise en compte.

Même ainsi restreint, le champ des pertes d'aménités demeure difficile à aborder. C'est pourquoi nous avons divisé ce chapitre en deux, afin de réunir en les traitant dans une première partie, les principes et les méthodes d'évaluation qui par leur généralité dépassent le cas étudié ici. L'application au cas de l'Amoco-Cadiz sera traitée dans la seconde partie de ce chapitre.

PREMIERE PARTIE

PRINCIPES ET METHODES D'EVALUATION

Comment déterminer la valeur des services récréatifs d'un site? Comment calculer la valeur esthétique de l'eau à regarder ? Peut-on mesurer les impacts, sur la pêche de loisir ou la pratique du canotage, de l'application de nouvelles normes, qui s'est traduite par l'amélioration de la qualité de l'eau d'une rivière ? A l'inverse comment évaluer le coût pour les riverains, de la pollution d'une plage par une nappe de pétrole?

Autant de questions qui soulèvent des difficultés d'ordre théorique. Aussi, l'objet de cette première partie est de présenter les méthodes qui permettent d'y répondre. Auparavant, il convient de faire un détour conceptuel, pour discuter la nature particulière de bien public de l'environnement.

Les services récréatifs liés à la nature, la qualité de l'environnement présentent les caractéristiques d'un bien public. L'usage d'un tel bien par un individu n'empêche pas l'usage par d'autres agents ; il n'y a pas de destruction par l'usage. Sauf dans le cas d'encombrement des sites qui se traduit par certaines formes de dégradation, cette propriété des biens publics est bien satisfaite. Cette potentialité de consommation collective n'implique pas que le niveau d'utilité des individus soit insensible à la consommation des autres agents, on peut préférer être seul sur un site... Il n'y a pas, dans le cas des services récréatifs, d'obligation, ni d'exclusion d'usage, mais toute la collectivité peut-être concernée, comme le montre la notion de valeur d'existence.

Dans le cas des biens marchands, biens privés, les consommateurs ont affaire à un prix unique OP (fig. 17a) et choisissent leur niveau de consommation en fonction de leur demande individuelle. On considère deux consommateurs, qui achètent respectivement OQ_1 et OQ_2, la quantité totale OQ étant obtenue par addition. La demande agrégée D s'obtient donc par sommation horizontale des demandes individuelles D_1et D_2.

Figure 17. – Agrégation des demandes individuelles.

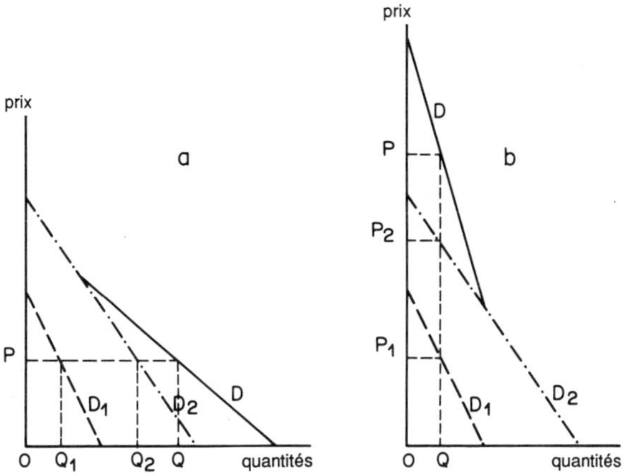

a) bien privé b) bien public

L'environnement, et plus précisément un site, a les caractéristiques d'un bien public. Sa qualité n'est pas vendue sur un marché et ne peut donc pas être achetée. Un seul niveau de services, par exemple son esthétique ou la pureté de son air, est fourni à chaque instant. Ainsi tous les visiteurs du site vont consommer la même quantité OQ de services de l'environnement (figure 17b) et il n'y a pas d'exclusion des autres consommateurs. Par contre le prix, que chacun d'eux attache au site, varie. A l'inverse de ce qui se passe pour un bien privé pour lequel le prix est unique, on a donc ici une quantité unique et un prix spécifique à chaque consommateur. Dans le cas de deux consommateurs qui est représenté sur la figure, le prix OP du bien public s'obtient par addition des prix OP_1 et OP_2. La demande agrégée D est donc construite par agrégation verticale des demandes individuelles D_1 et D_2.

Ces caractéristiques particulières des biens publics entraînent une défaillance du marché et expliquent l'intervention des collectivités locales et de l'Etat dans la gestion du milieu. L'importance croissante de leur intervention peut s'apprécier par l'extension des parcs nationaux ou régionaux, des zones protégées, des réglementations. Elles soulèvent aussi des difficultés d'évaluation et amènent à élaborer une théorie particulière des dommages qui s'appuie sur des principes généraux qui feront l'objet d'un premier paragraphe. Puis nous présenterons les méthodes d'évaluation proprement dites. Tout d'abord nous verrons l'approche par le coût de déplacement, fondée sur l'observation de marchés privés liés à la fréquentation de la nature. Puis nous aborderons l'approche hédonique, qui suppose que cette révélation peut être obtenue en observant directement les prix de biens privés particuliers. Enfin on peut se tourner directement vers les individus pour leur demander de révéler eux-mêmes leur préférence. Cette dernière approche se fonde donc sur des données artificielles, à l'inverse des premières qui s'appuient sur des données objectives.

1. Principes d'évaluation

Dès lors que l'on admet que les activités récréatives, la contemplation des oiseaux migrateurs ou du paysage, ou plus généralement la qualité de l'environnement, influencent le bien-être des individus, la théorie du consommateur fournit un cadre formel pour répondre à ce type de questions. Pour le comprendre il suffit de concevoir que les activités récréatives et la qualité de l'environnement sont des arguments de la fonction d'utilité au même titre que la consommation de biens privés.

Mais l'utilité est une mesure ordinale, aussi pour répondre aux questions posées, il faut emprunter un détour et introduire une hypothèse de comportement. Il faut admettre l'hypothèse, plausible, selon laquelle un individu est capable de choisir entre deux situations, et que la préférence implique une utilité plus élevée, tandis que l'indifférence signifie la même utilité.

Revenons à l'exemple de la plage polluée et considérons un projet de nettoyage qui permette d'améliorer la situation. La mesure des bénéfices, des aménités supplémentaires tirées de cette amélioration qui conduit d'un état A à un état B, va reposer sur l'existence d'un arbitrage entre la consommation d'un bien public et de biens privés. La valorisation peut être menée à bien selon deux optiques.

Selon la première optique, on va s'intéresser à la dépense maximale que l'individu est prêt à consentir pour passer de la situation A à la situation B : quel est son consentement à payer, ou encore sa disponibilité à acheter ? La réponse à cette question définit un montant d'argent qu'il est prêt à verser pour obtenir l'accroissement de service. Il y a équivalence entre, d'une part, la situation A et d'autre part, la situation et la dépense compensatrice DA^c (disponibilité à acheter). Cette dépense en diminuant le bien-être compense exactement l'amélioration due au nettoyage (tabl. 23).

Tableau 23. – Disponibilité à acheter et à vendre.

Nature du changement	Situation de référence	
	initiale	finale
Amélioration	DA^C	DV^E
Détérioration	DV^C	DA^E

Source : Point, 1986, p.502.

La seconde optique consiste non plus à prendre comme situation de référence, l'état A (plage polluée) mais l'état B (plage propre). La question est alors de déterminer le versement qu'accepterait le consommateur à la place de la mise en œuvre de l'opération de nettoyage. Ce qui conduit à la définition du consentement à accepter ou encore disponibilité à vendre DV^E (tabl. 23). Il y a alors une équivalence entre l'état B et l'état associé au versement du montant DV^E.

Il est clair que ces deux optiques sont différentes puisqu'elles ne se réfèrent pas au même niveau de bien-être. Compte tenu de l'hypothèse d'utilité marginale décroissante de la monnaie, on peut écrire que $DA^C < DV^E$.

Au lieu de raisonner sur un changement du milieu naturel qui conduit à une amélioration, on peut symétriquement considérer une diminution des services, due par exemple à une pollution. On définit alors les quantités DV^C et DA^E (tabl. 23) et on a les relations :

$$DA^C = DA^E < DV^C = DV^E$$

Pour choisir la bonne mesure, il faut donc définir l'état auquel on estime que l'individu a droit et fixer la situation de référence pour la mesure de variation du bien-être.

Mais avant de poursuivre, il importe de clarifier les concepts qui viennent d'être introduits en s'appuyant sur une présentation plus formalisée du comportement du consommateur (Freeman, 1979, p.68-71).

Pour simplifier en évitant les difficultés liées à l'agrégation, considérons un seul consommateur dont la fonction d'utilité dépend d'un vecteur X de biens privés et de la qualité de l'environnement Q. Son programme de comportement s'écrit : Max U (X,Q) sous la contrainte budgétaire P'X – Y = O où P est le vecteur de prix des biens privés et Y le revenu.

L'analyse classique du comportement du consommateur considère le choix optimal du panier de biens et ses variations en fonction de celles des prix et du revenu. De façon évidente, la croissance du revenu améliore le bien-être, alors qu'à l'inverse celle des prix la détériore. La généralisation de l'analyse aux biens publics et plus précisément à l'environnement suppose que l'utilité est une fonction croissante de Q.

La résolution du programme d'optimisation du consommateur permet de déterminer le panier de biens privés X(P,Y,Q), qui correspond au concept de demande marshallienne. Celle-ci n'est pas adaptée au problème qui nous préoccupe, puisqu'elle est déterminée à revenu constant. Ce qui nous importe, c'est de raisonner avec un niveau d'utilité fixé, le revenu variant de montants hypothétiques qui correspondent à une dépense ou à une recette supplémentaires (disponibilité à acheter ou disponibilité à vendre).

Il convient de raisonner sur le programme dual du programme de maximisation. On minimise alors la dépense P'X sous la contrainte que l'utilité soit égale à un niveau fixé U_0. La solution de ce programme est la fonction de dépense : $E(P, Q, U_o) = Y$, qui donne la dépense minimale nécessaire pour atteindre le niveau d'utilité U_o lorsque les prix et la qualité de l'environnement sont donnés. En dérivant la fonction de dépense par rapport aux prix des biens privés, on obtient la demande hicksienne $X^*(P,Q,U_o)$ c'est-à-dire à niveau d'utilité fixée, d'où la dénomination de demande compensée.

La fonction de dépense permet de dériver aisément les concepts de disponibilité (ou de consentement) à payer (ou à vendre) pour les biens privés. Lorsque le vecteur de prix P subit une variation exogène, on définit la variation compensatrice :

$$VC(P_o \rightarrow P_1) = E(P_o,Q,U_o) - E(P_1,Q,U_o)$$

si le niveau d'utilité U_o sert de référence. C'est la variation de dépenses nécessaire pour maintenir le niveau initial d'utilité. On définit ensuite la variation équivalente :

$$VE(P_o \rightarrow P_1) = E(P_o,Q,U_1) - E(P_1,Q,U_1)$$

qui correspond à la variation de dépense nécessaire pour atteindre le niveau d'utilité U_1.

Ces définitions se transposent au cas d'une variation exogène de l'environnement :

$$VC(Q_o \rightarrow Q_1) = E(P,Q_o,U_o) - E(P,Q_1,U_o)$$

et $$VE(Q_o \rightarrow Q_1) = E(P,Q_o,U_1) - E(P,Q_1,U_1).$$

On peut les discuter à partir de la figure 18, représentant l'arbitrage entre un bien public et un bien privé qui sert de numéraire.

On représente sur la figure 18 l'utilité pour deux niveaux tels que U_1 et U_o, en supposant que les biens privés ont été agrégés en un seul bien composite. Les courbes d'utilité permettent de déterminer l'arbitrage qui est fait entre le bien privé et le bien public, ici la plage qui offre ses services récréatifs.

Figure 18. – Arbitrage entre bien privé et bien public.

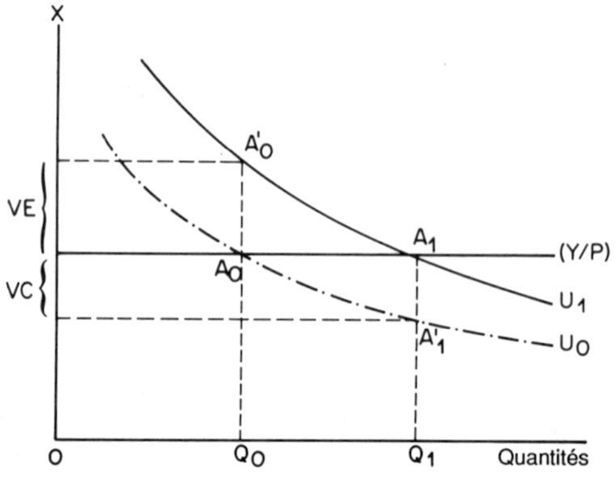

Partons de la situation initiale où la plage est polluée, ce qui correspond à $Q = Q_0$. Le niveau d'utilité U_0 est atteint en A_0 où la consommation de biens privés vaut Y/P. Que se passe t-il si la plage est nettoyée, c'est-à-dire lorsque l'offre de bien public passe à Q_1 ? A revenu Y et prix P fixés, l'équilibre du consommateur se situe en A_1, avec un niveau d'utilité U_1 supérieur à U_0. Si l'utilité de référence est U_0, il renonce à la consommation A_1 A'_1 : $DA^C = VC = A_1 A'_1$; il y a bien une équivalence entre A_0 et A'_1 d'une part, A'_1+ VC et A_1 d'autre part.

Si maintenant la situation de référence est U_1, l'équilibre qui sert de référence est A_1 ; A'_0 et A_1 sont équivalents, donc : $DV^E = VE = A_0 A'_0$. Le consommateur accepte de recevoir ce versement, ce qui équivaut pour lui à l'amélioration de l'environnement.

Il est clair sur la figure que VE > VC, c'est une propriété générale qui montre l'importance du choix du raisonnement en termes de dommage ou de compensation. Si le fait de disposer d'une plage propre constitue un droit, on doit adopter la mesure VE pour évaluer les pertes d'aménité entraînées par la pollution. Dans d'autres cas, face à un projet d'aménagement visant à augmenter les possibilités récréatives d'un site, le calcul de rentabilité du projet va se fonder sur l'utilité initiale, donc sur une mesure de la variation compensatrice, c'est-à-dire VC.

On peut aussi déterminer à partir de la figure 18 les compensations associées à une détérioration de l'environnement et retrouver les mesures DV^C et DA^E (tabl. 23). Si l'offre passe de Q_1 à Q_0, l'équilibre du consommateur qui se trouvait en A_1, se situe désormais en A_0. S'il a un droit à un environnement non-pollué, il va accepter la compensation :

$$A'_0A_0 = VC\ (Q_1 \rightarrow Q_0) = -\ VE\ (Q_0 \rightarrow Q_1)\ ;$$

la situation de référence est U_1. S'il n'a pas de droit, et que la situation de référence est U_0, il sera prêt à verser :

$$A_1A'_1 = VE\ (Q_1 \rightarrow Q_0) = -\ VC\ (Q_0 \rightarrow Q_1)$$

pour renoncer à la détérioration de l'environnement.

La possibilité de compromis entre la consommation de biens privés et de biens publics suppose implicitement la valorisation de ces derniers, et en particulier des services de l'environnement. On va donc introduire le consentement marginal à payer pour ce bien public, à partir de la fonction de dépenses : $W = -\ \delta E/\delta Q$; en faisant varier Q, on obtient donc une fonction de demande inverse d'environnement, au sens hicksien, puisqu'on raisonne à utilité constante. Tout le programme de l'économie des ressources récréatives est donc d'obtenir cette demande, pour laquelle il n'y a pas de prix observé sur les marchés.

Le choix de la mesure ne soulève pas le seul problème de la situation de référence, ou encore du droit à un environnement non-pollué. Dans la pratique on n'observe pas la demande compensée, mais une demande ordinaire (marshallienne). La question est donc de savoir si celle-ci peut servir à dériver les mesures que l'on vient d'introduire. Pour bien comprendre la difficulté de la question posée, raisonnons à partir

Figure 19. – Les surplus pour un bien public.

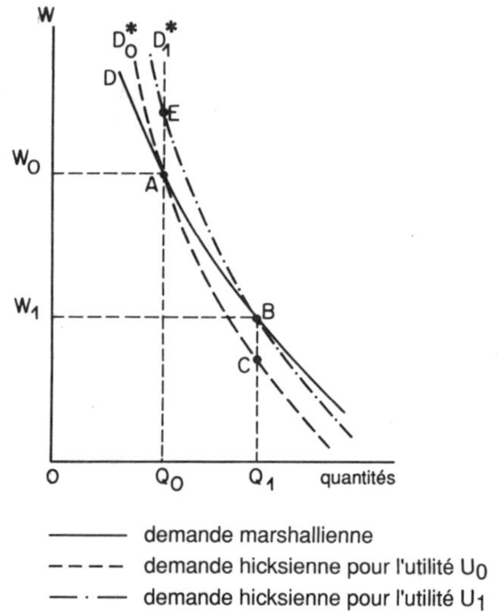

de la figure 19 sur laquelle figurent la demande marshallienne ainsi que la demande hicksienne pour deux niveaux de bien-être.

La demande marshallienne est représentée par D et on considère les effets d'une amélioration de l'environnement, tels que les services passent de Q_0 à Q_1, ce qui entraîne une augmentation du bien-être. On a donc fait figurer la demande hicksienne D^*_0 correspondant à l'utilité initiale U_0 et la demande hicksienne D^*_1 pour l'utilité finale U_1. Le long de D lorsque l'on passe de l'équilibre représenté par A à l'équilibre représenté par B, l'utilité augmente, donc D^*_0 est située à gauche de D. A l'inverse, partant de B et allant vers A, D^*_1 est située à droite de D.

On définit graphiquement la variation compensatrice et la variation équivalente

$$VC = ACQ_1Q_0$$
$$VE = EBQ_1Q_0$$

ainsi que le surplus du consommateur :

$$SC = ABQ_1Q_0$$

et pour une amélioration :

$$VC \leq SC \leq VE.$$

Tout comme pour les biens privés, il y a égalité lorsqu'il n'y a pas d'effet revenu (fonction d'utilité homothétique) puisque la demande compensée et la demande ordinaire sont identiques. Enfin, lorsqu'il y a une détérioration, le sens des inégalités est inversé.

On sait que l'estimation de la demande compensée se heurte à des difficultés majeures, puisqu'elle suppose l'estimation d'un système complet de demande puis son intégration pour obtenir la fonction d'utilité. Aussi en pratique ne peut-on connaître que la demande ordinaire, et seul le surplus du consommateur peut être calculé. Les conditions d'approximation de VC et VE par SC ont été étudiées par Willig (1976) puis par d'autres auteurs (Johansson, 1987, p.49-54). On peut considérer que l'écart entre VC et VE est négligeable, inférieur aux erreurs d'origine économétrique, sauf pour des variations très fortes de prix ou dans le cas de biens qui absorbent une part importante du revenu. Ce résultat a été étendu au cas de la variation de quantité d'un bien (Randall et Stoll, 1980) et peut donc être appliqué aux services récréatifs.

Ces résultats sont valables pour des variations marginales de qualité, ou pour des dépenses relativement faibles. Dans les autres cas, l'écart entre la disponibilité à acheter et la disponibilité à vendre peut être élevé, comme on peut le voir en reprenant un exemple cité par Mishan (1971) qui montre bien l'importance du choix de la situation de référence. Soit un individu prêt à acheter une maison 600 000 F, mais qui la paie en fait 400 000 F. La variation compensatrice vaut donc 200 000 F, elle correspond à la dépense qui lui permet de restaurer son niveau initial d'utilité (dépenser 600 000 F et posséder la maison). Une fois propriétaire, il ne consent à vendre la maison pas moins de 650 000 F, la variation équivalente atteint donc 250 000 F. L'écart de 50 000 F entre la variation équivalente et la variation compensatrice souligne les différences qui peuvent exister dans certaines situations entre la disponibilité à acheter et la disponibilité à vendre.

Pour mesurer la valeur des services récréatifs, des aménités procurées par l'environnement, il faut donc obtenir des informations sur la demande de ces services. L'étude du déplacement de la demande permettra ensuite de calculer l'impact d'une détérioration du milieu naturel ou encore d'un programme d'amélioration. Le caractère de bien public de ces services et donc l'absence de marché obligent à recourir à des méthodes indirectes pour déterminer le consentement à payer. On peut distinguer les méthodes inductives fondées sur les observations d'un marché et les méthodes basées sur des données hypothétiques. Pour les premières, les valeurs sont révélées par l'observation des comportements alors que les secondes recourent à des techniques expérimentales.

La mise en œuvre des méthodes inductives suppose qu'il existe un bien privé lié au bien public, de telle sorte que l'observation du marché du bien privé révèle le consentement à payer pour le bien public. Une fois identifié le marché approprié, il s'agit de construire un modèle théorique rigoureux qui permette ce passage. Puis d'acquérir les données et de mettre en œuvre une méthode économétrique cohérente avec les hypothèses. La méthode du coût de déplacement et la méthode des valeurs foncières qui relève de l'approche hédoniste se rattachent à la famille des méthodes inductives. La méthode du coût de déplacement est employée depuis le début des années soixante et repose sur l'observation qu'il faut engager un certain nombre de dépenses pour bénéficier des services récréatifs d'un site. La complémentarité entre consommation de biens privés et de biens publics doit donc permettre de dériver le consentement à payer pour les services récréatifs d'un site. C'est typiquement une méthode qui s'applique aux bénéfices des usagers et qui va sous-estimer la valeur d'un site, puisqu'elle exclut de son champ ceux qui ne consomment pas les activités prises en compte ou qui ne fréquentent pas le site.

La méthode des valeurs foncières permet de valoriser des éléments tels que l'esthétique d'un paysage ou la qualité d'une zone sans pollution atmosphérique, qui ne conditionnent pas nécessairement la pratique d'activités récréatives, mais qui interviennent dans la valeur des biens fonciers. L'observation du prix des maisons dans des zones résidentielles a donc été utilisée pour valoriser un front de mer, un bord de lac ou de rivière. Elle a aussi été utilisée pour valoriser la qualité de l'air dans de grandes agglomérations. Certes il est assez facile de montrer, à partir d'une relation statistique, que ces biens publics (esthétique, qualité de l'air) influencent le prix des maisons ou des terrains constructibles de façon significative, mais le passage à un prix et donc au calcul de surplus est difficile et soulève des problèmes de méthode.

Les méthodes inductives conviennent mal pour évaluer certains bénéfices, comme la valeur d'une espèce en voie de disparition, d'une zone naturelle peu fréquentée ; en outre, excluent les non-usagers. Les méthodes hypothétiques fondées sur des enquêtes qui visent à obtenir une révélation de la demande de biens publics ont été introduites plus tardivement et peuvent s'appliquer à toutes les catégories de problèmes. La flexibilité de ces méthodes est limitée en ce sens que les personnes interrogées dans les enquêtes doivent bien comprendre le problème posé. Par ailleurs comme il s'agit de données expérimentales et non d'observations réelles, il est difficile de faire des contrôles et de généraliser les résultats. La répétition d'une même enquête apporte un début de réponse, mais reste une opération coûteuse.

2. Méthode du coût de déplacement

En général, l'accès aux sites naturels et aux services récréatifs qu'ils offrent est gratuit, ou tout au moins, lorsqu'ils existent, les droits d'entrée sont réduits. Cependant, le plus souvent, ce mode de régulation de la demande est suffisant pour éviter les phénomènes d'encombrement. En effet, pour bénéficier des aménités des sites, il est nécessaire d'engager un certain nombre de dépenses : coût de transport du domicile au site et retour, frais de nourriture et d'hébergement. Même en l'absence de droits d'entrée, les services récréatifs des sites naturels ne sont donc pas gratuits.

L'origine de la méthode du coût de transport remonte à une lettre adressée par H. Hotelling au service des parcs nationaux des Etats-Unis, en réponse à une demande envoyée en 1949 à dix économistes (Mac Connel, 1985). L'objet de cette demande était de disposer d'une méthode qui permette de déterminer la valeur économique des services procurés par les parcs nationaux et de la comparer aux bénéfices économiques qu'ils fourniraient s'ils étaient destinés à d'autres usages. La réponse de H.Hotelling constitue une description des fondements de ce qui va devenir la méthode du coût de déplacement.

Puisque le coût du déplacement est un facteur déterminant de la décision de visiter un site, on va s'appuyer sur ses variations pour estimer la demande pour ce site. La variation des dépenses nécessaires pour atteindre un site a donc été à la base des modèles de coût de transport dès les premières applications. L'une d'elles, celle de Clawson (1959), porte sur quatre parcs nationaux (Yosemite, Grand Canyon, Glacier et Shenandoah) et s'appuie sur la relation entre taux de fréquentation (nombre de participants pour une population de 100 000 habitants) et coût de la visite. A partir d'un ajustement graphique, Clawson détermine les effets d'un accroissement des droits d'entrée sur le taux de visite, puis utilise ces points pour déterminer, toujours graphiquement, une courbe de demande agrégée qu'il appelle la vraie courbe de demande pour la ressource récréative. Bien qu'il ne calcule pas le surplus des consommateurs pour ces parcs nationaux, il indique comment utiliser les courbes de demande agrégée pour le faire.

2.1. Principes de la méthode

Elle a été conçue pour être appliquée à un site récréatif particulier (Knetsch, 1964 ; Clawson et Knetsch, 1966 ; Mäler et Wyzga, 1976 ; Freeman, 1979), mais peut être généralisée au cas de plusieurs sites en prenant en compte les substitutions entre eux (Smith et Desvouges,1986, p.199-204). Dans sa version désormais classique, il s'agit d'établir une relation entre le taux de fréquentation d'un site donné et un certain nombre de facteurs explicatifs : coût de déplacement et variables socio-économiques (revenu, âge, niveau d'instruction). Les modèles les plus simples ne retiennent que le coût de transport *stricto sensu* et ne font pas intervenir les autres composantes du coût du déplacement.

Les étapes de la méthode peuvent être décrites simplement (Freeman, 1982, p.137-138).

(1) La région qui entoure le site étudié est divisée en zones circulaires concentriques. On détermine pour chaque zone le coût de transport aller et retour au site.

(2) On fait une enquête sur le site pour déterminer l'origine géographique (selon les zones) des visiteurs.

(3) Pour chaque zone, on définit un taux de fréquentation en faisant intervenir sa population totale. Il s'agit donc du nombre de visites par habitant.

(4) On détermine un coût de déplacement. Outre le coût de transport, les frais d'hébergement et de nourriture, cette variable tient compte de la durée du déplacement.

(5) On fait une régression du taux de fréquentation en fonction du coût de déplacement et des caractéristiques socio-économiques des zones d'origine. Si après un test statistique, on retient l'hypothèse d'un effet significatif du coût de déplacement sur le taux de fréquentation, on dispose d'une relation qui permet de déterminer les variations de fréquentation induites par les variations de coût.

(6) La fréquentation totale observée sur le site, obtenue en agrégeant toutes les zones, correspond à un point particulier de la courbe de demande. S'il n'y a pas de droit d'entrée, c'est l'intersection avec l'axe des abcisses, l'offre est infiniment élastique et le prix est nul. S'il y a un droit d'entrée, on se situe alors à l'intersection avec une courbe d'offre parallèle dont l'ordonnée à l'origine est égale à ce droit par visite. On suppose ici qu'il n'y a pas d'encombrement sur le site, sinon l'offre serait inconnue et on ne pourrait plus identifier la demande.

(7) La détermination des autres points de la courbe de demande est fondée sur l'hypothèse suivante : si l'on introduit un droit d'entrée fictif, les visiteurs réagiront à un accroissement de ce droit dans les mêmes proportions qu'à une augmentation égale du coût du déplacement. On va donc considérer une suite de valeurs croissantes de ce droit d'entrée ; pour chaque valeur et chaque zone, on détermine alors la diminution de la fréquentation, puis on agrège sur l'ensemble des zones. Ainsi si $v_i = f(c_i, x_i)$, $i = 1, \dots n$ est la relation qui lie le taux de visite v_i de la zone i, au coût c_i et aux autres variables x_i ; la fréquentation totale est égale à

$$V = \sum_i v_i p_i = \sum_i p_i f(c_i, x_i)$$

en introduisant la population p_i de la zone i. Si le coût augmente de d_c alors :

$$V = \sum_i p_i f(c_i + d_c, x_i)$$

En considérant des augmentations successives du coût de déplacement, on détermine donc la courbe de demande pour le site.

On peut illustrer la procédure à partir de la relation graphique entre taux de fréquentation et coût de déplacement (fig. 20). Les habitants de la zone i sont confrontés à un coût c_i, le taux de visite vaut v_i. Ceux de la zone j qui est plus proche du site doivent débourser c_j et leur taux de visite vaut v_j. On introduit un droit d'entrée fictif (permis de pêche par exemple) égal à $c_i - c_j$, le taux de visite des habitants de la zone j diminue puisqu'ils sont désormais confrontés au coût c_i et ce taux vaut v_i. L'opération est répétée pour chaque zone et pour des valeurs différentes du droit, afin d'estimer la fonction de demande.

Il est facile, à partir de cette même figure, d'illustrer le calcul de surplus des consommateurs. Le surplus unitaire est donné par l'aire A pour les habitants de la zone i et par A + B pour ceux de la zone j. On

Figure 20. – Taux de fréquentation et coût de déplacement.

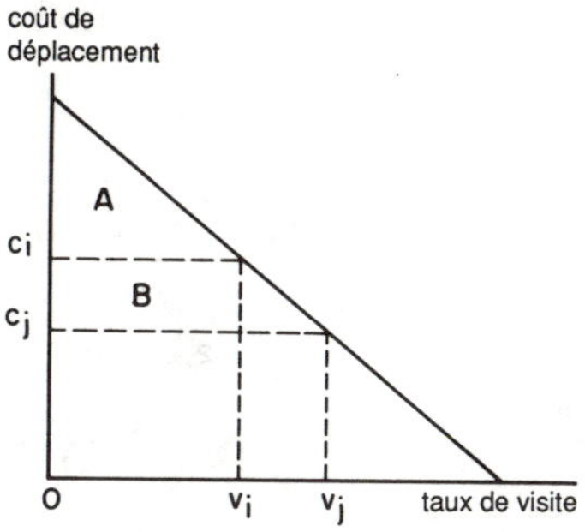

passe au surplus par zone, en introduisant le nombre de visites par habitant et en multipliant par la population, il suffit ensuite d'agréger les zones.

On notera aussi qu'au cours de la dernière étape du calcul, on peut déterminer la demande émanant de chaque zone, puis procéder par agrégation. Il faut remarquer que si la relation de demande par zone est linéaire, cela n'implique pas pour autant la linéarité de la demande agrégée. Le surplus du consommateur peut être calculé à partir des demandes par zone, mais aussi à partir de la demande agrégée ; les deux démarches sont équivalentes quant au résultat (Mac Connel, 1985, p.685-686).

L'ensemble de la démarche peut être illustré à partir d'un exemple didactique emprunté à Knetsch (1977) dans lequel on considère cinq villes A_1, A_2, A_3, A_4 et A_5 de même population (égale à 100 habitants) et un parc. Le coût de transport vaut respectivement 1, 2, 3, 4 et 5 F, et le taux de fréquentation annuel 4, 3, 2, 1et 0 (fig. 21a).

Le surplus annuel et par habitant est nul pour la ville A_5. Il vaut 0,50 F pour A_4, 2 F pour A_3, 4,50 F pour A_2 et 8 F pour A_1. D'où un total annuel de 1 500 F.

Avec un droit d'entrée nul, le nombre de visites par année est égal à 1000, ce qui donne un point de la courbe de demande (fig. 21b). Soit alors un droit d'entrée de 1 F, il y a alors 300 visites émanant de A_1, 200 de A_2 et 100 de A_3 d'où un total de 600. Pour un droit de 2 F on a 300 visites, puis 100 pour 3 F et zéro pour 4 F. La demande pour le site est représentée par la courbe de la figure 21b et le surplus total correspond à l'aire hachurée, soit 1 500 F, comme on le vérifie aisément.

L'analyse précédente permet de déterminer les variations de surplus entraînées par une variation de la qualité d'un site. Plaçons-nous dans le cas d'une pollution qui se traduit par une baisse de la demande de D_1 en D_2 (fig. 22), on observe une diminution du nombre de visites de v_1 en v_2 pour un même prix OA, l'offre restant identique. Le

Figure 21. – Méthode du coût de déplacement.

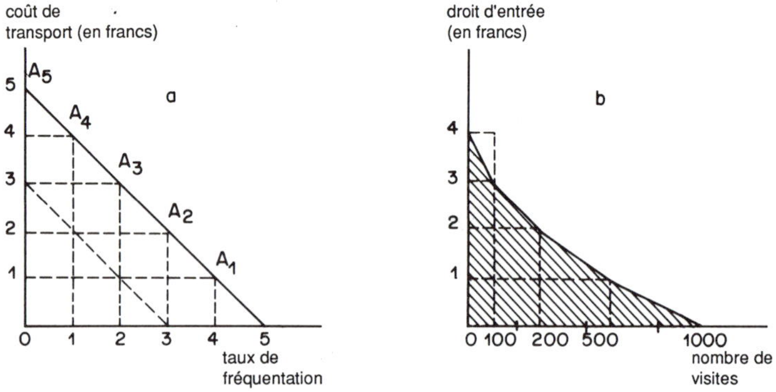

Figure 22.– Effet d'une pollution sur le surplus des consommateurs.

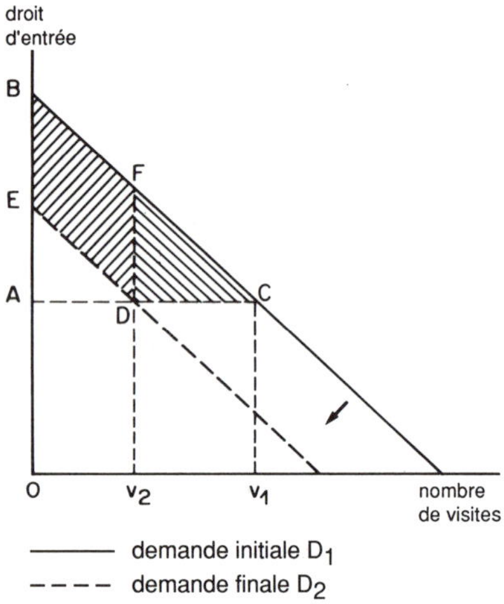

surplus des consommateurs diminue de BCDE et se décompose en deux parties. L'aire CDF correspond à la perte subie par les individus qui ne fréquentent plus le site, elle est associée à la diminution du nombre de visites. L'aire BFDE est la perte de surplus de ceux qui continuent à venir. La baisse de fréquentation peut correspondre à une substitution au profit d'autres sites, ou à une diminution du nombre total de visites.

Si la qualité n'est modifiée que sur un seul site, le calcul précédent intègre l'ensemble des effets sur le surplus du consommateur. Le calcul devient plus complexe dès lors qu'il y a des variations simultanées de qualité de plusieurs sites substituables (Freeman, 1979, p.199-200).

Un certain nombre de travaux n'utilisent que les deux premières étapes de cette procédure et s'intéressent aux déterminants de la fréquentation du site, sans passer à une phase de valorisation monétaire. Ils permettent de prévoir la participation, lorsque la qualité du site ou d'autres variables exogènes varient. Les prévisions sont alors fondées sur une équation réduite. L'utilisation d'autres sources d'information, fournissant le surplus unitaire (d'une visite, d'un voyage) permet de passer à la valorisation. Mais cette méthode ne fournit pas d'évaluation du surplus qui correspond à l'aire BFDE, c'est-à-dire à la perte des individus qui ont continué à fréquenter le site.

2.2. Discussion des hypothèses et mise en œuvre de la méthode

Les premières applications de la méthode du coût de transport utilisent des modèles simples. A ce titre, l'analyse qui porte sur la fréquentation du lac artificiel de Kern situé en Caroline du Nord (Knetsch, 1964) est exemplaire, puisqu'elle n'introduit que le coût de transport comme variable explicative du taux de fréquentation. L'équation, estimée à partir d'un découpage en 11 zones s'écrit :

$$\text{Ln}\,(v + 0{,}8) = 3{,}82 - 2{,}39\ \ \text{Lnc}\ \ (R^2 = 0{,}97)$$

où R^2 désigne le carré du coefficient de corrélation multiple et v le taux de fréquentation pour 1000 habitants et c le coût de transport. A partir de cette équation Knetsch applique la procédure et estime une demande agrégée. Il calcule ainsi un surplus de 1,6 millions de dollars, qui correspond à une estimation du consentement à payer pour accéder au site et bénéficier des services récréatifs qu'il offre.

Outre son intérêt historique, cet exemple met en évidence un certain nombre d'hypothèses et de limites de la méthode. Tout d'abord, comme on a pu déjà le noter, le coût de transport n'est qu'une des composantes du coût d'accès au site. Un certain nombre de dépenses nécessaires liées à la nourriture et à l'hébergement interviennent dans les choix du consommateur, et influencent donc la demande pour le site. De façon plus générale, si on se réfère au modèle du comportement du consommateur, les arguments de la fonction d'utilité et en particulier le revenu, doivent être pris en compte. Il faut aussi faire intervenir les autres sites récréatifs qui peuvent se substituer au site étudié. La valorisation de la durée du trajet soulève des questions embarrassantes. Certes la durée du trajet intervient dans les choix, mais s'agit-il bien toujours d'un coût ? N'y-a-t-il pas des cas, où le trajet procure des aménités, d'ordre esthétique en particulier ? L'application de la méthode repose sur une hypothèse d'homogénéité des zones d'origine des visiteurs ; on admet qu'ils ont une fonction d'utilité commune. Enfin, l'hypothèse qu'il y a équivalence entre droit d'entrée (prix des services récréatifs d'un bien public) et coût de transport soulève un problème de théorie économique, qui n'a été résolu que plus tardivement avec l'introduction de la notion de complémentarité faible entre biens (Mäler, 1974, p.116-118).

Les premiers efforts pour améliorer la méthode ont porté sur la prise en compte des variables explicatives pertinentes du taux de visite ; dans un premier temps on a travaillé sur l'introduction du revenu, des durées de trajet et des activités de substitution. Une des premières recherches intégrant d'autres variables que le seul coût de transport est celle de Brown *et al.*, (1964). Il s'agissait d'estimer les bénéfices procurés par la pêche au saumon « steel head » dans l'Etat de l'Orégon. Cet Etat a été divisé en 35 zones et les auteurs ont utilisé une enquête postale, le tirage de l'échantillon étant fait à partir des permis de pêche qui ont donc servi de base de sondage ; l'équation explicative de la pratique de la pêche s'écrit :

$$\underset{}{Ln\,(v_i/P_i) = 0{,}951 - \underset{(4.41)}{0{,}128\,c_i} - \underset{(1{,}00)}{0{,}002\,d_i} + \underset{(3{,}50)}{0{,}007\,y_i}}$$

où i = 1,... 35 est l'indice de zone,
v_i le nombre de jours de pêche,
P_i la population,
c_i les dépenses par jour
d_i la distance
y_i le revenu moyen
les valeurs entre parenthèses sont celles du t de Student.

La méthode du coût de transport utilise des données d'enquêtes qui permettent de déterminer l'origine géographique des visiteurs du site étudié. Les enquêtes spécifiques à un site sont bien adaptées au calcul du taux de fréquentation, qui peut être exprimé en nombre de voyages, en nombre de jours mais ne sont pas nécessairement faites sur place. L'utilisation d'enquêtes postales est assez courante. Les enquêtes qui portent sur la population totale et non sur les usagers d'un site sont moins bien adaptées à la méthode, parce qu'elles poursuivent d'autres objectifs. L'enquête nationale faite au lieu de résidence sur les vacances des Français ou les enquêtes « Emploi du temps » relèvent de cette seconde approche. Elles sont utiles pour déterminer le taux de participation à différentes activités récréatives mais se prêtent mal à l'application de la méthode du coût de transport puisqu'elles fournissent la demande agrégée sur l'ensemble des sites et non la demande par site.

Une des premières difficultés pratiques porte sur la définition de la visite ; sa durée doit être en toute rigueur constante, sinon il faudrait une deuxième équation pour expliquer cette variable supplémentaire. On peut évidemment imaginer d'estimer des équations séparées pour expliquer les visites d'un jour, d'une semaine... mais la voie à suivre est bien celle d'un modèle où le nombre de visites et la durée sont endogènes (Smith et al. 1983). L'autre difficulté pratique préalable porte sur l'évaluation du coût de déplacement et soulève, tout d'abord la question des dépenses effectives, puis en second lieu du coût du temps. Si le coût de transport proprement dit ne pose pas de difficultés importantes, la détermination des dépenses de nourriture et de logement à prendre effectivement en compte est délicate. Pour un voyage de 500 km, quelle est la part à imputer à la visite proprement dite du site ? La conséquence sur l'estimation du coefficient du coût dans le modèle peut être étudiée à partir d'un modèle à erreurs sur les variables (Mac Connell, 1985, p.690-691). Supposons par exemple que l'on ajoute la même dépense indue à chaque voyage, alors l'estimateur est sans biais et convergent. Par contre si cette dépense est aléatoire, la limite en probabilité de l'estimateur obtenu est inférieure à la vraie valeur du paramètre, et l'on surestime le surplus du consommateur.

Il est bien clair que la durée du trajet et la durée du séjour sur le site interviennent dans le choix des consommateurs. Un exemple simple permet d'illustrer le rôle du temps. Considérons deux zones situées respectivement à 10 km et 20 km d'un site, le coût de transport est de 1F par km et les durées de transport valent 15 minutes pour la zone la plus proche et 30 minutes pour la plus éloignée. Soit un modèle qui ne tient pas compte de la durée du déplacement, introduisons un droit d'entrée de 10 F. Les visiteurs de la zone 1 réagissent de la même façon que ceux de la zone 2 avant l'augmentation, alors que leur situation n'est pas comparable puisque leur durée de transport est deux fois plus faible, on va donc sur-estimer la baisse de fréquentation induite par l'augmentation de prix. La demande estimée est plus élastique que la demande réelle, on va donc sous-estimer les bénéfices. Le problème pourrait être résolu en introduisant séparément le coût et le temps ou la distance comme l'ont fait Brown *et al.* (1964). Cette solution n'est en général pas satisfaisante sur le plan statistique car ces deux variables sont le plus souvent étroitement corrélées. La solution à ce problème passe donc par la valorisation du temps par un prix, qui va être un coût d'opportunité : une valeur trop faible va entraîner une sur-estimation de l'élasticité de la demande, alors qu'une valeur trop élevée va au contraire se traduire par une sous-estimation. Cette approche n'est pas totalement satisfaisante puisque le trajet procure aussi des aménités, aussi Cesario (1976) et Wilman (1980) ont suggéré de distinguer deux composantes. La détermination du coût unitaire reste cependant difficile ; la référence à un salaire moyen a souvent été proposée.

Lorsque le site est unique – le Grand-Canyon du Colorado est souvent cité dans les publications américaines mais on peut en citer d'autres – il n'y a pas véritablement de substitut à prendre en compte. Mais dans le cas le plus général, l'omission des substituts se traduit par des biais d'estimation de signe quelconque, comme dans toute estimation de fonction de coût incomplètement spécifiée. Dans le cas de la méthode du coût de transport, l'influence des substituts apparaît d'autant plus forte que l'on considère des zones de plus en plus éloignées. Dans la pratique les modèles incluent donc toujours les substituts. Citons une étude suédoise récente comme illustration (Johansson, 1987, p.117-122). Elle a été réalisée par Bojö et porte sur la vallée de Välä située au nord de la Suède. En mars 1983 un projet de réserve naturelle fut envisagé ce qui entraîna un conflit entre d'une part le service des forêts, d'autre part les défenseurs de la nature, du tourisme et les éleveurs de rennes. L'agence de protection de l'environnement décida donc de faire une analyse coûts-avantages des deux scénarios concurrents pour l'avenir de la vallée. L'analyse pour la méthode du coût de déplacement constitue donc une partie de cette étude.

Un échantillon de 282 ménages fut interrogé sur le site. La plupart des visiteurs séjournant une semaine entière au moins, l'enquête a été faite en fin de semaine de février à avril 1985, les individus étant alors familiarisés avec le site. L'équation suivante a été sélectionnée pour expliquer le taux de fréquentation vi de la zone i :

$$v_i = 4{,}1 - 1{,}4c_i - 43{,}4y_i - 5{,}7s_i + 518{,}5\ D_i\ (R^2 = 0{,}43)$$

Elle fait intervenir comme variable explicative le coût de transport c_i par famille, le revenu moyen y_i et un indice de coût de transport s_i vers les sites substituables à la vallée de Välä. Cet indice est d'autant plus faible que les coûts d'accès aux autres sites sont relativement élevés (il s'agit d'une moyenne pondérée normalisée). Enfin D_i est une variable indicatrice égale à un, si le transport s'effectue par train et qui vaut zéro dans les autres cas.

Le coût de déplacement ne comporte ici que les dépenses occasionnées par le transport et ne valorise pas la durée du déplacement. Ceci est justifié par le fait que dans 80 % des cas les personnes interrogées ont déclaré que le voyage leur procurait des aménités. Cette convention va se traduire par une sous-estimation du surplus. La durée du séjour n'a pas donné lieu non plus à une valorisation, ce qui est justifié puisque la durée de trajet ne variait pas systématiquement avec la zone d'origine. Par ailleurs, les cas des voyages à destinations multiples ont été éliminés à cause de la difficulté d'imputer les coûts aux différents sites visités. Trois groupes de sites situés en Suède ont été retenus pour calculer l'indice s_i. Les sites à l'étranger (en particulier les Alpes), cités par un peu moins de 15 % des individus, n'ont pas été considérés.

L'effet des différentes variables, sauf le revenu, est significatif au seuil de 5 %. L'influence du coût de déplacement vers le site et vers les substituts (offre d'autres sites) sur le taux de fréquentation est celle qui est attendue. A partir de cette relation, Bojö évalue le surplus des consommateurs à 1million de couronnes suédoises d'où en adoptant un taux d'actualisation de 5 %, une valeur totale de 25 millions.

L'équation utilisée a été sélectionnée après avoir essayé diverses formes fonctionnelles (linéaire, quadratique, semi-log et log). Le choix du modèle et sa forme fonctionnelle devrait être étroitement lié à la fonction d'utilité sous-jacente. Les analyses faites à partir de données de simulation montrent bien l'importance de ce choix (Kling, 1988).

L'utilisation dans l'analyse de zones de tailles différentes soulève le problème de l'hétéroscédasticité (Bowes et Loomis, 1980) : plus la zone d'origine est peuplée, plus la variance du taux de fréquentation est faible. Une façon de traiter cette difficulté consiste à utiliser la méthode des moindres carrés généralisés à la place de la méthode des moindres carrés ordinaires, mais ce n'est qu'une solution incomplète dans la mesure où la distance influence aussi la variance (Bowes et Loomis, 1982 ; Christensen et Price, 1982).

Un certain nombre d'auteurs (voir Mac Connel, 1985, p.695-696) ont estimé des systèmes de demande multiple. Mais, la tendance actuelle (Smith, 1988 ; Johansson, 1987, chap.8) semble plutôt aller vers des modèles avec choix discret, ce qui permet de tenir compte dans l'analyse des non-usagers du site. Par ailleurs on peut montrer que la méthode du coût de déplacement se déduit du modèle de comportement du ménage (Mac Connel, 1985, p.706) : l'individu achète des biens privés qu'il combine avec son propre temps et des ressources naturelles (biens publics) pour produire des services récréatifs, on a là un cadre général d'analyse.

L'équivalence entre le coût de déplacement et le consentement à payer joue un rôle fondamental dans la méthode. Elle renvoie à un problème plus général, celui de la possibilité d'obtenir des informations sur un bien public à partir d'observations sur les prix de marché et les quantités des biens privés. Cette possibilité dépend tout d'abord du caractère séparable ou non de la fonction d'utilité. Si la fonction d'utilité est additive (linéairement fortement séparable), il est impossible de lier la demande de services récréatifs à celle de biens marchands, puisque les taux de substitution entre les arguments de la fonction d'utilité sont indépendants des services récréatifs.

On doit donc se situer a priori dans un contexte de fonction d'utilité non-additive. Lorsque les services récréatifs et les biens privés sont substituables ou complémentaires, il est possible de dériver l'information cherchée (Mäler, 1974, p.178-183). Mais ces cas n'apparaissent pas d'une grande portée pratique, ce qui rend intéressante la notion de complémentarité faible introduite par Mäler (1974, p.183-191). Elle caractérise la situation où, lorsque la quantité demandée de bien privé est nulle, l'utilité marginale des services récréatifs est nulle :

$$\delta U(x, Q)/\delta Q = O \text{ pour } x = 0$$

où x est la demande de bien privé et Q désigne la qualité de l'environnement. Cette hypothèse signifie que la valeur marginale de la qualité de l'eau d'un lac ou d'une plage souillée est nulle pour ceux qui ne la fréquentent pas. La mise en œuvre d'une méthode fondée sur l'hypothèse de complémentarité faible va donc permettre de calculer le surplus procuré aux usagers d'un site par le bien public environnement. Elle conduit à une sous-estimation puisque les non-usagers sont exclus du champ par hypothèse.

Alors que la méthode du coût de déplacement est employée très couramment aux Etats-Unis, il existe peu d'études analogues en Europe. Aussi la collaboration qui s'est établie en Italie entre l'administration des parcs nationaux et une équipe de l'Université de Padoue doit être citée. Elle a donné lieu à un ensemble d'enquêtes et d'estimation dans différentes régions (Merlo et Signorello, 1990). Les travaux faits en Ecosse par Hanley (1989) relèvent de la même problématique puisqu'ils impliquent étroitement l'administration des forêts.

3. Approche hédoniste

La méthode du coût de déplacement suppose que les coûts de déplacement rationnent l'accès aux sites récréatifs ; elle permet donc de calculer les aménités des usagers d'un site dès lors qu'ils engagent des dépenses pour s'y rendre. Par définition, elle ne s'applique pas aux résidents du site. L'approche hédoniste part de l'observation selon laquelle la valeur des biens immobiliers est plus grande là où les aménités sont les plus élevées. Les résidents d'un site agréable paient donc une prime qui est reflétée dans les valeurs foncières. Si la mobilité des ménages dans l'espace est parfaite, alors on peut appréhender la valeur de ces biens non-marchands que sont les aménités récréatives et esthétiques en observant le marché immobilier.

L'idée de se fonder sur les valeurs foncières pour déterminer la valeur de l'environnement remonte, comme le rappellent Anderson et Bishop (1986, p.105) aux années soixante, mais n'a été véritablement mise en œuvre que bien plus tard (Freeman, 1979, p.108-164). La technique des prix hédonistes est une transposition en économie des ressources d'une méthode générale pour estimer le prix implicite des caractéristiques qui différencient des produits proches (Rosen, 1974). On peut facilement la présenter à partir du cas des maisons d'habitation. Celles-ci sont décrites par un vecteur Z de caractéristiques physiques (taille, terrain, localisation...) et un vecteur Q des caractéristiques de qualité de l'environnement. Le prix P_M d'une maison est alors donné par la fonction de prix hédoniste : $P_M = f(Z,Q)$. L'utilité du consommateur est fonction des caractéristiques Z et Q ainsi que des biens privés X qu'il consomme. Confronté au vecteur de prix P_X pour ces derniers et au prix P_M des maisons, il maximise son utilité sous sa contrainte budgétaire. Les conditions du premier ordre donnent : $\delta P_M/\delta Q = P.TMS_{QX}$ en introduisant le taux marginal de substitution entre qualité de l'environnement et biens privés. Le deuxième membre de cette relation représente le consentement à payer marginal pour Q. Le premier membre est le prix implicite de Q révélé par la fonction de prix hédoniste. En d'autres termes, à l'équilibre, le prix implicite mesure le consentement à payer pour des variations marginales de l'environnement.

Figure 23. – Approche hédoniste.

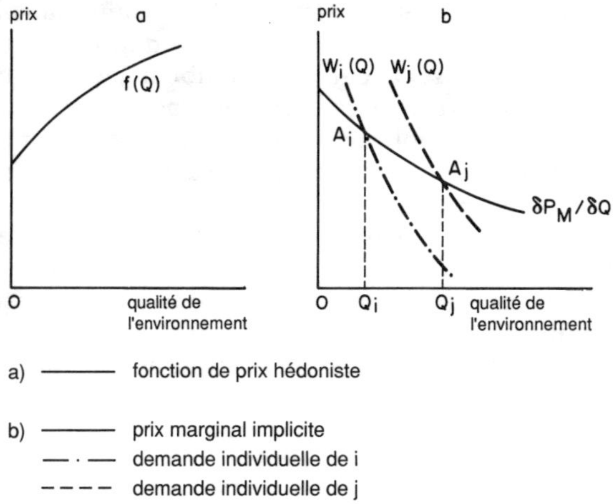

De l'observation du marché, on peut déduire la fonction de prix hédoniste (fig. 23a) supposée non-linéaire. La linéarité apparaît correspondre en effet à une situation peu réaliste. Elle signifierait par exemple que l'on est indifférent entre la possession d'une grande salle de bains et de deux petites de taille égale à la moitié de la grande. On peut aussi déterminer la fonction de prix implicite (fig. 23b).

Si tous les consommateurs sont identiques (même utilité et même revenu) la fonction de prix implicite est encore la fonction de demande inverse d'environnement et permet de déterminer les variations de surplus induites par celle de Q.

Dans le cas général, on observe des points de la fonction de prix marginale implicite qui correspondent à l'équilibre des différents individus. Ainsi sur la figure 23b, on a considéré deux consommateurs i et j, ainsi que leurs demandes individuelles d'environnement $W_i(Q)$ et $W_j(Q)$. Les points d'équilibre sont notés A_i et A_j. On observe bien que la fonction de prix implicite n'est pas une fonction de demande inverse d'environnement.

Dès lors que les consommateurs ne sont pas homogènes, les demandes individuelles diffèrent. Pour déterminer la demande inverse d'environnement, il faut alors considérer le côté offre du marché. Contrairement à ce que l'on a pensé pendant plusieurs années, l'identification de la demande ne se ramène pas à une situation économétrique classique et soulève des difficultés supplémentaires (Anderson et Bishop, 1986, p.112-113).

L'approche hédoniste a cependant été appliquée pour évaluer la qualité de l'air et de l'eau, l'accès aux rivages, le climat ou le bruit. Mais comme le note Freeman (1985, p.249) à propos des avantages d'un contrôle de la pollution atmosphérique, la plupart des estimations ne sont pas correctes. Il faudrait en réalité les considérer comme des bornes supérieures (Kanemoto, 1988). Notons enfin la combinaison de l'approche hédoniste et de la méthode du coût de déplacement (Brown et Mendelson, 1984) qui vise à calculer combien les usagers d'un site consentent à payer pour une caractéristique particulière.

Sans pousser l'application de l'approche hédoniste jusqu'au bout, on peut en utiliser la première étape, c'est-à-dire la fonction de prix hédoniste, pour analyser les effets d'un accident écologique. C'est un peu ce qui a été fait après l'accident de la centrale nucléaire de Three-Mile-Island (Nelson, 1981). L'objectif de la recherche était de déterminer si l'accident avait eu un effet significatif sur le prix des maisons dans un rayon de cinq milles autour de la centrale. Les variables explicatives du prix décrivent la maison (par exemple la superficie, la date et le type de construction...) et la qualité de l'environnement intervient par l'intermédiaire d'une variable indicatrice qui permet de distinguer deux sous-périodes séparées par la date de l'accident. L'analyse de transactions à partir de ce modèle conclut à l'absence d'effet durable sur la valeur des maisons. Ce résultat n'exclut pas qu'il y ait eu des coûts juste après l'accident, en particulier à cause de l'évacuation d'une partie de la population habitant à proximité de la centrale. Pour justifier l'absence d'effet durable sur le marché immobilier, Nelson avance trois explications possibles. La première qui vient naturellement à l'esprit tient à la durée des ajustements sur le marché immobilier. Les données utilisées sont en nombre limité (deux échantillons de 47 et 53 transactions) et ne concerne qu'une courte période, et ne permettaient sans doute pas un test très convaincant. La deuxième et la troisième explications sont de nature spéculative. Dès lors que les acheteurs sont convaincus de l'efficacité des opérations de dépollution, il n'y a aucune raison de s'attendre à un effet durable. C'est la seconde explication, la troisième est en quelque sorte symétrique. Si les agents anticipent en cas d'accident une aide efficace des autorités, alors celle-ci est capitalisée dans la valeur des maisons.

L'idée à la base de cette recherche est intéressante, mais comme on peut l'observer, sa réalisation est critiquable. Pour être convaincante, une telle analyse devrait porter, soit sur une période longue, soit sur la comparaison des transactions dans deux zones comparables, l'une touchée par la pollution et l'autre non.

4. Méthodes hypothétiques

Les méthodes hypothétiques (ou contingentes) sont très utilisées dans les travaux d'évaluation des ressources naturelles et concurrencent les méthodes fondées sur l'observation des marchés. Cet engouement s'explique par leur apparente facilité de mise en œuvre, puisqu'il suffit d'interroger les consommateurs, mais aussi parce qu'elles permettent d'aborder l'estimation de la valeur d'option et de la valeur d'existence, ce qui n'est pas possible avec les autres méthodes. Leur application est évidemment limitée par l'aptitude des personnes interrogées à se placer dans une situation abstraite et à opérer sur un marché hypothétique de la qualité de l'eau, de la faune ou d'un écosystème.

Schultze *et al.* (1981) font remonter leur première application à Davis (1963). Il s'est intéressé dans sa thèse à la valeur récréative des forêts du Maine. Ses résultats sont résumés par Knetsch et Davis (1966, p.131) ; « C'est une méthode pour mesurer les bénéfices récréatifs... on peut, à partir d'une approche par des questionnaires adaptés, tirer une information sur le prix maximum que les usagers de la forêt paieraient pour éviter d'en être privés ». Le questionnaire était fondé sur un système d'enchères dans lequel les personnes interrogées devaient réagir à l'annonce de droits d'entrée croissants. Par approximations successives, le point d'équilibre où le sujet s'exclut de l'usage de la forêt était donc obtenu. Par ailleurs des informations sur des variables socio-économiques ont permis d'estimer une équation pour prévoir la valeur de l'enchère.

Les résultats de l'enquête ont permis de déterminer la demande agrégée et le surplus des consommateurs ; Knetsch et Davis ont ainsi estimé (fig. 24) la valeur du libre accès à une zone située auprès du lac de Moosehead à 71461 dollars par an. Le principal intérêt ne réside pas simplement dans le caractère pionnier de cette recherche, mais aussi dans la comparaison faite par Knetsch et Davis, du résultat avec celui de la méthode du coût de transport qui fournit une estimation très proche, 69 450 dollars. Par ailleurs, les possibilités d'extrapolation des résultats obtenus sur un sous-échantillon, à partir de données socio-économiques, constituent un autre enseignement important de ce travail.

Figure 24. – Demande agrégée pour un site.

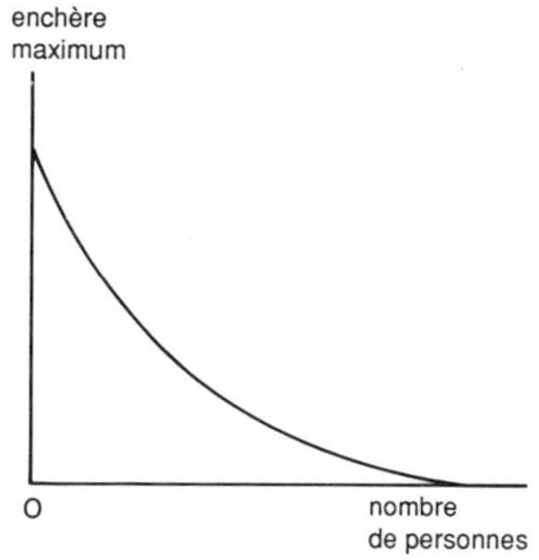

L'utilisation des méthodes hypothétiques ne s'est cependant étendue qu'au cours des années soixante-dix (Freeman, 1979, p.85-107). Elles se sont progressivement améliorées, ce qui leur a permis de gagner en crédibilité (Yang *et al.*, 1984, p.56-63 ; Mac Connel, 1985, p.701-706). En dépit de l'expérience accumulée, un certain scepticisme continue d'accueillir les résultats de ces méthodes, ce qui explique le volume d'écrits qui vise à les réfuter. Peut-être peut-on faire remonter ce scepticisme à Samuelson (1954), qui était dubitatif quant à la possibilité d'évaluer la valeur des biens et des services publics à l'aide de méthodes expérimentales. Une limite évidente des méthodes tient à l'impossibilité de valider l'enchère par des données objectives.

Les partisans des méthodes hypothétiques reconnaissent volontiers que les réponses aux questionnaires sont entachées de biais, qui rendent difficiles l'estimation du consentement à payer. Le biais entraîné par le comportement stratégique est sans doute le plus important, aussi a-t-il été le plus étudié. Il est dû à la nature collective des biens publics qui favorise le « passager clandestin ». Mäler (1974) a démontré qu'un consommateur qui maximise son utilité ne révèle pas sincèrement son consentement à payer lorsqu'il est interrogé. Il tend à surestimer son consentement à payer lorsqu'il pense que l'accès sera gratuit et à le sous-estimer s'il pense au contraire qu'il devra payer. Au prix d'une certaine sophistication coûteuse des questionnaires et d'une motivation accrue des personnes interrogées, il apparaît possible de réduire ce biais.

Bohm (1972) a montré que l'on pouvait traiter le biais stratégique assez simplement en stratifiant l'échantillon et en annonçant des modes de paiement différents selon les strates. Considérons par exemple une plage souillée par le pétrole. Comment connaître le consentement à payer des habitants de la région pour bénéficier d'une plage propre, avant de mettre en œuvre un programme de nettoyage qui pourra être modulé selon leurs réponses. On stratifie l'échantillon de la population en deux parties :

- dans la première strate, on indique aux personnes interrogées, qu'elles auront à payer un montant étroitement lié à leur consentement à payer,
- dans la deuxième strate, on indique que le paiement sera symbolique, le projet étant pris en charge par la collectivité nationale.

On peut rejeter l'hypothèse d'un biais stratégique, si les moyennes des consentements à payer dans les deux strates coïncident, ou sont très proches. En cas d'écart sensible, on ne peut plus écarter la présence de passagers clandestins, mais les bornes de l'intervalle défini par les deux moyennes encadrent le vrai consentement à payer, dès lors qu'il y a une incitation à la sous-estimation dans la première strate et à la surestimation dans la deuxième strate.

L'élimination du biais stratégique est un sujet de préoccupation constant dans les travaux appliqués dès la fin des années soixante-dix, comme on peut l'observer à partir d'une recherche désormais classique

(Rowe *et al.*, 1980). Il s'agit ici d'évaluer la valeur d'un bien public pur pour les habitants de Farmington et les visiteurs du lac artificiel de Navajo, la visibilité étant diminuée par des émissions de fumées d'origine industrielle. L'enquête reprend une procédure employée pour la première fois par Brookshire *et al.* (1976), qui consiste à présenter à la personne interrogée une série de photographies qui correspond à une échelle de visibilité (25, 50 et 75 miles). On indiquait à l'individu qu'il aurait à payer un montant égal à l'enchère moyenne et non à la sienne propre. Il est difficile dans ce cas d'avoir un comportement stratégique pour réaliser un résultat particulier puisqu'il faudrait connaître toutes les enchères. Les résultats semblent montrer l'absence de biais. Empiriquement le biais stratégique est peut-être moins important qu'on pourrait le craindre. Ainsi l'hypothèse d'un comportement stratégique avec sur-estimation du consentement à payer des défenseurs de l'environnement et, à l'opposé, avec sous-estimation de la part des personnes non motivées n'apparaît pas nécessairement vérifiée (Brookshire *et al.*, 1976).

Le caractère hypothétique de la transaction à laquelle est invitée la personne interrogée rend crucial le rôle de l'information sur la déclaration du consentement à payer. Une connaissance plus ou moins bonne des dépenses réelles occasionnées par un projet sur les sites substituables peut expliquer des incohérences entre les réponses. De plus l'acquisition d'informations nouvelles va amener l'individu à ré-évaluer ses décisions. Le consentement à payer *ex post* peut différer notablement du consentement *ex ante*. Ainsi dans l'analyse de la visibilité de Rowe *et al.* (1980), le tiers de l'échantillon révise son enchère lorsqu'on l'informe que son offre est insuffisante pour limiter la pollution au niveau actuellement constaté.

Le mécanisme prévu pour collecter les enchères ou pour payer les compensations influence les réponses (Randall *et al.*, 1974) et génère donc un biais instrumental. Le plus souvent les enquêtes sont faites sur les sites, le consentement à payer se révèle plus élevé lorsqu'on propose un prélèvement sous forme d'un impôt plutôt qu'un droit d'entrée. Ceci apparaît conforme au bon sens puisqu'un impôt affecté à un site spécifique est assez irréaliste.

Par ailleurs, la valeur de l'enchère de départ proposée joue sur le résultat et est donc à l'origine d'un autre biais instrumental. La pratique des enquêtes consiste à proposer des enchères, auxquelles on répond par oui ou par non. On considère que cette procédure de révélation des préférences est meilleure qu'une question ouverte. Outre la valeur de départ qui peut conditionner la réponse définitive, la durée de la procédure peut la rendre fastidieuse et conduire à des inexactitudes. Pour améliorer la qualité des réponses, on a proposé de classer différentes alternatives, plutôt que de chercher à les valoriser (Smith et Desvouges, 1986, p.153-157).

Outre les biais habituels dans toute enquête, dus à l'échantillonnage, aux non-réponses et à l'enquêteur, les méthodes hypothétiques cumulent des biais spécifiques. La description de la situation faite par l'enquêteur et la bonne compréhension du caractère hypothétique des propositions qui lui sont soumises, conditionnent les réponses de la personne interrogée. Elles portent sur l'avenir, aussi n'est-il pas possible de les confronter à des observations objectives. La validation des résultats d'enquête n'est donc pas possible.

En dépit de ces réserves, les comparaisons entre les résultats de diverses recherches (Schultze *et al.*, 1981 ; Cummings *et al.*, 1986 ; Mitchell et Carson, 1989), montrent que les méthodes hypothétiques peuvent conduire à des résultats réalistes, fournissant *ex ante* un moyen d'évaluer le coût d'un projet. Les biais stratégiques risquent d'être importants, dans les évaluations *ex post*, une fois le projet réalisé, les dommages étant subis par les personnes interrogées dans l'enquête.

Même si les applications n'ont pas été limitées à ce champ, la préservation de la qualité d'un site naturel ou d'un éco-système menacés par un projet, a été le terrain d'élection de ces méthodes. A l'inverse les projets d'amélioration de la qualité de l'environnement ont évidemment fait l'objet d'études ; il faut citer ici l'estimation du consentement à payer pour un air de meilleure qualité, faite à Los Angeles (Brookshire *et al.*, 1982) : on considère trois niveaux de qualité croissante A, B et C ; le consentement à payer pour passer de A à B vaut de 11 à 22 dollars et se situe entre 5,55 et 28,18 dollars pour une amélioration supplémentaire qui permet d'atteindre le niveau C.

Dans la plupart des applications on ne se préoccupe pas de la situation de référence quant au niveau d'utilité, et on considère implicitement que le surplus du consommateur fournit une bonne approximation de la variation équivalente et de la variation compensatrice. En d'autres termes, on assimile consentement à acheter et consentement à vendre.

N'y a-t-il pas aussi un risque de cet ordre lorsqu'on applique les méthodes hypothétiques ? D'après une étude de Bishop et Heberlein (1979), il semblerait bien que oui. Ces auteurs, s'intéressant à l'ouverture avancée de la chasse au coq de bruyère, se proposent d'évaluer la valeur d'un permis. Ils utilisent une enquête postale avec stratification en trois parties de l'échantillon de chasseurs :

– dans la première strate de 237 chasseurs, on envoie à chacun un chèque (de 1 à 200 dollars) et un permis, en lui demandant de renvoyer l'un ou l'autre. Le renvoi du permis permet d'évaluer le consentement à vendre, dans une transaction réelle. Il atteint 63 dollars ;

– dans la deuxième strate de 353 chasseurs, on envoie un questionnaire de façon à appliquer une méthode d'enchères. Le consentement à payer (21 dollars), et le consentement à vendre (101 dollars) obtenus diffèrent de façon importante et encadrent la valeur obtenue dans la transaction réelle ;

– enfin, dans la troisième strate de 300 chasseurs, on utilise un questionnaire sur les dépenses et la distance parcourue entre le domicile et la zone de chasse de façon à appliquer la méthode du coût de déplacement. Selon la façon dont on valorise le temps on aboutit à un intervalle de 28 à 45 dollars pour le permis de chasse.

L'écart entre le consentement à payer et l'acceptation d'une compensation est considérable et se retrouve dans les études qui ont tenté d'évaluer les deux ; Yang *et al.* (1984, p.62) en fournissent les références. Les partisans des méthodes hypothétiques n'évaluent pas en général le consentement à vendre parce qu'il n'y a pas de contrainte qui limite les personnes interrogées, comme le fait la contrainte de revenu lorsqu'on estime le consentement à payer.

La plupart des travaux utilisant des méthodes hypothétiques sont d'origine américaine, aussi nous a t-il paru pertinent d'évoquer une étude norvégienne de Hylland et Strand, présentée par Johansson (1987, p.95-103). Elle porte sur la pollution de l'air, d'origine industrielle, dans la région de Grenland, ville située au Sud-Ouest de la Norvège. L'objectif était d'évaluer le consentement à payer pour obtenir un air de meilleure qualité et de le comparer aux coûts pour réduire ou même éliminer les émissions polluantes ; la situation de référence est donc ici la situation initiale ; les auteurs utilisent donc la variation compensatrice comme mesure. L'enquête a porté sur la population directement concernée, les habitants de Grenland, mais aussi sur les autres Norvégiens moins directement concernés.

L'enquête auprès d'un échantillon de 1000 Norvégiens n'habitant pas à Grenland a été organisée autour d'une question centrale. Auparavant les personnes interrogées étaient informées de la situation et du coût des travaux à excécuter (1milliard de couronnes) pour diminuer la pollution au niveau prévalant dans les autres villes de Norvège. La question était ensuite posée et portait sur l'approbation de ces travaux et de leur mode de financement. Dans 56 % des cas, la réponse est positive ce qui permet une première estimation du consentement à payer. Après redressement on aboutit à une estimation comprise entre 630 et 1050 millions de couronnes pour l'ensemble des Norvégiens n'habitant pas la région de Grenland.

L'échantillon de la population de Grenland était aussi de 1 000 personnes, pour une population d'âge adulte de 68 000. Le questionnaire était organisé autour de trois photographies d'une même zone, correspondant à des conditions de pollution décroissante :

- A, jour de forte brume soit un jour sur dix,
- B, situation moyenne,
- C, bonne visibilité, soit un jour sur cinq.

L'échantillon était divisé en trois strates (S_1, S_2 et S_3) de même taille. Les photos A et C étaient présentées aux individus de la strate S_1, B et C à ceux de S_2. Enfin on montrait A et B puis B et C aux personnes appartenant à la strate S_3. Cette méthodologie permet normalement de calculer le consentement à payer pour passer de A à B et de B à C, puis de comparer les réponses avec le consentement à payer lorsqu'on propose d'aller directement de A à C, ce qui est une façon de tester la transitivité.

Après avoir sensibilisé les individus par des questions sur la fréquence de la situation A et de la situation B, on passait à la procédure d'enchères en leur signalant tout d'abord qu'il n'était pas possible de supprimer la pollution compte tenu des conditions naturelles, mais qu'une diminution des émissions industrielles améliorerait la situation. Le financement de travaux pouvant être à la charge de l'industriel, de la population, ou de la nation, ou des trois. Mais auparavant il convenait d'évaluer les effets d'une atmosphère plus propre sur le bien-être de la population. On leur signalait alors que l'on voulait savoir à combien la population locale évaluait les avantages d'une atmosphère plus propre.

Un système d'enchères a permis de calculer le consentement à payer maximum, exprimé sous la forme d'un impôt représentant un pourcentage du revenu annuel. Pour éviter les biais d'ordre instrumental, les auteurs ont étudié différentes enchères de départ et fait varier le pas de l'enchère.

Sur l'ensemble de l'échantillon, 40 % des individus se déclarent prêts à payer. Exprimé en pourcentage du revenu, le consentement à payer moyen vaut :

- 0,9 % pour passer de la situation A à la situation C dans la strate S_1,
- 1,0 % pour la transition A à B à partir de S_3,
- 0,9 % pour la transition B à C à partir de S_2.

De plus, à partir des réponses de la strate S_3, on a pu évaluer le consentement à payer pour une amélioration supplémentaire (B à C) après la réalisation de l'amélioration de A à B, soit 0,3 %. Il en résulte une valeur de 1,3 % pour effectuer le chemin A à B puis B à C, à partir des réponses de la strate S_3. On note tout d'abord que le consentement à payer pour aller de B à C est plus élevé dans la strate S_2 que dans la strate S_3. Ce résultat est correct si le bien public, qualité de l'air, est un bien normal puisque dans la strate S_2 on se réfère à un niveau d'utilité plus élevé que dans la strate S_3. Deuxièmement le consentement à payer pour réaliser la transition de A à C dépend du sentier suivi. Ce résultat est difficile à expliquer sauf à admettre une mauvaise compréhension de la part des personnes interrogées de la situation hypothétique conditionnelle.

Hylland et Strand ont établi une estimation du consentement à payer annuel pour passer de la situation A à la situation C. En considérant un horizon fixé arbitrairement à 20 ans, ils ont estimé le consentement total minimum des habitants de Grenland à 400 millions de couronnes. Cette somme ajoutée au consentement à payer des autres Norvégiens conduit donc à un consentement total, qui est une borne inférieure, égal à la valeur des travaux à entreprendre.

Brookshire *et al.* (1982) ont montré que l'augmentation de la rente due à une amélioration de la qualité de l'environnement était supérieure au consentement à payer. Ils ont pu tester cette hypothèse, à partir d'une expérience sur la diminution de la pollution atmosphérique dans la région de Los Angeles. Cette approche a été reprise par d'Arge et Shogren (1989) et appliquée aux écarts de valeurs foncières entre les rivages de deux lacs proches qui diffèrent uniquement par la qualité des activités récréatives. Les résultats empiriques confirment l'hypothèse qui avait été testée par Brookshire *et al.*, ils constituent donc une sorte de validation des méthodes hypothétiques.

Le modèle de comportement à la base du test précédent est simple puisque l'on raisonne à partir d'un consommateur qui dans le choix de son logement fait un arbitrage entre biens privés X et qualité de l'environnement Q. L'écart entre revenu disponible Y_0 et loyer peut être représenté par une courbe h(Q) dont la concavité est tournée vers le bas (fig. 25) d'après la figure 23a.

La résolution du programme de maximisation de l'utilité sous contrainte budgétaire conduit à l'équilibre représenté par A situé au point de contact de h(Q) et de la courbe d'indifférence U_0. Soit alors un accroissement exogène de la qualité de l'environnement qui passe de Q_0 à Q_1. Par convention le prix du bien privé composite X sert de numéraire, la variation de loyer se mesure le long de h(Q) et vaut donc X_0-X_1. Elle est supérieure au consentement à payer qui s'apprécie le long de U_0 et est égal à X_0- X'_1. En cas de détérioration de la qualité de l'environnement, le sens de l'inégalité est inversé. L'intérêt de ce modèle est de permettre de déduire des hypothèses faciles à tester empiriquement et de justifier les différences constatées entre les résultats des méthodes hypothétiques et de l'approche hédoniste.

Figure 25. – Méthodes hypothétiques et approche hédoniste.

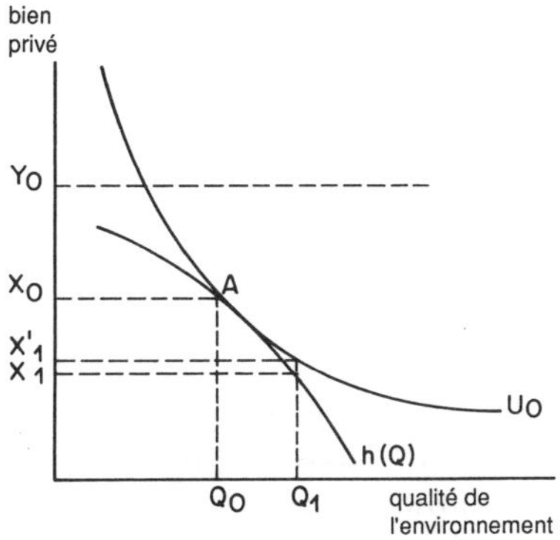

DEUXIEME PARTIE

APPLICATION AU CAS DE L'AMOCO-CADIZ : EVALUATION DES PERTES D'AMENITE

Cette deuxième partie présente une synthèse de l'ensemble des travaux qui ont été entrepris à l'I.N.R.A. et sous l'égide de la N.O.A.A. ainsi que des expertises non publiées qui ont été utilisées lors du procès. La difficulté tient tout d'abord à l'ampleur du sujet ; il s'agit d'évaluer l'ensemble des effets non-marchands qui correspondent aux pertes d'aménité subies par les individus, c'est-à-dire aux troubles de jouissance, aux désagréments personnels causés par la marée noire et qui se rapportent principalement à la vie quotidienne et aux activités récréatives. Ils concernent donc une population hétérogène puisqu'il s'agit des habitants des zones directement touchées par la pollution, mais aussi d'autres personnes résidant plus ou moins loin des zones souillées, ainsi que des estivants qui sont venus sur la côte Nord en 1978 ou qui avaient envisagé d'y passer leurs vacances d'été. De plus, c'est une population qui entretient des relations très variables selon les cas avec la mer et le rivage. Tous les cas de figure peuvent être rencontrés, de l'indifférence totale à une forte implication dans des loisirs étroitement liés à la mer.

Comme on peut le constater, à partir des exemples cités dans la première partie de ce chapitre, il n'existe pas de cas comparables. La plupart des études publiées portent sur des populations, des sites ou des activités assez étroitement délimités. Il s'agit ici d'un projet d'une tout autre ampleur puisqu'il porte sur une région entière et toutes les activités récréatives possibles. Par ailleurs il n'existe pas en France d'étude, même partielle, qui ait traité des pertes d'aménité et soit allée jusqu'à leur traduction en termes monétaires. La seule référence est relative à la construction d'indicateurs socio-économiques liés à la qualité de l'eau, à partir du cas des lacs d'Annecy et du Bourget (Rainelli et Bonnieux, 1976) et traite un problème beaucoup plus limité.

Une deuxième catégorie de difficultés tient à l'absence de suivi statistique des résidents bretons et des touristes, qui pourrait permettre d'inférer les conséquences en termes de bien-être d'une catastrophe écologique, comme celle qui a résulté du naufrage de l'Amoco-Cadiz. Il a donc fallu forger un appareil d'observation à partir d'enquêtes, qui n'ont pu se dérouler qu'*ex post*, avec les risques de biais en particulier stratégique que l'on sait, surtout dès lors qu'une action en justice était engagée.

L'étude des pertes d'aménité s'appuie tout d'abord sur les résultats d'enquêtes exécutées par la Direction Régionale de l'INSEE à Rennes. Il s'agit de l'enquête sur la fréquentation estivale de 1979, ainsi que de l'enquête pilote préparatoire de 1978 et d'une enquête spécifique faite auprès des résidents en 1979. Une autre source est constituée par une enquête financée par la NOAA et effectuée par une société d'études, ce même été 1979.

Même si l'importance des pertes d'aménité a été reconnue dès le départ des recherches engagées en 1978, il est certain que la difficulté du sujet, l'incertitude quant aux chances d'aboutir ont constitué des freins. De plus dans le cadre d'un procès, la difficulté de la preuve des dommages de cette nature et le vide juridique ont obéré dans une certaine mesure les efforts de recherche. Cette tentative relève donc véritablement d'un travail de pionnier.

Très logiquement cette partie aborde successivement les trois catégories de coûts hors marché subis par les touristes qui sont venus en Bretagne, par ceux qui avaient projeté de venir et qui ne l'ont pas fait, enfin par les résidents bretons, puis se termine par un tableau récapitulatif des dommages.

1. Les touristes qui sont venus en 1978

La qualité du milieu naturel et les possibilités offertes par le littoral constituent les principales raisons pour lesquelles les touristes viennent en Bretagne. Toute pollution maritime constitue donc une gêne, plus ou moins intensément vécue selon l'activité, et induit de ce fait des pertes d'aménité.

L'analyse des budgets-temps des vacanciers permet d'apprécier dans un premier temps, la place de la pêche, de la baignade, du bateau ou encore de la plage dans les loisirs. De là il est possible d'avoir une appréciation précise des pertes potentielles d'aménité. Le passage à la valorisation monétaire n'en reste pas moins délicat. Il est traité dans les deux paragraphes suivants à partir, d'une part, des coûts de déplacement, d'autre part, de méthodes hypothétiques utilisant une enquête spécifique.

1.1. Les pertes potentielles d'aménité

On a disposé de très peu d'observations directes sur les pertes d'aménité des touristes venus en 1978. L'enquête NOAA de 1979 fournit quelques éléments rapportés par G. Brown (NOAA, 1984, p.213) : 66 % des 390 touristes enquêtés sur tout le littoral ayant séjourné en Bretagne en 1978, il a été possible *a posteriori* de les interroger sur leur perte de bien-être due à la marée noire. Parmi ceux-ci 23 % ont observé des traces de pollution et 20 % ont déclaré que le déversement avait rendu leurs vacances moins agréables.

En l'absence d'informations plus détaillées, P.Daucé (Bonnieux et al., 1980, rapport p.70-73) s'est intéressé aux pertes potentielles d'aménité des touristes. Il s'est agi de cerner l'importance des loisirs maritimes des touristes, à partir d'une analyse détaillée de leur budgettemps (la veille de l'enquête) et par conséquent d'apprécier les troubles de jouissance qui résulteraient pour eux de l'impossibilité de pratiquer leurs activités récréatives.

Les données utilisées sont issues de l'enquête sur la fréquentation estivale réalisée en juillet et août 1979 (Cormier et Le Moal, 1980 ; Cormier et Tessier, 1980). Elles ont été recueillies auprès d'un échantillon de 8 422 individus répartis dans 25 communes littorales des 4 départements bretons. La taille de l'échantillon a permis une étude fine des loisirs de bord de mer en différenciant les départements, le mode d'hébergement, la catégorie socio-professionnelle et le sexe.

Les loisirs maritimes pris en considération dans l'emploi du temps d'une journée sont la pêche à pied, le bateau et la voile, les sports (natation, jeux...) et la plage. On observe que le temps moyen passé aux activités récréatives de bord de mer varie peu d'un type d'hébergement à l'autre (environ 3 heures par jour). Par contre, quelle que soit la manière dont les touristes sont logés, c'est toujours dans le Morbihan, et de façon sensiblement plus élevée qu'ailleurs, que l'on passe le plus de temps en bord de mer : près de 4 heures en moyenne par jour, ce qui représente presque la moitié (47 %) de la durée totale des loisirs. L'Ille-et-Vilaine vient en seconde position (3 h d'activités sur la côte, soit 39 % du temps consacré à la détente) suivie du Finistère et des Côtes-d'Armor où l'intensité des loisirs de bord de mer est assez proche (2,7 à 2,8 h par jour ;35 % du temps de loisirs).

Une différenciation très nette apparaît également entre les catégories socio-professionnelles et, au sein de chacune d'elles, entre les hommes et les femmes (tabl. 24). Quel que soit le sexe, on observe d'abord que la durée totale des loisirs (intérieurs et extérieurs) suit la hiérarchisation sociale (9,5 h par jour chez les patrons hommes ; 8,3 h chez les employés et ouvriers ; 7,7 h chez les retraités). L'ordre est un peu différent pour les loisirs de bord de mer. Viennent en tête les professions indépendantes (4,3 h chez les hommes) puis les cadres moyens (3,8 h), ensuite les cadres supérieurs (3,5 h), les employés et ouvriers (3 h) et enfin les professions diverses et les retraités (2,1 h).

En moyenne, les femmes disposent dans leur journée d'une heure de moins de temps total de loisirs que les hommes (7,4 h contre 8,4 h) et de 0,6 h de moins de détente sur le rivage (2,8 h au lieu de 3,4 h). L'écart est à peu près le même dans chaque groupe social, sauf chez les cadres supérieurs où il est plus faible.

En résumé, l'intensité des activités récréatives de bord de mer est la plus élevée dans le Morbihan, mais reste non négligeable dans les autres zones littorales de la Bretagne ; partout le temps passé à la plage, à la pêche ou à faire de la voile constitue plus du tiers du temps total de loisirs. De même, ce sont les catégories sociales les plus modestes qui, durant une journée de vacances, sont en moyenne le moins longtemps au bord de la mer, mais même chez les retraités, cela représente encore le quart de l'ensemble du temps de détente.

Tableau 24. – Le temps moyen passé aux activités de bord de mer. Variations selon le sexe et la catégorie socio-professionnelle. Touristes du littoral breton.

	Professions indépendantes	Cadres supérieurs	Cadres moyens	Employés et ouvriers	Autres et retraités	Ensemble
Hommes						
A temps total de loisirs	9,5	8,7	8,4	8,3	7,7	8,4
B temps de loisirs de bord de mer	4,3	3,5	3,8	3,0	2,1	3,4
C % A/B	45,1	40,0	45,5	36,1	26,7	39,8
Femmes						
A temps total de loisirs	8,6	8,0	7,5	7,2	6,7	7,4
B temps de loisirs de bord de mer	3,5	3,2	3,1	2,5	1,5	2,8
C % A/B	40,7	40,4	42,0	35,6	22,9	37,8

Le temps est décompté en heures et 1/10è d'heure.

L'importance relative de chaque activité récréative est mesurée par la proportion d'estivants qui, durant la journée prise en considération, ont pratiqué tel type de loisirs (étant entendu qu'une même personne a pu en pratiquer plusieurs).

Selon le tableau 25, la plage apparaît de loin comme le loisir le plus courant. Dans le Morbihan, la majorité des vacanciers (59 %) sont « amateurs de bronzage », et une forte minorité (40 à 45 %) dans les autres départements. Les femmes sont un peu plus nombreuses que les hommes à profiter du soleil sur le sable (50 % contre 43 %) et chez les uns comme chez les autres, on observe une disparité assez nette entre trois groupes : les patrons et cadres d'un côté, beaucoup d'entre eux fréquentant la plage ; les employés et ouvriers, qui se situent plutôt en-dessous de la moyenne ; les retraités enfin, dont 30 % seulement pratiquent ce type d'activité.

En ce qui concerne la pêche à pied, qui est le fait d'un peu plus de 10 % des touristes, on notera que ce loisir est plus fréquent dans le Morbihan (17 % des vacanciers) et dans le Finistère (11 %). En moyenne deux fois plus d'hommes (16 %) que de femmes (7,5 %) s'y adonnent, les employés et ouvriers étant cette fois les plus nombreux à choisir cette activité de vacances (18 % des hommes et 9 % des femmes) sans que les variations entre catégories sociales soient très prononcées.

Ce n'est pas le cas de la pratique du bateau et de la voile qui est fortement corrélée au groupe d'appartenance socio-professionnel des estivants, notamment chez les hommes. En effet, le jour précédant l'enquête, ont fait du bateau ou de la voile : 22 % des patrons, 17 % des cadres moyens, 12 % des employés et ouvriers et 6 % des professions diverses et retraités. Pour les femmes, l'ordre est à peu près identique,

Tableau 25. – Pour chaque activité récréative de bord de mer, % d'estivants la pratiquant
a) selon le département

	Côtes d'Armor	Finistère	Ille-et-Vilaine	Morbihan	Bretagne
Pêche à pied	8,9	11,1	6,3	17,4	11,3
Bateau, voile	9,1	7,8	10,2	12,5	9,8
Autres sports (nage, jeux)	17,9	13,6	14,6	17,7	16,2
Plage	44,4	40,8	45,0	58,8	47,3

b) selon le sexe et la catégorie socio-professionnelle

		Professions indépendantes	Cadres supérieurs	Cadres moyens	Employés et ouvriers	Autres et retraités	Ensemble
Pêche à pied	H	11,7	14,5	17,4	18,0	11,6	15,8
	F	7,4	8,3	7,8	8,9	4,3	7,6
Bateau, voile	H	21,6	16,7	14,9	11,8	6,4	13,8
	F	9,2	9,7	7,5	4,7	1,9	6,5
Autres sports	H	30,4	21,5	21,8	15,5	8,7	19,2
(nage, jeux)	F	21,2	17,0	16,1	10,7	5,3	13,7
Plage	H	45,4	46,0	50,8	37,0	29,8	43,2
	F	56,5	55,9	57,2	46,6	31,6	50,7

H : Hommes F : Femmes

avec une proportion en moyenne deux fois plus faible. Cette fois encore, le Morbihan se situe en tête pour cette activité, suivi de l'Ille-et-Vilaine. En ce qui concerne les autres activités de bord de mer (natation, jeux...), moins clairement définies, la hiérarchisation sociale est sensiblement la même que pour le bateau et la voile, avec cependant un moindre écart entre les hommes et les femmes.

Pour les touristes fréquentant le littoral breton et interrogés durant l'été 1979, il se confirme clairement que les loisirs de bord de mer constituent une part essentielle du temps qu'ils consacrent à la détente : 3 heures par jour en moyenne, soit 39 % de la durée totale de leurs loisirs et 53 % des loisirs qu'ils prennent en dehors de leur hébergement. Ils seraient donc très sévèrement touchés si par exemple une pollution pétrolière venait à rendre impossible l'exercice de telles activités récréatives, d'autant plus qu'une forte proportion d'entre eux pratique des loisirs très dépendants de la qualité de l'eau et du rivage (plage, natation et pêche en particulier).

L'empêchement de profiter du bord de mer, ou tout au moins la dégradation des satisfactions pouvant en être tirées, conduirait probablement à une baisse de fréquentation touristique chez les estivants les plus mobiles (campeurs, locataires de meublés), mais également, comme pour les résidents, à des pertes d'aménité substantielles chez les touristes « captifs », possesseurs de résidences secondaires ou hébergés à titre gratuit chez des parents ou amis.

1.2. Approche par la méthode du coût de déplacement

G.Brown, R.Congar et E.Wilman (NOAA, 1984, p.187-192) ont appliqué la méthode du coût de déplacement pour estimer les pertes d'aménité des touristes venus en 1978. Dans cette application, la Bretagne est traitée comme un site unique et on considère que les déplacements ont une seule destination, Brignogan, station de vacances, située sur la côte nord dans la zone polluée.

Les auteurs avaient pour objectif d'estimer les courbes de demande par région d'origine des touristes ainsi que la demande agrégée pour les années 1978 et 1979. En supposant alors que cette dernière année a correspondu à une saison estivale normale, il est possible de calculer la perte de surplus subie en 1978 et due au déplacement de la demande, tout au moins pour les touristes qui sont venus.

Le calcul se fonde sur les deux enquêtes faites auprès des touristes, sur les lieux d'hébergement, en 1978 et 1979. La première présentée comme une enquête pilote, était destinée à rôder une méthodologie appliquée en vraie grandeur dans la deuxième enquête. Elle ne vise donc pas à la représentativité de la population touristique. Par ailleurs la clientèle des hôtels est exclue du champ de ces enquêtes, elle n'a pas été interrogée directement, seuls les patrons d'hôtels l'ont été. Les échantillons utilisés dans le calcul comportent 1199 individus pour 1978 et 4 024 pour 1979 ; on y trouve des vacanciers originaires de toutes les régions françaises, sauf la Corse, mais il n'y a pas d'étrangers.

Les taux de fréquentation (nombre de visiteurs pour 10 000 habitants) ont été déterminés par région d'origine pour les deux années, à partir des distributions observées dans ces échantillons. Le calcul est très simple puisqu'il ne tient compte que de la population des différentes régions et d'une estimation du nombre de touristes en 1978 et en 1979. La faible taille et la nature de l'enquête en 1978 entâchent évidemment, comme le soulignent les auteurs, la fiabilité des résultats. De plus une procédure correcte aurait requis un redressement qui tienne compte dans les deux cas de la méthode d'échantillonnage retenue : sélection des stations de vacances, puis enquête sur la base des catégories de lieux d'hébergement.

En dépit de ces critiques, les taux de visite obtenus apparaissent cohérents. L'augmentation des taux de 1978 à 1979 est plus élevée pour les régions éloignées que pour les régions les plus proches de la Bretagne, ce qui peut s'expliquer pour différentes raisons. Tout d'abord une meilleure information et l'existence d'attaches familiales pour les touristes habitant dans les régions les plus proches, ensuite des possibilités de destination de substitution plus importantes pour ceux qui viennent de plus loin.

Le calcul du coût de déplacement est largement sous-estimé puisqu'il n'incorpore qu'un coût de transport de 1 F (1978) par kilomètre, la distance de référence étant celle qui sépare la capitale de la région considérée et Brignogan (Finistère). Sur le même principe, un coût de déplacement est calculé entre les différentes capitales régionales et le site substituable à la Bretagne le plus proche. Ce sont là les deux variables explicatives du taux de fréquentation qui ont été prises en compte.

Les demandes émanant des différentes régions ont donc été estimées à partir de ce modèle simple, la spécification adoptée est une semi-log qui a été sélectionnée sur la base d'un test du rapport de vraisemblance. Seuls les résultats pour la région Nord ont été publiés (fig. 26), le coût de déplacement en Bretagne vaut 600 F et le coût vers le site substitut le plus proche retenu atteint 500 F. Le surplus pour l'individu représentatif de la région Nord s'obtient aisément et la perte de 1978 correspond donc à l'aire hachurée.

Figure 26. – Nombre de visites rapporté à une population de 10 000 habitants.

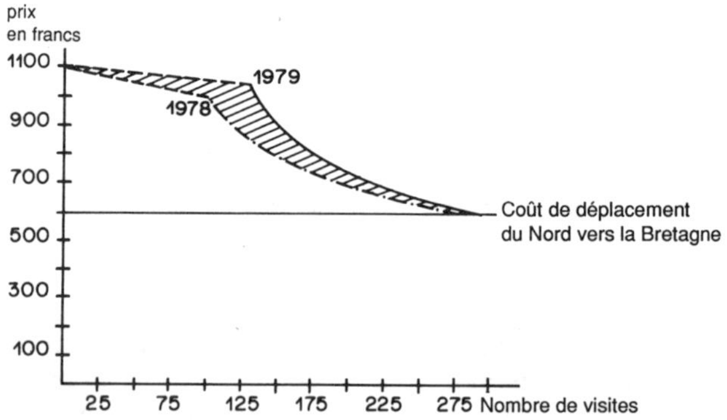

Source : NOAA, 1984,P. 192.
Note : Une fois que le coût de déplacement plus le prix a atteint 1 000, on suppose que la courbe de demande s'infléchit et devient linéaire avec une ordonnée à l'origine égale à 1 100.

L'application répétée de cette méthode, aux différentes régions françaises aboutit à une perte de surplus de 6 millions de francs (1978) pour les visiteurs de la Bretagne. Rapportée à l'ensemble des nuitées de 1978, plus de 60 millions, cette valeur apparaît dérisoire. Mais seuls les touristes qui ont fréquenté la zone polluée ont subi des gênes pendant l'été 1978. On doit donc raisonner sur cette sous-population, c'est-à-dire 7,7 millions de nuitées. On trouve alors une perte de 0,8 F par nuitée, ou encore de 20,4 F (1978) en moyenne par vacancier ayant fréquenté la côte touchée par la marée noire, ce qui reste faible.

1.3. Approche par des méthodes hypothétiques

Le principal objectif de l'enquête financée par la NOAA était de compléter les enquêtes faites par l'I.N.S.E.E, en apportant des éléments d'information sur le consentement à payer des touristes et des résidents pour disposer d'un littoral non-pollué. On trouve donc, dans le questionnaire, un certain nombre d'items visant à la mise en œuvre de méthodes hypothétiques pour apprécier les pertes d'aménité.

L'échantillon de 588 individus se répartit entre 198 résidents et 390 touristes dont 306 français et 84 étrangers. De plus le sondage est stratifié entre zone polluée et zone non-polluée. Le plan de sondage ne garantit pas la représentativité, seul le rapport du nombre de touristes français au nombre de touristes étrangers a été respecté. Cette enquête a donc un caractère expérimental, ce qui n'empêche pas, comme on va le voir, d'aboutir à des estimations qui apparaissent raisonnables.

On a présenté au sous-échantillon constitué par les touristes des photographies de plages polluées et on leur a posé une série de questions relatives à la distance qu'ils auraient accepté de parcourir pour se rendre sur une plage propre. En cas de réponse affirmative, on s'efforçait ensuite de déterminer le nombre de visites hebdomadaires. Cette série de questions permet d'estimer une relation entre la distance de la plage substituable à la plage polluée la plus proche et le nombre de visites par semaine. Le coût du déplacement étant supposé proportionnel à la distance, on peut encore établir une relation entre coût du déplacement et nombre de visites (fig. 27).

Le coût du déplacement vers la plage fréquentée habituellement vaut OC_0, d'où le nombre ON_0 de visites par semaine, et la dépense $OC_0A_0N_0$. Le surplus du consommateur est donc mesuré par C_0CA_0.

Si maintenant cette plage est souillée, la fréquentation de la plage substituable la plus proche implique un coût OC_1 supérieur à OC_0, d'où un nombre de visites moins élevé qui atteint ON_1. Le surplus du consommateur n'est plus que C_1CA_1 d'où la perte de bien-être, mesurée par la variation de surplus, c'est-à-dire $C_0C_1A_1A_0$.

Figure 27. – Demande de plage.

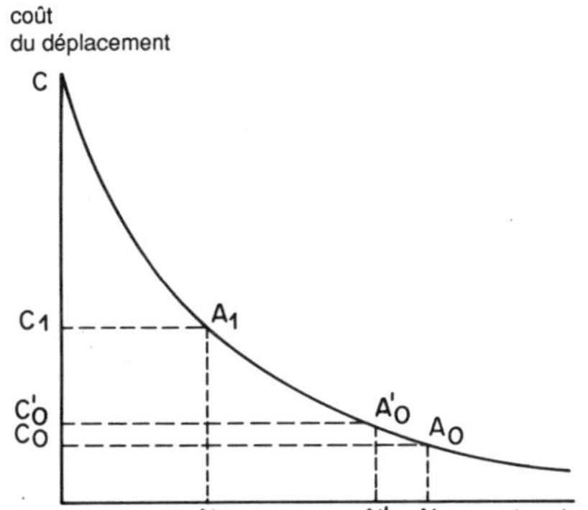

La variation de surplus s'interprète comme le consentement à payer, pour que la plage habituelle soit nettoyée dans la situation hypothétique où elle serait souillée. Les auteurs de l'étude ont chiffré cette valeur. Ils aboutissent à une moyenne de 115 F par famille et par semaine si la plage substituable est située à 20 km. Ils trouvent 145 F en moyenne pour une distance de 50 km et 150 F pour 70 km (NOAA, 1984, p.194).

A partir d'un sous-échantillon de 162 personnes, ils ont établi une relation entre le consentement à payer CP et un certain nombre de variables pertinentes :

$$CP = \underset{(11,75)}{126} + \underset{(0,18)}{0,24 \bullet 10^{-4} y} + \underset{(0,43)}{0,20 \bullet 10^{-1} d_1} + \underset{(3,63)}{37\, D_1} + \underset{(0,25)}{2,4\, D_2} - \underset{(4.43)}{4,4\, d_2}$$

R^2 = 0,16 (les valeurs du t sont entre parenthèses)
y : revenu (en francs)
d_1 : distance domicile lieu de séjour (en km)
d_2 : distance lieu de séjour plage (en km)

$$D_1 = \begin{cases} 1 & \text{activités liées à la plage importantes} \\ 0 & \text{non} \end{cases}$$

$$D_2 = \begin{cases} 1 & \text{commune touchée par la marée noire} \\ 0 & \text{non} \end{cases}$$

On notera tout d'abord l'absence d'influence significative du revenu et de la région d'origine sur le consentement à payer. Les usagers de la plage se distinguent de façon significative des individus pour lesquels les activités de bord de mer sont peu importantes. Les premiers sont prêts à payer davantage pour disposer d'une plage propre. Enfin, plus le lieu de séjour est éloigné de la plage, moins le consentement à payer est élevé, ce qui est normal et conforme au modèle représenté sur la figure. En effet si le coût de déplacement habituel vaut OC'_o, la variation de surplus n'atteint plus que $C'_oC_1A_1A'_o$.

En faisant l'hypothèse d'une plage substituable située à 20 km et en tenant compte de la durée moyenne des séjours, on trouve un consentement à payer de 130 F (1978) par personne pour disposer d'une plage propre ; cette valeur a été appliquée à l'ensemble des touristes qui ont fréquenté le littoral en 1978. L'hypothèse sous-jacente d'une gêne hors de la zone polluée n'a pas été vérifiée, comme on l'a déjà noté. Aussi, ne l'appliquons-nous qu'aux vacanciers qui ont séjourné sur la partie polluée du littoral, d'où une perte de 38,2 millions de francs (1978) très supérieure à celle obtenue par la méthode de coût de déplacement.

Cette enquête a été aussi l'occasion d'une tentative d'estimation du consentement à payer pour s'assurer contre la pollution. Le raisonnement suivi en matière d'assurance a été transposé ; rappelons donc que l'absence d'assurance conduit à courir un faible risque de subir une perte importante, mais une chance élevée de ne subir aucune perte. L'assurance transforme cette loterie à deux issues, en une situation où le revenu est fixe.

Le risque de pollution majeure par le pétrole n'apparaît pas négligeable aux touristes interrogés puisqu'ils l'estiment à 3,5 cas tous les 20 ans. En l'absence de contrat pour se prémunir contre ce risque, il n'était donc pas illogique de simuler un marché hypothétique de l'assurance.

On a représenté (fig. 28) l'utilité en fonction du revenu. En l'absence de pollution le revenu vaut Y_o et l'utilité $U(Y_o)$. Si une pollution survient, le bien-être diminue puisque le consommateur est gêné et l'utilité ne vaut plus que $U(Y_1)$. La pollution équivaut donc à une baisse de revenu égale à $Y_o - Y_1$. Compte tenu du risque qu'il y ait un déversement majeur, le revenu moyen vaut Y_m, espérance mathématique de Y_1 et Y_o. En moyenne le consommateur peut donc escompter une utilité égale à $U(Y_m)$. L'équivalent certain de Y_m est égal à Y^* tel que : $U(Y_m) = U(Y^*)$. Si le touriste souscrit une prime d'assurance égale à $Y_o - Y^*$ son revenu diminue, mais il est certain de bénéficier du niveau de bien-être $U(Y_m)$. Les dommages causés par la pollution seront compensés par le montant de l'assurance souscrite. Si on néglige les coûts de gestion, la somme des primes payées par l'ensemble des touristes sur l'ensemble des périodes est égale aux dommages remboursés par la compagnie d'assurance. Du point de vue du touriste, la perte probable est donc égale au montant de la police d'assurance ou encore à la prime divisée par la probabilité d'un déversement majeur.

Figure 28. – Perte et contrat d'assurance

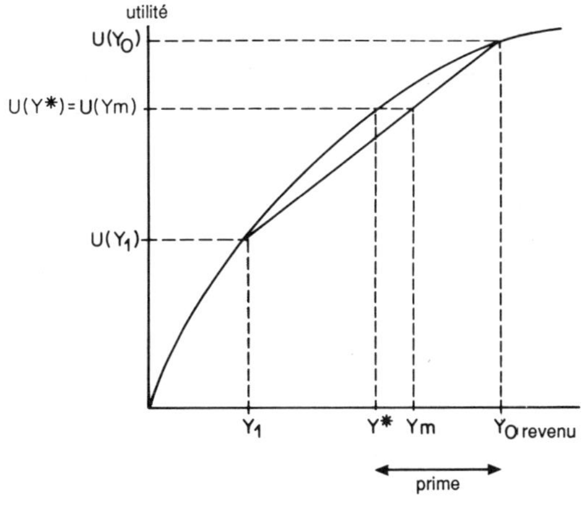

Bien qu'elle fût considérée comme prometteuse par G.Brown, cette méthode s'est révélée décevante puisque seulement 23 touristes ont accepté de s'assurer. Cependant G.Brown, R.Congar et A.Wilman ont travaillé sur l'ensemble de l'échantillon, en considérant que les autres touristes avaient souscrit une assurance égale à zéro. L'enquête ne permettait pas de rejeter l'hypothèse selon laquelle il s'agissait de refus de réponse ; aussi cette convention est critiquable.

Deux questions relatives à un risque particulier de réalisation d'un déversement équivalent à celui de l'Amoco-Cadiz étaient posées. Pour un risque de 5 %, on proposait tout d'abord une assurance d'un montant quelconque, mais avec partage moitié-moitié de la prime entre l'assuré et l'Etat. Dans une seconde question, cette participation était supprimée, la prime de 5 % étant alors payée intégralement par l'assuré. La moyenne des réponses à ces deux questions donne des montants d'assurance assez faibles. Ils valent respectivement 80 F et 35 F par touriste soit des pertes de 10,3 à 23,5 millions de francs(1978) lorsqu'on étend le calcul à l'ensemble des touristes qui ont fréquenté le littoral pollué.

Une analyse complémentaire a porté sur les touristes qui avaient fréquenté la zone polluée en 1978 et qui sont revenus en 1979. On leur a demandé de se placer dans la situation hypothétique où l'état des plages qui prévalait en 1978 aurait persisté. On les a alors interrogés sur la compensation exprimée en nombre de jours de vacances supplémentaires et gratuits nécessaires pour qu'ils passent leurs vacances en Bretagne.

Dans l'échantillon, 167 personnes satisfaisaient aux conditions requises pour cette analyse et ont répondu à la question. Seules 8 d'entre elles ont demandé une compensation, les 159 autres ont répondu qu'elles resteraient sans compensation. Les compensations valaient moins de 6 jours pour quatre d'entre elles, mais dépassaient la limite maximale fixée à 20 jours pour les quatre autres.

G.Brown, R.Congar et E.Wilman ont considéré qu'il était habituel d'enregistrer des réponses extrêmes. Si un individu a un droit réel sur la propreté de la plage, il peut refuser de le vendre quel qu'en soit le prix. De plus, il ne faut pas exclure que la question ait été mal comprise ou que la proposition ait été considérée comme parfaitement irréaliste, les touristes ne disposant pas de journées supplémentaires pour séjourner davantage en Bretagne, ce qui peut expliquer un manque de sérieux dans les réponses.

En dépit de ces limites, les journées de compensation demandées ont été valorisées sur la base du revenu déclaré par jour ; la valorisation zéro a été adoptée pour les 159 personnes ayant refusé une compensation. Sur cette base, on aboutit à un revenu compensatoire moyen par personne de 30 F à 110 F, selon la manière dont on traite les réponses qui dépassent 20 jours. D'où une perte de 8,8 à 32,3 millions de francs (1978) pour la population concernée.

2. Les touristes qui ne sont pas venus en 1978

On ne dispose pas de description de la population des touristes qui ne sont pas venus en Bretagne à cause de la marée noire. Cependant une estimation de la perte liée à chaque visite annulée par un touriste a pu être proposée (NOAA, 1983) à partir des coûts subis par les touristes étrangers qui avaient projeté de séjourner sur le littoral breton en 1978, mais qui ne l'ont pas fait.

L'évaluation est fondée sur une enquête auprès de dix-sept agences de voyage allemandes qui ont répondu très sérieusement aux questions qui leur ont été posées. En dépit de la perte encourue, les taux d'annulation ont atteint des valeurs très élevées jusqu'à 80 ou 90 % pour de petites agences, toutefois pour les plus importantes qui réalisent plus de 1 000 voyages, les annulations se sont établies autour de 30 %. Il est intéressant de remarquer ici qu'elles concernent très souvent des voyages à destination de la zone non-polluée, en particulier sur la côte Nord. De l'avis général, l'insuffisance de l'information sur la localisation précise du déversement a joué.

On demanda par ailleurs aux agents de voyage si les touristes auraient accepté de payer une somme supplémentaire pour pouvoir bénéficier du même niveau de découverte que celui qu'ils espéraient du séjour en Bretagne. En moyenne, on aboutit ainsi à une acceptation à payer de l'ordre de 5 % du coût d'un voyage organisé, soit environ 190 F (1978) par personne. Cette valeur correspond bien à une perte unitaire de bien-être pour les touristes qui ne sont pas venus et qui ont modifié leur destination. Appliquée à l'ensemble des touristes qui ne sont pas venus (quelle que soit leur origine géographique), on aboutit à une perte de 84,1 millions de francs (1978).

En dépit de ses limites évidentes qui tiennent au manque de représentativité de l'échantillon, cette démarche aboutit comme on va le voir à une valeur qui apparaît réaliste lorsqu'on la compare aux résultats d'une autre approche. L'accent mis sur les touristes étrangers se justifie dans la mesure où étant moins bien informés que les Français, ils ont dans une proportion plus élevée que ces derniers modifié leurs projets de vacances. Parmi les étrangers enfin, les Allemands constituent le groupe le plus nombreux, ce qui explique le choix qui a été fait. Il entraîne toutefois deux biais qui jouent heureusement en sens inverse. Si les séjours des étrangers sont plus courts que ceux des Français, leurs dépenses moyennes par journée (déplacement compris) sont plus élevées. On peut donc penser que l'erreur commise sur la perte unitaire de bien-être, soit 5 % du coût d'un séjour, est limitée.

Une deuxième approche se fonde sur les résultats de l'enquête de 1979 sur les vacanciers et utilise la méthode du coût de déplacement. Elle aboutit à une estimation du consentement à payer pour une journée de vacances passée en Bretagne. Le modèle utilisé est classique et relie le taux de fréquentation v (en %) aux coûts de transport. On distingue ici le coût c_1, de la région d'origine vers la Bretagne, du coût c_2, de la région d'origine vers la région la plus proche. Le calcul des coûts de transports est plus sophistiqué que celui qui a servi pour estimer le modèle présenté au paragraphe 1-2 et qui concerne les touristes qui sont venus en 1978. Les distances utilisées correspondent en effet à des moyennes entre les capitales régionales et différentes destinations à l'intérieur de la région visitée. Le modèle estimé est donné par :

$$Lnv = 4{,}56 - 1{,}03\ c_1 + 1{,}02\ c_2$$

et permet de dériver la demande agrégée pour l'année 1979 (fig. 29). Elle relie le nombre de familles qui visitent la Bretagne au prix de la visite. Pour un droit d'entrée nul, la demande est égale à 926 000 familles, ce qui correspond à 72,8 millions de nuitées (pour une taille moyenne de famille de 3 personnes et une durée de séjour de 26,2 journées). On aboutit donc à partir de ce modèle à une estimation de la fréquentation touristique proche de la réalité.

Figure 29. – Demande touristique en 1979.

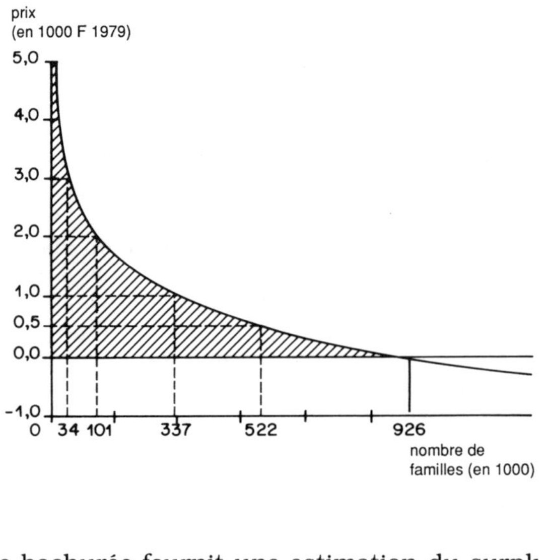

L'aire hachurée fournit une estimation du surplus des vacanciers en Bretagne en 1979. Elle correspond à 900 millions de francs (1979) ou encore 11,20 F (1978) par nuitée. Cette valeur (0,49 dollars 1978) est relativement basse par rapport aux résultats publiés par ailleurs (tabl. 26) et obtenus par la méthode du coût de déplacement.

Il faut souligner que la plupart des études auxquelles on peut se référer portent sur des sites plus limités qu'une région entière comme la Bretagne et des activités récréatives ciblées telles que la pêche ou la chasse pour lesquelles le consentement à payer est relativement élevé.

Tableau 26. – Surplus du consommateur par jour (dollars 1978).

Bishop et Heberlein 1979	11,00 – 45,00
Vaughan et Russel 1982	8,49 – 29,20
Miller et Hay 1984	3,96 – 53,05
Smith et Desvooges 1985	0,09 – 5,85

Pour la Bretagne, le poids des attaches familiales et de l'hébergement à titre gratuit rend une part importante de la clientèle captive et induit sans doute un consentement à payer peu élevé. De plus on raisonne ici sur l'ensemble du séjour ; or une partie assez limitée de celui-ci, comme le montrent les budgets-temps, est caractérisée par des activités liées directement à la nature (baignade, voile, pêche...) pour lesquelles il est concevable de payer. Il ne faut pas oublier que le reste du temps est consacré au repas ou à des activités d'intérieur.

Bien que faible, ce taux de 11,20 F apparaît donc plausible. Appliqué au nombre de nuitées perdues (11,6 millions), il donne une perte de 129,9 millions de francs (1978), chiffre qu'il convient d'interpréter avec soin. Il faut remarquer tout d'abord, qu'il correspond à des services non-marchands de la Bretagne, qui n'ont pas pu être produits en 1978 à cause de la marée noire. Ce qui explique qu'il a été utilisé lors du procès, pour justifier une demande d'indemnisation pour la perte d'image de marque de la région. Mais il fournit aussi, une borne supérieure des pertes d'aménité des touristes qui ne sont pas venus. En effet s'ils avaient renoncé à leurs vacances, leur perte de bien-être aurait bien atteint ce montant. En fait, la plupart d'entre eux ont modifié leur projet et ont eu recours à une solution de remplacement, c'est pourquoi il s'agit d'un maximum.

En conclusion de ce paragraphe, on dispose de deux estimations des pertes d'aménité des touristes qui ne sont pas venus en 1978 à cause de la marée noire. La première (84,1 millions de francs) correspond bien à la notion de perte d'aménité, mais repose sur une méthodologie peu sûre. Si la seconde (129,9 millions de francs) se fonde sur une démarche plus rigoureuse, elle correspond à une borne supérieure puisqu'elle approche davantage la notion de pertes de services du côté de l'offre que de celui de la demande.

3. Les résidents

Comme les touristes, et sous certains aspects de manière plus aiguë, les habitants des zones littorales touchées par la marée noire ont subi des pertes d'aménité importantes à la suite du naufrage de l'Amoco-Cadiz. En effet, dans la mesure où la proximité du bord de mer leur procure des avantages d'ordre récréatif, une atteinte grave à l'intégrité du rivage entraîne pour les résidents une dégradation sensible de leur qualité de vie, qui s'ajoute éventuellement à des pertes économiques de type marchand.

Il faut bien distinguer les pertes d'aménité subies par les résidents en tant que touristes, de celles qu'ils ont subi en dehors de leur période de congé. Seules ces dernières nous intéressent ici. Cet aspect mérite d'être souligné car trop souvent l'on a tendance à attribuer les pertes d'aménité aux seuls touristes et à ne considérer pour les habitants sédentaires que des pertes monétaires. La population du bord de mer, en tant qu'utilisatrice du littoral pour ses loisirs, a pu subir des pertes d'aménité sensibles et ce sont elles que l'on a cherché à évaluer.

Pour les appréhender, le champ d'observation a été restreint et certains aspects peut-être plus facilement quantifiables des pertes d'aménité ont été privilégiés. Ainsi par enquête directe (Daucé, 1980) auprès d'un échantillon de résidents de Brest et de sept communes littorales dont six touchées par la pollution, on a cherché à déterminer combien de personnes et quelles catégories plus particulièrement, avaient subi une gêne personnelle à la suite de la marée noire ; de plus parmi les dommages ressentis, on a centré les investigations plus spécialement sur les atteintes aux loisirs et aux activités récréatives.

Cette enquête a été réalisée pendant l'été 1979 et a utilisé la liste des résidences principales comme base de sondage, en retenant un taux de 1 % à Brest et de 5 % dans les communes littorales sélectionnées. Le taux de réponse atteignant 72 %, est comparable sinon supérieur à celui d'enquêtes comme celles qui portent sur les conditions de vie des ménages, et est donc très satisfaisant. On a ainsi pu disposer d'un total de 703 interviews, 441 à Brest et 262 par ailleurs, qui constituent notre source d'information principale. Des informations complémentaires sont tirées d'une deuxième enquête réalisée pendant la même période, auprès d'un échantillon comptant ici 198 résidents (NOAA,1983, p.109-110).

Nombreuses ont été les formes de gêne personnelle entraînées par la marée noire, et les pertes d'aménité au sens strict, ne constituent qu'un des aspects des préjudices subis par les résidents. C'est la raison pour laquelle il apparaît nécessaire de présenter d'abord le degré de gêne globale puis l'importance des différents dommages avant de tenter une estimation des pertes d'aménité proprement dites.

3.1 Les déclarations des résidents

Au total près d'une personne sur trois déclare avoir été gênée ou très gênée par la marée noire, mais comme on pouvait s'y attendre, on observe une différence assez sensible entre Brest et les communes littorales. Cette variation s'explique aisément en raison de la situation géographique respective des zones enquêtées : 44 % des personnes interrogées déclarent avoir été personnellement gênées ou très gênées par la marée noire dans les petites localités de la côte Nord alors que la proportion correspondante est de 23 % dans le centre urbain. On relèvera cependant l'importance de ce dernier pourcentage qui montre que les préjudices entraînés par la catastrophe sont loin de se limiter aux seuls résidents des communes directement touchées par la pollution.

Si l'on examine la proportion de personnes gênées ou très gênées par grands niveaux d'activité, il apparaît que le classement est le même à Brest et dans les communes littorales ; ce sont d'abord les actifs qui ont été les plus affectés, suivis des inactifs et enfin des retraités. De plus, si pour l'ensemble de l'échantillon, on constate que les hommes sont proportionnellement plus nombreux que les femmes à avoir été gênés, la différenciation selon le sexe n'apparaît pas à l'intérieur des grandes catégories d'activité.

A Brest, les préjudices déclarés sont, pour plus de la moitié des cas (55 %), des atteintes aux loisirs. Les ennuis dans la vie quotidienne ou dans le travail sont évoqués de manière non négligeable, mais les problèmes de santé ou les pertes financières sont exceptionnels. Pour les habitants relativement éloignés des zones touchées par la pollution, il apparaît bien que c'est d'abord au niveau de leurs loisirs qu'ils ont ressenti les effets négatifs de cette catastrophe.

Dans les communes littorales, la répartition est très différente ; elle correspond à une agression directe de la plupart de ces localités par la pollution pétrolière. Ainsi, les dommages en matière de loisirs ne sont-ils plus qu'au deuxième rang derrière les ennuis dans la vie quotidienne (respectivement 22 et 30 % des personnes gênées). Les gênes professionnelles sont du même ordre qu'à Brest mais les atteintes à la santé et les conséquences financières (revenus et patrimoines) sont sensiblement plus fortes.

Connaissant la proportion de personnes gênées et très gênées, sachant également la nature du principal dommage subi, on peut construire un indicateur des troubles de jouissance des populations concernées en examinant quelle est, parmi l'ensemble des résidents, la proportion d'individus qui a ressenti une dégradation de la qualité de ses loisirs. Un tel ratio correspond à une définition étroite des pertes d'aménité (atteinte aux loisirs) et se fonde uniquement sur les déclarations des personnes interrogées.

On observe, selon la figure 30, que 13 % des Brestois ont été gênés dans leurs activités récréatives de bord de mer après la catastrophe de mars 1978 ; la proportion correspondante n'est que de 10 % dans les communes littorales.

A Brest, à l'exception des retraités, peu nombreux à avoir ressenti des troubles de jouissance (5 % d'entre eux), les autres catégories ont eu des réactions assez proches : 15 à 20 % des actifs et inactifs ont connu un préjudice dans l'exercice de leurs loisirs du fait de la marée noire.

Dans les communes littorales, l'hétérogénéïté est beaucoup plus grande puisque les pertes d'aménité tantôt n'ont concerné apparemment personne (professions indépendantes), tantôt ont touché 30 % du groupe

Figure 30. – La proportion de personnes gênées par la marée noire du fait d'une atteinte à leurs loisirs (en %).

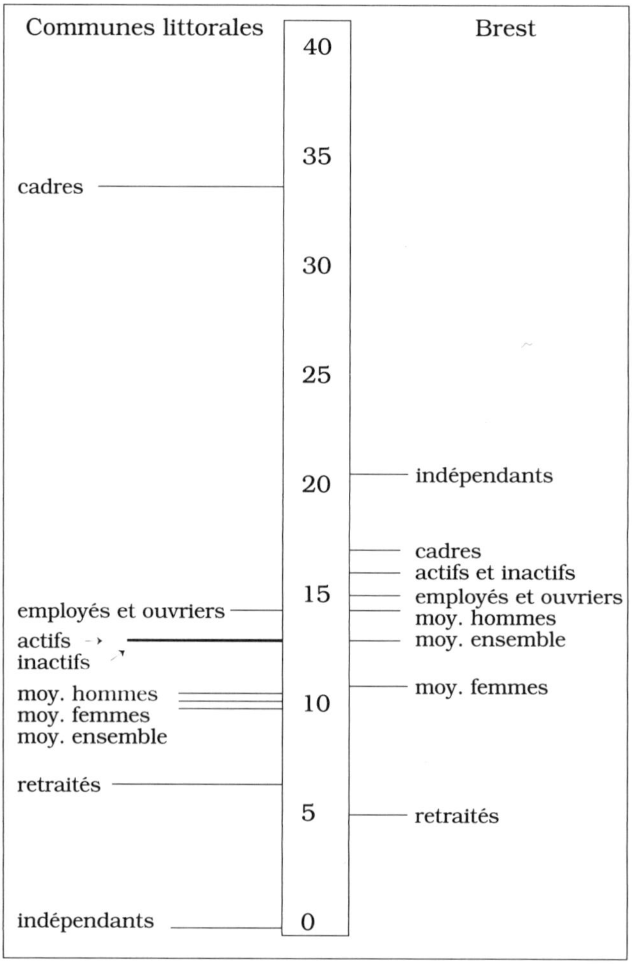

considéré (cadres moyens et supérieurs), la moyenne des actifs et inactifs se situant à 13 % et celle des retraités à 6 %.

Ces conclusions sont paradoxales puisque les pertes d'aménité apparaissent comme plus fortes à Brest que dans les communes directement polluées ; en réalité la gêne globale a été beaucoup plus forte dans les localités de bord de mer, mais l'atteinte aux loisirs y est sans doute ressentie comme secondaire par rapport à d'autres dommages tels que les ennuis de vie quotidienne ou les préjudices d'ordre professionnel. De ce point de vue, la situation des professions indépendantes (agriculteurs, artisans et commerçants) est caractéristique : ils ont été gênés tout autant que les autres actifs, mais pour eux, le dommage principal a concerné leur travail, leurs revenus, leur patrimoine ; les pertes d'aménité seraient pour cette catégorie reléguées en arrière-plan. Chez les cadres au contraire, la gêne entraînée par la pollution est constituée presque exclusivement de troubles de jouissance (surtout si l'on y inclut les problèmes liés à la vie quotidienne).

3.2. Les loisirs de bord de mer

Pour de nombreux habitants, être à proximité de la mer constitue un agrément qui contribue à la qualité de la vie, puisque permettant la pratique de la baignade, de la plage, de la pêche, de la promenade ou de la voile. La pollution du rivage les prive en conséquence d'activités récréatives. Il apparaît donc possible de bâtir une évaluation des pertes, connaissant l'intensité des loisirs de bord de mer de la population concernée. Cette évaluation passe donc par une étape intermédiaire qui porte sur la détermination du rythme de fréquentation du bord de mer et sur la nature des loisirs pratiqués.

Si l'on se refère aux résultats de l'enquête, chaque habitant interrogé se rend en moyenne environ une fois par semaine au bord de la mer pour s'y détendre, mais la population étudiée se répartit en fait en trois sous-ensembles, aussi bien à Brest que dans les autres localités :

– environ un quart à un tiers des résidents ne vont jamais au bord de la mer dans le cadre de leurs loisirs ;

– le tiers des personnes interrogées ne fréquentent le rivage que de manière occasionnelle (moins d'une fois par semaine) ;

– enfin, près de 40 % des habitants de la zone littorale se rendent régulièrement en bordure de mer durant leurs moments libres en dehors de leurs vacances, une fois par semaine et souvent davantage.

La promenade le long de la côte est l'activité la plus couramment pratiquée, puis viennent les loisirs sur la plage et la baignade. Si la pêche à pied est assez largement pratiquée dans les communes littorales, la proportion de la population intéressée est limitée à Brest. Enfin, les autres loisirs (pêche en bateau, voile) sont peu courants et ne concernent qu'une petite minorité de personnes.

Ces différents loisirs correspondent à un rapport avec la mer, plus ou moins étroit. Autrement dit, suivant le type d'activité que l'on pratique, la perte d'aménité résultant d'une altération de la qualité de l'eau et du rivage sera variable. Les différences de perception de qualité du milieu, selon l'activité récréative pratiquée, avaient déjà été mis en évidence à partir du cas des lacs du Bourget et d'Annecy (Rainelli et Bonnieux, 1976). En exploitant plus systématiquement cette relation, P. Daucé a pu définir une échelle d'intensité des loisirs de bord de mer. Les degrés d'intensité sont définis de la manière suivante :

– nulle : non fréquentation du bord de mer

– faible : fréquentation moins d'une fois par semaine et seulement pour faire une promenade

– moyenne : fréquentation une fois par semaine pour une promenade ou fréquentation moins d'une fois par semaine pour une autre activité

– forte : fréquentation plus d'une fois par semaine pour une promenade ou fréquentation une fois par semaine pour une autre activité

– très forte : fréquentation plus d'une fois par semaine pour une activité autre que la promenade.

L'intensité des loisirs de bord de mer est ici définie comme une combinaison entre le rythme de fréquentation du littoral d'une part et la nature des activités récréatives pratiquées d'autre part. Nous posons qu'elle est nulle si les gens ne se rendent pas sur le rivage pour se détendre et qu'elle est d'autant plus forte que la fréquence des activités récréatives est élevée. Nous admettons également que l'intensité est plus faible si l'on pratique seulement la promenade que si l'on se rend sur la plage ou que l'on se livre à des loisirs actifs (pêche, voile).

On constate en première approximation dans les deux zones considérées une répartition assez semblable de la population résidente par rapport aux loisirs de bord de mer :

– pour 31 personnes sur 100, l'intensité est nulle
– pour 19 personnes sur 100, l'intensité est faible
– pour 22 personnes sur 100, l'intensité est moyenne
– pour 16 personnes sur 100, l'intensité est forte
– pour 12 personnes sur 100, l'intensité est très forte.

L'importance des loisirs de bord de mer a pu être corroborée par ailleurs à partir d'une analyse des budgets-temps d'une journée de repos, estimés lors de l'enquête. Elle montre à quel point, la population résidente tire avantage de sa localisation géographique pour utiliser la mer à des fins de détente.

Une analyse du comportement des divers groupes socio-professionnels a pu être faite. Mais le nombre d'observations relativement restreint a nécessité la construction d'un indicateur plus simplifié de l'intensité des loisirs de bord de mer : il s'agit de la proportion d'individus qui fréquentent le rivage pour y pratiquer autre chose qu'une simple promenade (fig. 31). L'intérêt de ce pourcentage est de permettre un classement des catégories considérées.

S'il se confirme que globalement l'intensité moyenne des loisirs est plus faible chez les femmes que chez les hommes, en particulier dans les petites localités côtières, la coupure principale oppose d'un côté les actifs et inactifs, dont près de la moitié pratique des loisirs fortement liés à la mer, et de l'autre les retraités qui sont une petite minorité à se rendre sur la plage, à pêcher ou à faire du bateau ; l'opposition entre ces deux grands groupes (retraités/non-retraités) semble plus accentuée à Brest que dans les communes littorales. Au sein de la population active, les salariés, notamment employés et ouvriers, sont plus attachés aux loisirs de bord de mer que les professions indépendantes (agriculteurs, patrons de l'industrie et du commerce) ; une analyse détaillée montre par ailleurs

Figure 31. – Echelle comparative d'intensité des loisirs de bord de mer selon la situation d'activité et la classe d'âge.

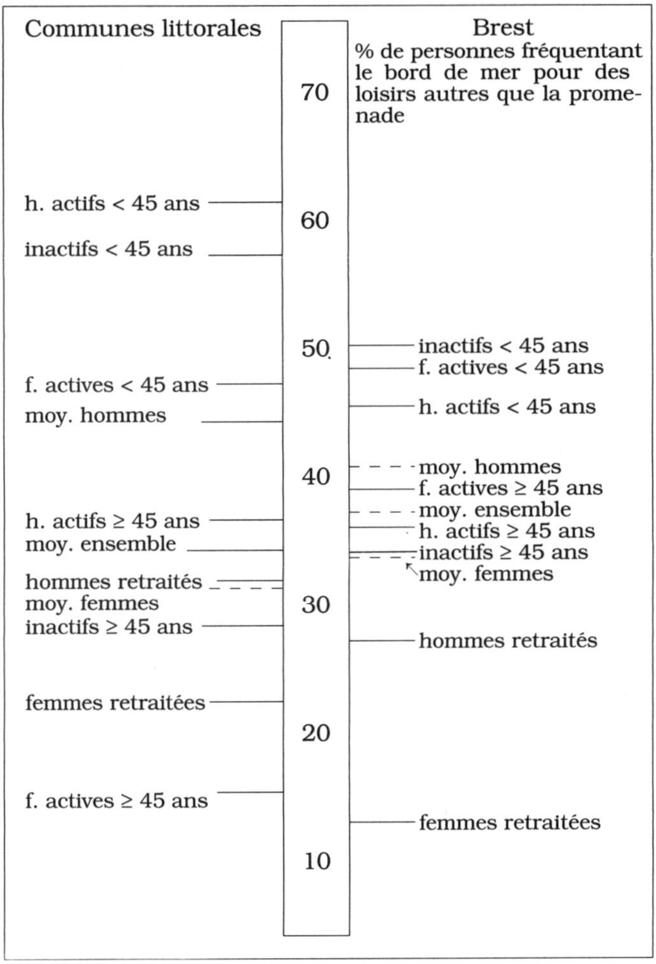

que l'âge est un facteur essentiel de différenciation dans les comportements de loisir, les moins de 45 ans, qu'ils soient actifs ou inactifs, hommes ou femmes, étant systématiquement les plus nombreux à utiliser la mer comme cadre de détente (fig. 31).

3.3. Evaluation monétaire

A partir des résultats de l'enquête, P.Daucé (Bonnieux *et al.*, 1982) ont pu établir deux grilles de fréquentation du littoral à des fins récréatives selon le groupe socio-professionnel et le sexe (tabl. 27).

Tableau 27. – Fréquentation du littoral : nombre de fois par semaine.

	Professions indépendantes	Cadres	Employés et ouvriers	Inactifs non retraités	Retraités
Littoral pollué					
Hommes	0,75	1,35	1,07	1,40	1,14
Femmes	0,29	1,50	0,81	0,80	0,71
Littoral non-pollué					
Hommes	0,42	0,87	0,93	1,15	0,55
Femmes	1,0	1,0	0,69	0,85	0,31

La première grille concerne le littoral pollué et la seconde la partie non polluée. Pour cette dernière, on s'est basé sur les résultats obtenus à Brest, ce qui explique les différences de valeurs entre les deux grilles : pour la plupart des catégories socio-professionnelles, surtout si on considère la population masculine, le nombre moyen de jours passés chaque semaine au bord de la mer est sensiblement plus faible dans les communes non touchées directement par les hydrocarbures. Ceci tient au fait que plus rares sont les habitants qui vont plusieurs fois par semaine sur le rivage dans un but de détente ou de loisir.

Connaissant la structure socio-professionnelle et en supposant que le nombre de fois où l'on fréquente le littoral correspond à un nombre de jours dans la semaine, on peut obtenir pour une commune donnée le nombre total de jours de loisirs de bord de mer pratiqués par les résidents ; sachant que l'accès au rivage n'a pas été possible durant douze semaines, il est aisé d'en déduire le nombre de jours perdus. Dans ce calcul, il est tenu compte du fait que l'ensemble des journées-mer de la population n'est pas normalement réservé aux plages polluées. Ainsi, on a pu estimer qu'à Brest, pour les trois-quarts environ, les gens fréquentent des plages qui n'ont pas été touchées. Une conclusion du même ordre vaut pour les communes non-polluées, ainsi que pour celles qui sont situées aux limites de la zone polluée.

L'estimation monétaire des pertes a été faite pour le littoral des Côtes-d'Armor et du Finistère, en adoptant comme valeur de la journée de loisir au bord de mer, le coût moyen d'une journée par vacancier adulte c'est-à-dire 63,70 F (1978). Le tableau 28 récapitule les valeurs obtenues.

Tableau 28. – Pertes d'aménité des résidents (millions de F 1978).

	Finistère	Côtes d'Armor	Total
Littoral pollué	56,3	38,7	95,0
Littoral non-pollué*	18,3	12,3	30,6
Total	74,6	51,0	125,6

* partie Ouest uniquement pour le Finistère

Ce calcul soulève une critique importante puisque rien ne nous assure que le coût consenti par un vacancier fournisse une approximation correcte du consentement à payer des résidents pour disposer d'une plage propre. On peut toutefois noter que les chiffres obtenus sont raisonnables : 401 F par habitant pour le littoral pollué et 54 F pour le littoral non-pollué soit une moyenne pondérée de 157 F. Sachant qu'ils correspondent à une période de douze semaines pendant laquelle l'accès au littoral était exclu, on peut les rapprocher du consentement à payer par touriste pour accéder à une plage propre située à 20 kilomètres, soit 130 F pour une durée légèrement inférieure à quatre semaines. On a donc une cohérence certaine entre ces résultats puisque, pour les habitants de la zone polluée la plage non-polluée la plus proche était le plus souvent située à plus de vingt kilomètres de leur plage habituelle. Il semblerait que l'on ait toutefois une sous-estimation des pertes, puisqu'il est probable qu'en moyenne les résidents ont subi des déplacements supplémentaires supérieurs à 20 kilomètres, étant donné qu'environ 400 km de rivage étaient atteints par la pollution. Une autre source de sous-estimation provient de ce que le calcul a été limité au littoral des Côtes-d'Armor et à une partie de celui du Finistère. Il est certain en effet que des gênes ont été ressenties en dehors de cette zone, mais on ne dispose pas d'informations chiffrées.

Les pertes d'aménité calculées au tableau 28 doivent être considérées comme des ordres de grandeur. Elles peuvent être confrontées à une autre évaluation faite par G.Brown, R.Congar et E.Wilman dans le cadre du programme NOAA. Elle est fondée sur le consentement des résidents à souscrire une assurance et appelle les mêmes remarques que celles qui ont été faites dans le cas des touristes. Sur 198 personnes interrogées, seules 20 auraient souscrit une assurance, on aboutit à une assurance théorique moyenne sous l'hypothèse que les 178 autres auraient souscrit une assurance nulle. Leur réponse n'est donc pas interprétée comme un refus de répondre. Sur cette base la perte par résident va de 110 F à 145 F selon que l'assurance proposée est plafonnée à 7 000 F ou 14 000 F. Ces valeurs hypothétiques apparaissent très proches de la valeur moyenne de 157 F obtenue par la méthode objective (tableau 28). G.Brown, R.Congar et E.Wilman ont appliqué la limite inférieure de 110 F à la population du seul littoral pollué, ce qui explique le montant total qu'ils proposent, c'est-à-dire 26,1 millions de francs (1978). Ils font l'hypothèse qu'il s'agit là d'un maximum pour les résidents, le minimum étant égal à zéro. Cette deuxième partie de la démarche apparaît peu justifiée, puisque, comme on l'a vu, en particulier à partir du cas de Brest, la gêne n'a pas été limitée aux seuls habitants de la zone polluée. Par ailleurs, il n'y a aucune justification pour retenir une borne inférieure nulle. Aussi utiliserons-nous ici les limites de 110 F et 145 F en les appliquant à la même population que celle qui a été retenue au tableau 29 ; il en résulte une perte totale comprise entre 88 et 116 millions de francs (1978).

4. Tableau récapitulatif des pertes d'aménité

Cette seconde partie a illustré la difficulté de mise en œuvre de méthodes désormais bien fondées théoriquement. L'absence de références françaises, même limitées, a rendu le travail encore plus difficile. L'acquisition des données s'est heurtée à un manque de familiarité des personnes interrogées avec les démarches hypothétiques. Les recherches qui viennent d'être présentées continuent donc à avoir un caractère expérimental, qui rend les chiffres avancés fragiles.

Ce regard quelque peu pessimiste ne doit pas pour autant faire oublier les avancées réalisées. La réalité des pertes d'aménité, des touristes comme des résidents, a pu être montrée. Ces pertes ont pu être reliées à l'intensité des loisirs, c'est un point que nous avions mis en évidence dans le passé à partir du cas des lacs d'Annecy et du Bourget, mais qui constitue désormais un acquis en économie des ressources récréatives.

En dépit des insuffisances dans la collecte de l'information, les estimations semblent relativement raisonnables. Il apparaît assez remarquable que pour une même catégorie de dommages, des estimations obtenues par des voies différentes ne se contredisent pas. Aussi les reprenons-nous dans un tableau récapitulatif (tabl. 29).

A la lumière de ces chiffres, on mesure l'ampleur des pertes d'aménité. Bien qu'il ne s'agisse que d'ordres de grandeur, elles atteignent des niveaux comparables à ceux des dommages subis pour l'industrie touristique. Même si l'existence de ces pertes est reconnue, il reste à faire admettre la théorie qui sous-tend leur estimation et la démarche statistique mise en œuvre. Sur un autre plan, celui du droit, reste à déterminer quelles sont les parties qui peuvent les réclamer. En l'état actuel, il est difficile d'établir une correspondance entre les catégories économiques que nous avons distinguées et des personnes physiques ou morales, qui auraient droit à un dédommagement, ni les résidents, ni les touristes n'étaient demandeurs. Les pertes subies par ces derniers ont été utilisées pour fonder une demande destinée à compenser l'atteinte à l'image de marque de la Bretagne comme on l'a vu.

Tableau 29. – Pertes d'aménité.

Population concernée	Méthode	Pertes	
		totales (millions F 1978)	unitaires (F 1978)
Touristes sur le littoral pollué en 1978	coût de déplacement	6	20,40
	consentement à payer	38,2	130
	assurance	10,3 – 23,5	35 – 80
	journée de vacance	8,8 – 32,3	30 – 110
Touristes qui ne sont pas venus en 1978	agences de voyage	84,1	190
	coût de déplacement	129,9	293
Résidents (littoral Côtes-d'Armor Nord et Ouest Finistère)	objective	125,6	157
	assurance	88 – 116	145

Références bibliographiques

ANDERSON G.D. et BISHOP R.C., 1986 The valuation problem in Bromley D.W. (ed). Natural resource economics : policy problems and contemporary analysis. Boston : Kluwer Nijhoff Publishing,

ARGE (d') R., C., SHOGREN J., F., 1989. Non-market asset prices : a comparison of three valuation approaches pp.15-36. in Folmer H., Jerland (Van) E., *Valuation methods and policy making in environmental economics*. Elsevier, Amsterdam,

BISHOP R., D., HEBERLEIN T., A., 1979. Measuring values of extramarket goods : are indirect measures biased. *American Journal of Agricultural Economics*, Vol.61, 926-930.

BOHM P., 1972. Estimating demand for public goods : an experiment. *European Economic Review*, vol.3, 111-130.

BONNIEUX F., DAUCE P., RAINELLI P., 1980. Impacts socio-économiques de la marée noire provenant de l'Amoco-Cadiz. Rennes, INRA-UVLOE, Rapport et Annexes.

BOWES M.D., LOOMIS J.B., 1980. A note on the use of travel cost models with unequal zonal populations. *Land Economics*, Vol.56, 465-470.

BOWES M.D., LOOMIS J.B., 1982. A note on the use of travel cost models with unequal zonal populations. Reply. *Land Economics*, Vol.58, 408-410.

BROOKSHIRE D.S., IVES B.C., et SCHULZE N.D., 1976. The valuation of esthetic preferences. *Journal of Environmental Economics and Management*, Vol.3, 325-346.

BROOKSHIRE D.S., THAYER M.A., SCHULZE W.D., et d'ARGE R.C., 1982. Valuing public goods : a comparison of survey and hedonic approaches. *American Economic Review*, vol.72, 165-177.

BROWN G.B.Jr., MENDELSOHN R., 1984. The hedonic travel cost method. *Review of Economics and Statistics*, Vol.66, 427-433.

BROWN W.G., SINGH A., COSTLE E.N., 1964. An economic evaluation of the Oregon and Steelhead sport fishery. Oregon State University, Agricultural Experiment Station, *Technical Bulletin* 78.

CESARIO F.J., 1976. Value of time in recreation benefit studies. *Land Economic*, vol.52, 32-41.

CHRISTANSEN J.B., PRICE C., 1982. A note on the use of travel cost models with unequal zonal populations. Comment. *Land Economics*, Vol.58, 395-399.

CLAWSON M., 1959. Methods of measuring the demand for the value of outdoor recreation. Washington : *Resources for the Future.*

CLAWSON M., KNETSCH J.L., 1966. Economics of outdoor recreation. Washington : *Resources for the Future.*

CORMIER H., LE MOAL R., 1980. La saison estivale 1979 en Bretagne. Rennes, INSEE, *Octant*, n° 1, 39-43.

CORMIER H. TESSIER M., 1980. Les vacanciers sur le littoral breton en juillet-août 1979. Rennes, INSEE, dossier statistique.

CUMMING R.G., BROOKSHIRE D.S., SCHULTZE W.D., 1986. Valuing public goods : the contingent valuation method. Totowa N.J. : Rowman and Allanheld Publishers.

DAVIS R., 1963. Recreation planning as an economic problem. *Natural Resources Journal*, Vol.3, 239-249.

FREEMAN III A. M., 1979. The benefits of environmental improvement : theory and practice. Washington : *Resources for the Future.*

FREEMAN III A.M., 1982. Air and water pollution control : *a benefit cost assessment*. New-York, John Wiley and sons,

HANLEY N.D.,1989. Valuing rural recreation benefits : an empirical comparison of two approaches. *Journal of Agricultural Economics*, Vol.40, n° 3, 361-374.

JOHANSSON P.O., 1987. *The economic theory and measurement of environmental benefits*. Cambridge University Press.

KANEMOTO Y., 1988. Hedonic prices and the benefits of public projects. *Econometrica*, vol.56, 981-989.

KLING C.L., 1988. The reliability of estimates of environmental benefits from recreation demand models. *American Journal of Agricultural Economics*, vol.70, 892-901.

KNETSCH J.L., 1977. Displaced facilities and benefit calculations. *Land Economics*, Vol.53, 123-129.

KNETSCH J.L., 1964. Economics of including recreation as a purpose of Eastern Water Projects. *Journal of Farm Economics*, Vol.46, 1148-1157.

KNETSCH J.L., DAVIS R., 1966. Comparisons of methods for recreation evaluation in KNEESE A.V., et SMITH S.C. (ed). Water Research. Washington : *Resources for the Future*.

MAC CONNEL K.E., 1985. The economics of outdoor recreation services in Kneese et Sweeney (ed). *Handbook of natural resource and energy economics* – 2 volumes, North-Holland, Amsterdam.

MALER K.G., 1974. *Environmental economics*. Baltimore, Johns Hopkins Press.

MALER K.G. et WYZGA R.E., 1976. *Economic measurement of environmental damage : a technical handbook*. Paris : OCDE.

MERLO M., 1982. Una valutazione della funzione recreazionale dei boschi. *Rivista di Economia Agraria*, Vol.37, n° 2, 385-398.

MERLO M., SIGNORELLO G., 1990. Alternative estimates of outdoor recreation benefits : some empirical applications of travel cast method and contingent valuation. European Association of Environmental and Resource Economists, Conference, Venice.

MILLER J.R., HAY M.J., 1984. Estimating substate values of fishing and hunting. North American Wildlife and Natural Resources Conference, Boston (march 1984).

MISHAN E.J., 1971. The postwar literature on externalities : an interpretative essay. *Journal of Economic Literature*, Vol.9, 1-28.

MITCHELL R.C., CARSON R.T., 1989. Using surveys to value public goods : the contingent valuation method. *Resources for the Future*, Washington D.C.

NELSON J.P. 1981. Three Mile island and residential property values : empirical analysis and policy implications. *Land Economics*, Vol.57, 363-372.

NOAA, 1983. Assessing the social costs of oil spills : the Amoco-Cadiz case study. US Department of Commerce, National Oceanic and Atmospheric Administration. NOAA trad francaise 1984. Coût social de la pollution par les hydrocarbures : l'exemple de l'Amoco-Cadiz. Université de Bretagne Occidentale, Brest, IFREMER.

POINT P., 1986. Eléments pour une approche économique du patrimoine naturel. in INSEE. *Les comptes du patrimoine naturel* C. 137-138, chap.7.

RANDALL A., IVER B. et EASTMAN C. 1974, Bidding games for valuation of esthetic environmental improvements. *Journal of Environmental Economics and Management*, Vol.1, 132-149.

RANDALL A., STOLL J.R., 1980. Consumer's surplus in commodity space. *American Economic Review*, Vol.70, 449-455.

RAINELLI P., BONNIEUX F. (sous la direction de) 1976. Elaboration d'indicateurs socio-économiques liés à la qualité de l'eau (application aux lacs d'Annecy et du Bourget) INRA et Ministère de la Qualité de la Vie.

ROSEN S., 1974. Hedonic prices and implicit markets : product differentiation in pure competition. *Journal of Political Economy*. Vol.82, 34-55.

ROWE R., (d') ARGE R.C., BROOKSHIRE D.S., 1980. An experiment on the economic value of visibility. *Journal of Environmental Economics and Management*, Vol.7, 1-19.

SAMUELSON P.A., 1954. The pure theory of public expenditure. *Review of Economics and Statistics*, Vol.36, 387-389.

SCHULZE W.D., d'ARGE R.C. et BROOKSHIRE D.S., 1981. Valuing environmental commodities : some recent experiments. *Land Economics*, Vol.57, 151-172.

SMITH N.K., 1988. Selection and recreation demand. *American Journal of Agricultural Economics*, Vol.70, 29-36.

SMITH V.K., DESVOUGES W.H., 1985. The generalized travel cost model and water quality benefits : a reconsideration. *Southern Economic Journal*, Vol.52, 371-381.

SMITH V.K., DESVOUGES W.H., 1986. *Measuring water quality benefits*. Boston, Kluwer Nijhoff Publishing,

SMITH V.K., DESVOUGES W.H. et Mac GIONEY M.P., 1983. The opportunity cost of travel time in recreation demand models. *Land Economics*, Vol.59, 259-278.

VAUGHAN W.J., RUSSEL C.S., 1982. Freshwater recreational fishing : the national benefits of water pollution control. Washington D.C. : *Resources for the Future.*

WILLIG R.D., 1976. Consumer's surplus without apology. *American Economic Review*, Vol.66, 589-597.

WILMAN A.E., 1980. The value of time in recreation benefit studies. *Journal of Environmental Economics and Management*, Vol.7, 272-286.

YANG E.J., DOWER R.C., MENEFEE M., 1984. The use of economic analysis in valuing natural resource damages. Washington : National Oceanic and Atmospheric Administration.

CHAPITRE 5.

LES DOMMAGES DES RESSOURCES VIVANTES : PECHES MARITIMES, OSTREICULTURE ET BIOMASSE NON-COMMERCIALE

La marée noire a eu un impact immédiat sur la faune et la flore de la zone littorale. Les doses de pétrole ont souvent dépassé les capacités d'absorption du milieu, d'où une pollution massive qui a entraîné une mortalité élevée. Elle a concerné les espèces exploitées et les espèces non-commerciales qui participent à la chaîne trophique, et sont donc nécessaires au bon fonctionnement des écosystèmes littoraux.

Il est évidemment assez facile d'établir un lien de causalité entre la marée noire et la mortalité immédiate de poissons, de crustacés, de coquillages ou d'huîtres, qui a pu être observée. De même, la responsabilité des hydrocarbures est évidente dans l'apparition de nombreuses pathologies : manque de vigueur, amaigrissement, altération de la croissance, nécrose, décrites à l'occasion du suivi biologique. Mais ces observations, ces recherches, entreprises après le naufrage ne suffisent pas pour établir une évaluation économique des dommages.

La connaissance très incomplète des populations concernées est un premier obstacle de taille. Pour la plupart, l'information sur les stocks est indirecte et passe par le prélèvement. Les captures constituent donc un indicateur d'abondance, leur évolution devrait donc permettre de mesurer l'impact d'une pollution massive, comme celle due à la marée noire. Mais, le respect de la clause toutes choses égales par ailleurs est difficile et ce raisonnement doit être mené avec beaucoup de précaution. La possible mobilité de certaines espèces hors de la zone polluée soulève une première objection, puisque dans ce cas l'évolution des captures sur les lieux habituels de pêche ne renseigne pas sur l'abondance de la ressource. Cependant, le déplacement des stocks dès lors qu'il est dû à la pollution constitue bien un dommage puisque le maintien du prélèvement nécessite l'acquisition d'informations supplémentaires et la mise en œuvre de moyens de pêche plus importants, et se traduit donc par un accroissement des coûts.

L'utilisation des captures antérieures, à la marée noire, comme base pour calculer les dommages soulève une deuxième objection. Pour être valable, cette approche nécessite que le niveau de prélèvement correspondant ait été compatible avec une exploitation durable de la ressource, c'est-à-dire qu'en aucun cas celle-ci n'était biologiquement surexploitée. Il est clair en effet qu'un niveau de prélèvement excessif remet en cause l'exploitation future de la pêcherie. Dans un tel cas, on ne peut pas demander d'indemnisation au pollueur, puisque les bénéfices possibles ont déjà été obtenus. L'existence d'externalités inter-génération est générale, dès lors qu'on aborde la gestion de ressources renouvelables et nécessite de prendre en compte la dynamique des populations concernées. C'est ce que nous ferons en introduisant la dimension biologique dans un modèle général d'exploitation des ressources halieutiques.

L'ostréiculture correspond à un cas relativement plus simple que celui des pêches puisque les destructions et les transferts d'huîtres fournissent une évaluation précise des stocks présents sur les parcs. Par ailleurs, les limites géographiques sont ici parfaitement définies puisque les stocks sont immobiles. Le calcul des dommages n'en soulève pas moins des difficultés spécifiques et se heurte tout d'abord à la détermination d'une production de référence. A l'inverse, sans doute, de la pêche, l'ostréiculture n'était pas en situation d'équilibre statique, mais dans une phase transitoire due au démarrage de l'huître creuse. La production antérieure ne fournit donc pas un point de repère valable. Celui-ci doit se situer entre un minimum fourni par le passé et un maximum déterminé par l'extrapolation incertaine, compte tenu de la faible longueur de la chronique, de la tendance.

Le nombre de campagnes ostréicoles à considérer dans le calcul des dommages constitue aussi un sujet de discussion. Elle conduit à distinguer les parcs des Abers et ceux de la baie de Morlaix-Penzé. Dans le premier cas, le pétrole a été piégé dans les sédiments et la reprise de l'exploitation ostréicole n'a été possible qu'après avoir refait les sols, ce qui justifie techniquement des effets différés de la marée noire. Dans le second cas, le faible ensemencement et la baisse de production qui en a résulté ont d'autres origines. Ils résultent d'une interdiction administrative pour la première campagne après marée noire et d'anticipations pessimistes sur les débouchés, ce qui rend possible une argumentation fondée sur une reprise plus rapide de la production.

Une première externalité relève donc de la dynamique des populations : le taux de croissance d'une ressource halieutique est fonction de sa taille et de sa structure qui sont en partie déterminées par les prélèvements. Les paramètres biologiques étant exogènes, le total des captures renouvelables est donc déterminé par l'effort total de pêche. Cette relation crée une externalité inter-pêcheurs, puisqu'il existe une interdépendance entre les fonctions de production des bateaux de la flottille qui exploite la ressource. Chacun peut choisir le montant de son investissement, les engins à utiliser (dans certaines limites réglementaires tenant par exemple au maillage des filets), le nombre de jours de pêche, mais n'a pas de contrôle direct sur sa production. C'est l'interaction entre le niveau total d'effort de pêche de l'ensemble de la flottille et la taille du stock qui déterminera la production. En termes de calcul du dommage, l'existence de cette externalité implique que l'on doit raisonner sur la perte des pêcheurs pris dans leur ensemble.

Cette externalité est plus ou moins marquée selon les stocks et de portée limitée pour des ressources abondantes et peu exploitées. Elle intervient dans le cas de l'ostréiculture, en dépit des mécanismes institutionnels qui limitent, par le système des concessions, l'accès à la ressource. La surface totale des parcs et les ressources nutritives disponibles constituent des contraintes qui s'appliquent à l'ensemble des producteurs. Aussi même si elle joue moins que pour la pêche, l'externalité entre producteurs s'applique à chaque bassin ostréicole et la notion de perte individuelle apparaît donc d'une pertinence limitée.

La biomasse non-commerciale n'est pas, par définition, exploitée. Il n'y a donc pas de prélèvement destiné au marché qui puisse servir de base pour évaluer les dommages. L'existence d'états de référence et le suivi écologique mis en place après le naufrage, ont permis d'établir des bilans réguliers des pertes de biomasse à partir de la fin du printemps 1978. Leur valorisation soulève évidemment la question du prix. Elle n'a pas de réponse satisfaisante. Les solutions possibles sont ou peu fondées sur le plan théorique ou fragiles sur le plan empirique. L'estimation à laquelle on peut donc aboutir doit donc être vue comme un ordre de grandeur.

L'efficacité des opérations de nettoyage et le travail permanent de la mer ont limité les dommages. Le bilan écologique, avec en particulier l'absence d'effets irréversibles, apparaît donc, avec du recul, plus modéré qu'on pouvait le craindre. L'atténuation des effets soulève le problème de la date à laquelle on procède à l'évaluation des dommages. Plus on attend et plus elle diminue, la stratégie d'un procès très long apparaît donc avantageuse pour le pollueur. Dans une logique de conservation de la nature, on peut alors adopter un autre raisonnement fondé sur la notion de valeur d'existence. Son intérêt pratique est d'aboutir à une demande d'indemnisation qui ne diminue pas avec le temps.

Dans ce chapitre on discute tout d'abord la prise en compte de la dimension biologique, dans une analyse économique portant sur des ressources vivantes. Un paragraphe est ensuite consacré à une présentation de la situation des pêches et de l'ostréiculture en Bretagne au moment de la marée noire. A partir de ces préliminaires théoriques et empiriques, il est alors possible de développer et d'appliquer la théorie des dommages successivement à la pêche et à l'ostréiculture. L'examen du cas de la biomasse non-commerciale fait enfin l'objet d'un paragraphe spécifique.

1. Théorie des dommages des activités marchandes

La qualité de l'eau et plus généralement du milieu est un argument de la fonction de production d'une pêcherie ou d'un parc ostréicole.

L'impact des programmes d'amélioration de la qualité des eaux continentales sur les pêches commerciales a été abordé aux Etats-Unis par différents auteurs, en particulier Freeman (1979), mais les activités marchandes ont été beaucoup moins étudiées que les activités récréatives et en particulier la pêche sportive (Vaughan et Russel, 1982).

Les activités récréatives soulèvent la difficile question de la révélation des préférences que nous avons abordée au chapitre précédent, mais la nature biologique de la ressource n'introduit pas de difficulté supplémentaire. Ce n'est pas le cas lorsqu'on s'intéresse à la pêche commerciale et à l'ostréiculture. La dynamique des populations concernées doit être intégrée, ainsi que le mode d'exploitation de la ressource, ce qui semble avoir été fait assez rarement (Mc Connel et Strand, 1989).

Il est bien connu que le même niveau de prélèvement (de captures) peut être obtenu à partir d'une biomasse abondante et peu exploitée ou au contraire d'un stock limité et exploité de façon intensive. En termes collectifs le premier mode d'exploitation est évidemment plus avantageux que le second. Aussi importe-t-il, préalablement à tout calcul visant à déterminer les bénéfices d'une amélioration de la qualité, ou les pertes dues à une dégradation, de déterminer quelle situation prévalait à l'origine. C'est pourquoi nous rappelons des éléments d'économie des pêches avant d'aborder la question centrale du calcul des dommages.

1.1. Prise en compte de la dimension biologique

Le modèle de Shaefer (Clark, 1976) permet d'introduire les éléments de dynamique des populations nécessaires pour comprendre les difficultés soulevées par l'évaluation des dommages subis par les ressources vivantes. C'est un modèle statique et déterministe qui s'appuie sur une relation simple entre le taux de croissance d'un stock et sa taille. Celle-ci fait donc abstraction d'autres facteurs qui décrivent la population par exemple la structure par âge et le milieu, en particulier la température et la salinité de l'eau, les courants et l'ensoleillement. Le modèle ne caractérise donc pas les évolutions au jour le jour mais représente les évolutions à long terme dès lors que les effets des facteurs négligés se compensent.

Le taux de croissance B^o de la biomasse B est représenté par l'équation de dynamique des populations suivantes : $B^o = r\ (B)\ B$.

Lorsque la fonction r(B) est constante, cette équation décrit une croissance exponentielle à un taux proportionnel à la biomasse, qui peut constituer une approximation réaliste aux stades initiaux de développement d'une population. Mais une telle évolution ne peut pas se perpétuer indéfiniment car des limites à la croissance liées en particulier aux ressources nutritives du milieu apparaissent et entraînent une diminution du taux de croissance de la biomasse. Il y a donc un processus de rétroaction qui contrôle la croissance de la population à mesure que son niveau augmente. La fonction r (B) est donc une fonction décroissante de B. La spécification suivante : r(B) = r(1-B/K), où r et K sont deux paramètres positifs correspond à une croissance logistique : $B^o = r B (1-B/K) = F (B)$, r est le taux de croissance intrinsèque de la biomasse et K correspond au niveau de saturation associé aux ressources du milieu.

La courbe de croissance associée à cette équation de dynamique des populations est représentée par une portion de parabole (fig. 32). On note qu'il existe deux valeurs d'équilibre pour la biomasse : B = 0 et B = K ; seule la deuxième présente un intérêt pratique. C'est d'ailleurs un équilibre stable puisque dès que la biomasse s'écarte du niveau de saturation, l'évolution naturelle de la population tend à l'y ramener. On vérifie en effet que si : B> K alors $B^o < 0$ et que si B < K alors $B^o > 0$.

Si l'on procède à un prélèvement sur le stock de taux constant Y, l'évolution de la biomasse est alors gouvernée par : $B^o = F(B) - Y$. Il existe donc un prélèvement maximum renouvelable MSY tel que MSY = rK/4, au delà duquel il y a épuisement de la ressource. La biomasse qui correspond à ce maximum vaut K/2.

Figure 32. – Les notions fondamentales.

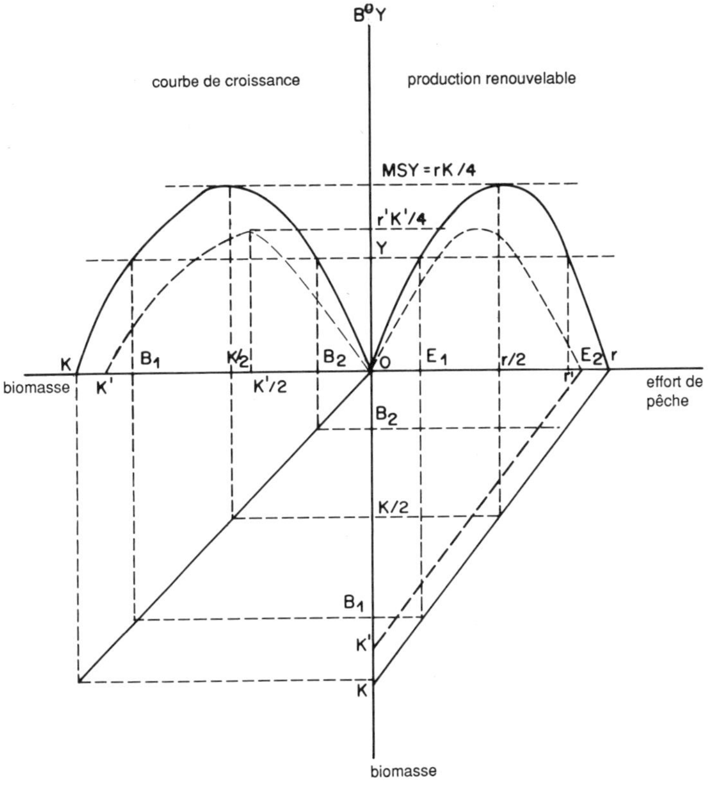

Pour toute valeur du prélèvement inférieur à MSY, il existe deux valeurs B_1 et B_2 de la biomasse comme on peut le vérifier graphiquement et telle que : $B_2 < K/2 < B_1$.

En d'autres termes, un même prélèvement peut être assuré par une population relativement faible ou une population élevée. De plus si l'on prélève Y et que la biomasse est comprise entre les valeurs B_1 et B_2, alors le stock augmente puisque B^o est supérieur à Y. Par contre si la valeur de la biomasse est soit inférieure à B_2, soit supérieure à B_1, alors B^o est inférieur à Y et le stock diminue. On en déduit donc que B_1 valeur élevée de la biomasse correspond à un équilibre stable pour le prélèvement Y alors que B2 valeur faible est associée à un équilibre instable pour ce même prélèvement.

1.2. Exploitation de la ressource

L'exploitation d'une ressource entraîne une diminution de la biomasse d'équilibre, puisqu'elle se traduit par un accroissement du taux de mortalité. Il n'est donc pas possible d'exploiter une ressource en la maintenant à son niveau de saturation. Si avant d'être exploitée la ressource est à son niveau d'équilibre K, le prélèvement de Y va la ramener à la biomasse d'équilibre B_1. Si on prélève durablement davantage que MSY, on va épuiser la ressource, c'est la raison pour laquelle on considère qu'il y a sur exploitation biologique dès lors que la biomasse est inférieure à K/2.

La seule prise en compte de la dimension biologique montre qu'il est possible de prélever durablement sur le stock sans risquer de le détruire. On a donc défini la notion de production renouvelable Y telle que : $0 < Y < MSY$.

La valeur de Y est fonction du comportement des pêcheurs, des techniques mises en œuvre, du prix des facteurs de production et des captures. Pour discuter le problème de l'exploitation de la ressource, introduisons l'hypothèse de concurrence parfaite sur les différents marchés. De plus, faisons l'hypothèse classique selon laquelle les facteurs de production qui concourent à l'exploitation de la ressource (navires, engins, équipages, carburant) peuvent être agrégés pour constituer un seul input, l'effort de pêche E. Les captures dépendent donc de l'effort de pêche et de l'abondance de la ressource. Retenons alors la spécification suivante de cette fonction de production : $Y = EB$.

Cette relation complète le modèle qui fait intervenir trois variables, la biomasse B, l'effort de pêche E et la production renouvelable Y. Elles sont liées par deux relations, d'une part, la fonction de production et d'autre part, $Y = r\,B(1-B/K)$ qui assure que la ressource est en équilibre. Outre la courbe de croissance qui lie les captures à la biomasse, on peut donc définir la biomasse d'équilibre en fonction de l'effort :

$$B = K-(K/r)E$$

et la production renouvelable en fonction de l'effort soit :

$Y = KE(1\text{-}E/r)$ qui sont toutes représentées sur la figure 32.

L'effort de pêche constitue donc la variable de commande de la pêcherie puisqu'il détermine le niveau de production renouvelable et la biomasse d'équilibre. Pour le déterminer introduisons le coût unitaire c de l'effort et le prix p au débarquement. La recette R et le coût total de production CT sont donnés en fonction de l'effort par :

$R = pY = pKE\ (1\text{-}E/r),\ CT = cE$

et sont représentés sur la figure 33 en supposant que c et p sont constants. Sur la partie inférieure de cette figure est représentée aussi la recette moyenne par unité d'effort :

$R/E = p\ K\ (1\text{-}E/r)$

et la recette marginale de l'effort :

$dR/dE = pK\ (1\text{-}2E/r)$

ainsi que le coût moyen et le coût marginal de l'effort qui sont tous les deux égaux au coût unitaire c.

Figure 33. – Exploitation de la ressource.

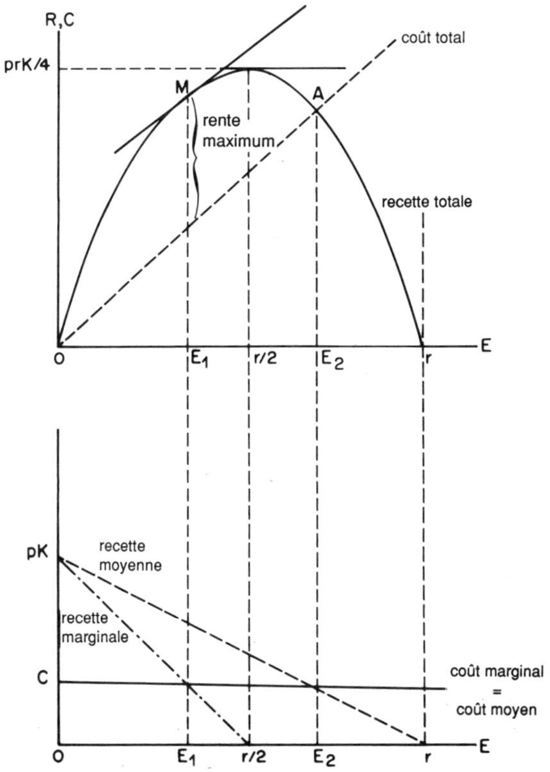

Une gestion optimale de la ressource consiste à maximiser le profit, c'est-à-dire l'écart entre la recette et le coût total. En d'autres termes l'effort est tel que la rente renouvelable est maximum. On se situe alors en M où la pente de la tangente à la courbe de recette est égale au coût unitaire, l'effort vaut donc : $E = (r/2)(1-c/pK) < r/2$ et la production renouvelable est donnée par :

$$Y = (rK/4)(1-c^2/p^2 K^2) = MSY\ (1-c^2/p^2 K^2) < MSY.$$

Ce mode d'exploitation de la ressource conduit donc à un équilibre stable de la biomasse qui peut être représenté par B_1 sur la figure 32 puisque : $B\ (K/2)\ (1 + c/pK) > K/2$.

Ces deux relations sont vraies quelles que soient les valeurs attribuées à p et c. Lorsque p varie, la seconde est telle que le coût marginal des captures soit égal au prix au débarquement, c'est donc la fonction d'offre d'une pêcherie qui maximise la rente renouvelable. L'offre est bien croissante en fonction de p, l'exploitation n'étant entreprise que si p est supérieur à c/K. De plus lorsque le prix au débarquement tend vers l'infini, la production renouvelable tend vers MSY. L'offre à l'optimum a donc une asymptote verticale (fig. 34).

Figure 34. – Equilibre de marché.

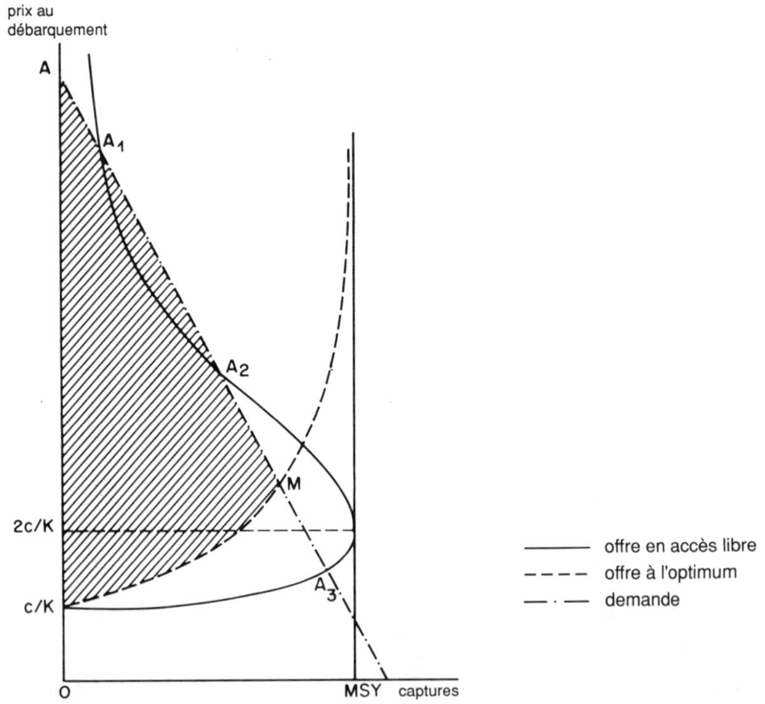

Cette exploitation optimale ne prévaut pas d'elle-même dans la mesure où les pêcheurs ont un accès libre aux stocks. Ce mode d'organisation se traduit par un accroissement de l'effort individuel et du nombre de navires tant qu'il y a des perspectives d'obtenir une rente. Il y a donc un processus de dissipation de la rente renouvelable qui aboutit lorsque le coût moyen est égal au prix au débarquement. Cet équilibre est représenté par le point A sur la figure 33 lorsque le prix au débarquement et le coût unitaire sont constants. Chaque bateau travaille donc au minimum de sa courbe de coût moyen de l'effort, il ne dégage donc pas de rente individuelle et la rente totale est nulle. L'effort vaut alors :

$$E = r\,(1 - c/pK)$$

et la production :

$$Y = (rc/p)(1 - c/pK).$$

Ce mode d'exploitation peut conduire à des équilibres stables aussi bien qu'instables de la biomasse, selon les valeurs respectives de c et de p puisque, $B = c/p$.

Ces relations restent vraies lorsque p varie, la seconde fournit donc l'offre en accès libre (fig. 34). En régime d'accès libre, il existe donc une sur-capacité de pêche qui entraîne une exploitation trop intensive de la biomasse et qui entraîne une dissipation totale de la rente. De plus si les prix au débarquement sont élevés et supérieurs à $2c/K$, alors l'effort de pêche est supérieur à $r/2$ et la biomasse est en équilibre instable, correspondant à B_2 sur la figure 32. On est dans une situation où il y a donc un risque de sur-exploitation biologique, celui-ci s'ajoutant à l'inefficacité économique. Enfin, il faut bien noter qu'une gestion optimale sur le plan économique préserve la ressource, la production renouvelable est en effet obtenue par un effort modéré appliqué à une biomasse abondante.

1.3. Equilibre de marché

Lorsque la gestion de la pêcherie est optimale, l'équilibre de marché s'établit au point M, qui est le point d'intersection de la courbe de demande et de la courbe d'offre à l'optimum (fig. 34). Cet équilibre réalise la maximisation du surplus du producteur et du consommateur représenté par l'aire hachurée.

En accès libre les choses se compliquent à cause de la forme particulière de la courbe d'offre (fig. 34). Dans un premier temps, tant que le stock est exploité en-deçà du maximum de production renouvelable, une élévation du prix des captures entraîne une augmentation de l'offre. Mais au-delà, une élevation supplémentaire du prix se traduit par une baisse des captures : l'effort de pêche augmente mais cette intensification de l'effort réduit le stock et les captures totales baissent.

Cette relation particulière entre prix et captures résulte bien évidemment des propriétés de la courbe de croissance. Elles entraînent aussi l'existence de deux maximums de la courbe de recette en fonction de l'effort de pêche (Meuriot 1987, p. 50) et l'existence de plusieurs équilibres potentiels de marché.

Dans le cas particulier de la figure 34, il existe trois équilibres potentiels notés A_1, A_2 et A_3. Mais le point A_2 correspond à un équilibre instable puisqu'une légère variation du prix des captures (ou du coût de l'effort) entraîne la pêcherie vers un équilibre différent : A_1, si le déséquilibre initial se traduit par un profit et A_3 s'il se traduit par une perte. En effet une légère variation du prix ou des coûts entraîne un déplacement de l'effort, une variation de la production et des recettes.

L'exploitation en accès libre épuise comme on l'a vu la rente procurée par la ressource, aussi l'analyse doit-elle se centrer sur les consommateurs. L'équilibre A_3 est associé à un niveau d'effort relativement faible et correspond à une production abondante et à des prix modérés. A l'inverse, l'équilibre A_1 est obtenu par une exploitation intensive et correspond à une production limitée et à des prix élevés. En terme de surplus social, l'équilibre A_3 est donc supérieur à l'équilibre A_1.

1.4. Calcul des dommages

Pour établir les fondements théoriques du calcul des dommages on doit donc considérer les deux cas limites de gestion de la pêcherie. Le premier, celui d'une gestion optimale qui permet de maximiser la rente, ne soulève pas de difficulté spécifique. En effet, l'offre de la pêcherie est une fonction croissante du prix des captures, la variation du surplus collectif va donc se calculer comme pour une industrie classique. En accès libre, le second cas à examiner, il y a épuisement de la rente par les pêcheurs, seule la composante consommateur du surplus doit donc être prise en compte. On a donc une situation paradoxale, qui est théoriquement possible, où les pêcheurs ne subissent aucun dommage. De plus, il est concevable que le surplus social augmente à la suite de la dégradation de la qualité de l'eau.

Avant de pousser plus avant le raisonnement il est utile de reconsidérer la courbe de croissance ; en effet la marée noire, en détruisant les écosystèmes littoraux a modifié ses paramètres et par conséquent la courbe de production renouvelable. Schématiquement le taux de croissance de la biomasse et son niveau de saturation ont diminué. Le taux de croissance de la biomasse est donné par : $B^o = r'B\ (1-B/K')$ et la production renouvelable par :

$Y = K'E\ (1-E/r')$, où $r \leq 'r$ et $K' \leq K$.

En reprenant les calculs ou en raisonnant à l'aide des figures 32 et 33, il est facile de vérifier que l'effort de pêche optimal qui maximise la rente diminue. De même l'effort qui épuise la rente procurée par la ressource se situe à un niveau inférieur.

Il est plus intéressant pour notre propos d'analyser les modifications de l'équilibre de marché. La figure 35 se limite au cas de la gestion à l'optimum, la courbe d'offre se déplaçant de $S_o\ S'_o$ en $S_1\ S'_1$, puisque pour obtenir le même niveau de production, on doit appliquer un effort de pêche supérieur. Si parallèlement il y a une diminution de la demande adressée à la pêcherie, l'équilibre de marché se déplace de M_o en M_1, ce qui s'accompagne d'une diminution des captures de Y_o en Y_1. Dans le cas représenté ici ce déplacement se caractérise par une baisse de prix ; une stabilité et même un accroissement des prix sont possibles, le raisonnement reste le même.

Figure 35. – Variation du surplus collectif pour une gestion optimale.

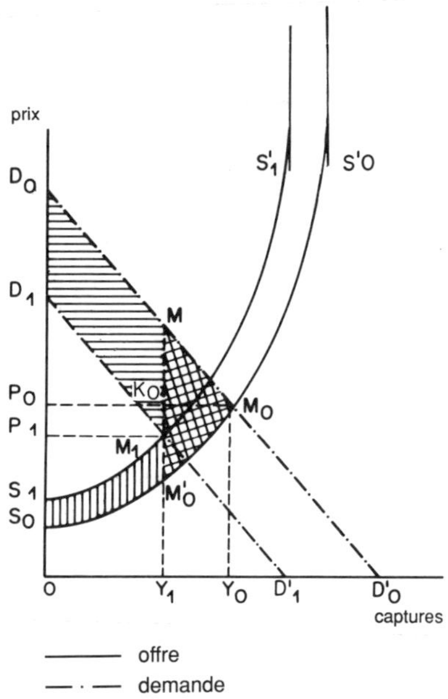

La perte de surplus collectif est représentée par l'aire hachurée et se décompose en trois éléments :

– $S_1\, M_1\, M'_o\, S_o$: augmentation des coûts de production induits par la pollution pour le niveau de captures Y_1, ce qui correspond à une perte de surplus pour les pêcheurs,

– $D_o\, M\, M_1\, D_1$: perte de surplus des consommateurs pour le niveau de captures Y_1,

– $M\, M_o\, M'_o$: perte de surplus collectif due à la diminution des captures de Y_o en Y_1.

Ce dernier élément s'écrit encore :

– $M\, M_o\, M'_o = M\, M_o\, K + K\, M_o\, M'_o$

ce qui permet de distinguer la perte des consommateurs (MM_oK) et celle des pêcheurs ($K\, M_o\, M'_o$). L'estimation de ces éléments suppose évidemment de connaître l'évolution des captures et des prix, et de disposer d'informations sur les coûts marginaux et la demande. La figure 36 illustre le cas particulier d'une petite pêcherie, le prix au débarquement est constant et seuls les pêcheurs subissent une perte.

Figure 36. – Calcul des dommages des producteurs (gestion optimale).

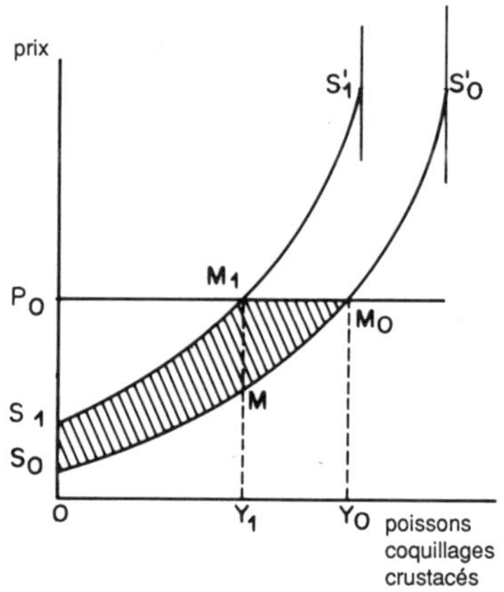

La gestion en accès libre constitue l'autre cas limite. En accès libre il n'y a pas de perte de la pêcherie, mais il existe un préjudice des pêcheurs dû au chômage et à la non-utilisation des bateaux (dans la mesure où il n'y a pas eu d'emploi alternatif). Ici l'épuisement de la rente limite le calcul à la variation de surplus des consommateurs qui ne soulève pas de difficulté spécifique, sauf dans un cas particulier illustré par la figure 37. Il s'agit d'une pêcherie exploitée initialement de façon intense puisque l'équilibre de marché se réalise en M_0 sur la portion de courbe d'offre où les captures diminuent lorsque les prix augmentent. La pollution est suffisamment massive pour entraîner un écroulement de la demande et une augmentation sensible du coût moyen. Il en résulte une exploitation beaucoup moins intensive et un nouvel équilibre de marché représenté par M_1 sur la portion de courbe d'offre où captures et prix évoluent dans le même sens. Les aires hachurées figurent le surplus des consommateurs avant et après la pollution, leur comparaison montre qu'il augmente.

En accès libre on peut donc aboutir à la situation paradoxale où la pollution améliore le bien-être collectif. Ce cas ne peut s'observer cependant que s'il y a un écroulement des prix qui peut être accompagné d'une augmentation des captures. L'observation statistique montre que cela n'a pas été le cas en Bretagne après la marée noire. Pour l'ensemble poissons, coquillages et crustacés les prix sont restés stables, ce qui peut s'expliquer par la part restreinte de la côte bretonne polluée sur le marché national. La stabilité des prix conduit alors pour cet ensemble de produits à raisonner sur une demande élastique représentée par une droite horizontale et à ne considérer que les seuls pêcheurs, puisque les

Figure 37. – Pollution et bien-être en accès libre.

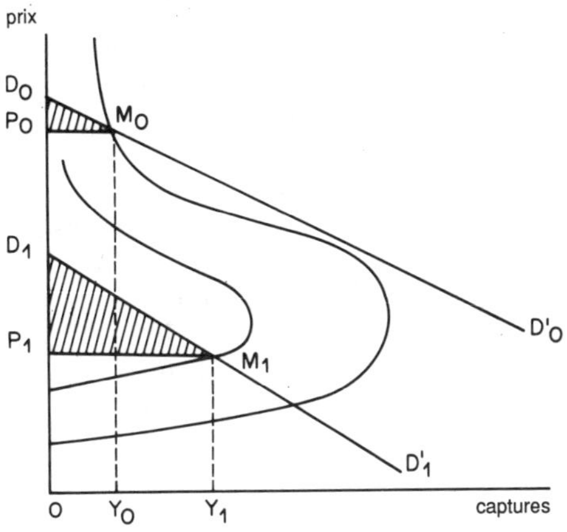

consommateurs n'ont pas alors subi de préjudice. Le préjudice des pêcheurs apparaît d'autant plus élevé que l'on se rapproche de la norme d'exploitation optimale de la ressource. Certes la situation réelle ne correspond pas exactement à ce cas pur, mais comme nous le verrons, nous avons affaire ici à une pêcherie faiblement exploitée, aussi a-t-on pu estimer que l'on s'écartait largement de l'autre situation limite où la rente est épuisée.

L'existence de barrières à l'entrée dans l'ostréiculture et la sous-utilisation des concessions (Dumont, 1987) permettent de considérer que l'on se rapproche d'une gestion optimale, ou tout au moins que l'on s'écarte considérablement du libre accès. A la différence des pêcheries, les parcs touchés par la marée noire occupaient une part importante du marché national de l'huître creuse. La pollution a entraîné ici une baisse de la demande dont ont bénéficié les régions concurrentes, leur part de marché augmentant de façon durable. Aussi peut-on estimer que pour les consommateurs il y a eu des compensations, la perte de surplus sur l'huître bretonne étant contrebalancée par des gains sur l'huître normande ou charentaise. Le calcul se limitera donc aux pertes des ostréiculteurs en Bretagne.

2. Les pêches maritimes et l'ostréiculture en Bretagne

L'analyse des pêches maritimes et de l'ostréiculture a pour premier objectif de montrer l'importance de la Bretagne dans ce secteur. Elle vise ensuite à replacer la zone polluée dans l'ensemble régional. Cette analyse portant sur la période précédant la marée noire s'appuie sur les résultats du recensement général de la population de 1975 et les statistiques élaborées par la Direction des Pêches Maritimes (Bonnieux et Rainelli, 1980, rapport p. 39-48 et annexes p. 46-48).

2.1 Les caractéristiques de la Bretagne

Incontestablement, à la veille de la marée noire, la Bretagne occupe la première place parmi les régions françaises, dans le domaine maritime. Elle regroupe en effet 35 % des emplois du secteur des pêches maritimes et 42 % de celui de la conchyliculture.

Une étude par type de production (tabl. 30) permet de préciser les caractéristiques régionales. En 1976, année normale, les poissons et les crustacés représentent 80,9 % de la production régionale en valeur alors qu'ils ne représentent que 68,3 % à l'échelon national. Les crustacés bretons représentent près de 70 % de la production totale, tandis que les plantes marines apparaissent comme un produit typiquement breton, toutefois leur valeur est insignifiante.

Tableau 30. – Principaux produits de la mer par type en Bretagne et France entière en 1976 (en milliers de francs et en pourcentage).

	Poissons	Crustacés	Huîtres	Coquillages et mollusques	Plantes marines	Total
Bretagne en 1000 F en % du total	 711 063 62,9	 203 260 18,0	 111 751 9,9	 98 005 8,7	 5 862 0,5	 1 129 941 100
France en 1000 F en % du total	 1 574 912 57,6	 290 850 10,7	 579 516 21,2	 282 122 10,3	 6 400 0,2	 2 733 800 100
Bretagne/France en % du total	45,1	69,9	19,3	34,7	91,6	41,3

Une analyse des tonnages, menée en parallèle, montre que la valeur des poissons débarqués en Bretagne est élevée. A l'inverse la valeur unitaire des crustacés, des coquillages et des mollusques est inférieure à la moyenne nationale. Ceci est dû à la part importante des tourteaux, des araignées et des moules dans la production bretonne.

En ce qui concerne les huîtres, les résultats de 1976 indiquent l'existence d'un décalage assez fort entre la part de la région exprimée en tonnage, et sa part en francs. Ceci tient simplement à la place de l'huître plate dans le total breton : avec 27 % du tonnage régional, elle contribue à 45,7 % de la valeur globale de l'ostréiculture. Au niveau national les chiffres respectifs sont 5,5 et 9,2 %.

Une autre façon de caractériser l'activité maritime en Bretagne par rapport à l'ensemble national consiste à rapprocher les données disponibles sur les unités de pêche. Ainsi le tableau 31 donne la structure de la flotte de pêche en Bretagne et pour le France entière par classe de tonneaux de jauge brute au début de 1978.

Tableau 31. – Nombre d'unités par classe de tonneaux de jauge brute au 31 décembre 1977. Résultats Bretagne et France entière.

	< 25	25-50	50-100	100-250	> 250	Total
Bretagne nombre en % du total	 3 268 80,0	 471 11,5	 65 1,6	 197 4,8	 87 2,1	 4 088 100
Bretagne nombre en % du total	 10 858 86,7	 1 084 8,6	 175 1,4	 261 2,1	 146 1,2	 12 524 100
Bretagne/France	30,1	43,5	37,1	75,5	59,6	32,6

Toutes tailles confondues, la région ne possède que 32,6 % des bateaux. Toutefois si l'on exclut les unités de moins de 25 tonneaux, on voit que la Bretagne représente 49,2 % du potentiel. La présence de la Bretagne apparaît particulièrement forte dans la catégorie des 100 à 250 tonneaux avec 75,5 % de l'ensemble des unités de ce type. Les navires entrant dans cette classe de tonnage correspondent aux armements industriels « à la part », où les équipages de 8 à 10 hommes sont des associés. Comme tels leur rémunération se fait à la part. Dans la catégorie des bateaux de plus de 250 tonneaux, la Bretagne, sans avoir une présence aussi considérable, réunit 60 % de la flotte française de pêche. Ces navires appartiennent à des armements industriels où les équipages de 10 à 16 hommes sont des salariés rémunérés au minimum garanti. Ils n'ont pas le statut d'associé. Juridiquement, ces armements sont sous forme de société anonyme, alors que les précédents prennent la forme de sociétés de quirataires.

Ces données relatives au début de l'année 1978 peuvent être précisées par des informations plus détaillées relatives au début de l'année 1977, mais où l'on peut raisonner en terme de tonnage global et de puissance, ceci pour l'ensemble de la flotte mais également en excluant les bateaux de moins de 10 tonneaux (tabl. 32).

Tableau 32. – Situation comparée des flottes de pêche en Bretagne et en France selon les critères de nombre, tonnage et puissance* au 31 décembre 1976.

	Bretagne			France			Bretagne/France (en %)		
	nbre	tonneaux	puissance	nbre	tonneaux	puissance	nbre	tonneaux	puissance
Total	4 220	134 805	603 288	12 764	261 076	1 293 764	33,1	51,6	46,6
dont > 10 t	1 523	124 449	507 580	3 501	227 026	1 004 428	43,5	54,8	50,5

* puissance en chevaux

La comparaison dans le tableau 32 entre l'ensemble des navires de la région, et ceux du pays entier donne à la Bretagne une place équivalant à peu près au tiers de la flotte de pêche française. Ce résultat est du même ordre que celui indiqué précédemment à partir des chiffres au 31 décembre 1977. Toutefois, le rapport entre les tonnages globaux modifie considérablement cette vision, puisque la part de la région devient supérieure à la moitié. Mais la Bretagne ne représente que 46,6 % de la puissance totale ce qui montre la moindre motorisation des navires bretons. Si l'on ne tient pas compte des toutes petites unités, celles inférieures à 10 tonneaux, on constate que la Bretagne dispose de 43,5 % du potentiel national en nombre, près de 55 % du tonnage, et légèrement plus de la moitié de la puissance totale.

Cette description générale peut être complétée par quelques données très simples reflétant l'évolution de la flotte de pêche. Le tableau 33 donne le nombre d'unités par classes de tonnes de jauge brute entre 1972 et 1977.

Tableau 33. – Evolution du nombre de navires par classes de tonneaux entre le 31 décembre 1972 et le 31 décembre 1977.

	< 25	25–50	50–100	100–250	> 250	Total
Année 1972	3 806	472	77	254	93	4 702
Année 1977	3 268	471	65	197	87	4 088
Evol. 72-77 en %	– 14,1	0	– 15,6	– 22,4	– 6,5	– 13,1

Globalement l'évolution sur la période antérieure à la marée noire s'est traduite par une baisse sensible du nombre d'unités avec une diminution marquée pour la catégorie 100 à 250 tonneaux (-22,4 %) là où le potentiel régional est particulièrement important par rapport aux chiffres nationaux correspondants. Cela traduit une désaffection pour les armements industriels « à la part ». La classe des plus de 250 tonneaux, les armements industriels au minimum garanti, est peu touchée. Entre 25 et 50 tonneaux il n'y a pas de régression du nombre de navires. Les plus petits ainsi que ceux entre 50 et 100 ont décru à un rythme supérieur à la moyenne. En fait, malgré les disparitions d'unités, il y a augmentation globale en terme de tonnage et de puissance. Seules les classes 50 à 100 tonneaux et 100 à 250 tonneaux voient une diminution parallèle du nombre, de la puissance et du tonnage. Ces éléments reflètent la mutation enregistrée dans les armements avec la nécessité d'aller chercher la ressource de plus en plus loin. Il y a concentration avec glissement vers certaines catégories.

L'importance de la pêche industrielle par rapport au « petit métier » se traduit aussi dans la composition de la population active de pêcheurs. Alors qu'en Bretagne on ne trouvait au recensement de 1975 que 25,4 % de patrons-pêcheurs, au plan national il y en avait 41,4 %. Si l'on regarde l'évolution régionale des emplois par mode de rémunération, on constate une diminution du nombre de personnes employées mais avec un transfert interne des catégories rémunérées à la part vers celles au minimum garanti. Cela traduit bien le glissement signalé au niveau de la flotte de pêche. Ce changement s'est accompagné aussi d'un accroissement en proportion et aussi en valeur absolue des capitaines et officiers.

Malgré cette évolution la petite pêche et la pêche côtière restent importantes. En 1975, elle était encore majoritaire en Bretagne en terme d'effectifs. En effet, cette forme est plus attrayante que la grande pêche et la pêche au large, car elle permet une vie sociale plus équilibrée. Le marin-pêcheur n'est pas coupé de son foyer, ce qui autorise une vie de famille. D'autre part, le travail se fait dans de petites équipes, ceci réduit les frictions et conflits qui ne manquent pas de se produire au sein d'équipages importants restant en mer plus longtemps. Ce type de pêche est par ailleurs plus accessible en termes financiers, les investissements étant supportables pour les petits patrons-pêcheurs. Ceux-ci acquièrent des bateaux construits sur place par des chantiers locaux, ce qui bénéficie à la région. La faible durée des marées implique le débarquement de produits très frais, souvent variés, et donc très appréciés de la clientèle. « Misant sur la qualité, les pêcheurs côtiers bénéficient ainsi de cours généralement supérieurs à la moyenne, même si leurs revenus restent souvent inférieurs à ceux de leurs collègues pratiquant la grande pêche ou la pêche au large » (Bernez, 1979 p. 10). A l'inverse la pêche industrielle, comme celle de Lorient, est amenée à prospecter des zones très éloignées. Autrefois, au début des années soixante, les chalutiers allaient dans le Golfe de Gascogne chercher le merlu et la dorade. Aujourd'hui, les distances sont multipliées par 6 ou 7 pour prendre du lieu noir ou du cabillaud au Nord-Ouest de l'Ecosse. Ceci se fait avec des unités deux fois plus importantes (chalutiers de 500 tonneaux et plus).

2.2. Les caractéristiques de la zone polluée

La zone polluée va de la pointe Saint Mathieu au sillon de Talbert et correspond donc au quartier maritime de Brest, exception faite de la rade, à celui de Morlaix et à la plus grande partie de celui de Paimpol. Ces quartiers maritimes, qui constituent les unités administratives et statistiques de base en matière d'activités de la mer, ont été frappés de plein fouet. Mais les quartiers maritimes limitrophes ont pu être également touchés, de manière moins visible et parfois indirectement.

Dans le tableau 34, nous avons fait figurer le montant des apports sur la côte nord (en individualisant la partie polluée) et sur la côte sud, selon le type de produits. Ces résultats portent sur l'année 1976 et sont rapprochés du total régional, ils vont servir de point de repère par la suite.

Globalement, la côte septentrionnale apparaît dans le tableau 34 d'un poids restreint, environ le cinquième de la Bretagne. Cette faiblesse est particulièrement marquée pour les poissons dont plus de 95 % proviennent des ports du littoral sud. Ce poste n'intervient que pour 13,5 % dans le total de la côte nord contre 75,9 % pour le littoral méri-

Tableau 34. – Principaux produits de la mer par type et par zone littorale (résultats pour 1976 en 1000 F et en % du total régional).

	Poissons		Crustacés		Huîtres		Coquillages		Algues		Total	
	Valeur	%	Valeur	%	Valeur	%	Valeur	%	Valeur	%	Valeur	%
Côte nord	31 769	4,5	53 728	26,4	71 090	63,6	72 521	74,0	5 625	6,0	234 733	20,8
dont polluée	9 347	(1,3)	31 699	(15)	59 794	(53,5)	10 633	(10,8)	5 625	(96,0)	117 098	(10,4)
Côte sud	679 294	95,5	149 532	73,6	40 661	36,4	25 484	26,0	237	4,0	895 208	79,2
Bretagne	711 063	100	203 260	100	111 751	100	98 005	100	5 862	100	1 129 941	100

dional. La prépondérance de la côte nord s'exerce dans le secteur des algues (96 % du total régional), des coquillages et mollusques (près des trois quarts) et des huîtres (près de 64 %). Coquillages et huîtres constituent à eux seuls 61 % des débarquements dans les ports du littoral septentrional.

Les trois quartiers directement touchés par les hydrocarbures sont très étroitement spécialisés. En effet plus de 50 % de la valeur des produits qui y sont débarqués ont pour source l'ostréiculture. Dans le total régional de ce poste, ces trois quartiers entrent également pour plus de la moitié. En second lieu interviennent les crustacés qui constituent 27 % du total des débarquements de la zone polluée. Bien que pour l'essentiel les algues proviennent de cette zone, leur proportion dans les débarquements est limitée (moins de 5 % du littoral pollué).

On doit signaler que les poissons débarqués sur la côte nord ont une valeur unitaire plus élevée que ceux des ports de la côte sud. Ainsi dans la zone polluée à côté des espèces courantes de fond, rondes comme le lieu noir, le congre ou la roussette et le grondin on trouve du lieu jaune, de la baudroie et surtout du bar qui est très prisé. En poissons plats, à côté de la plie, du pocheteau, de la raie bouclée ou de la raie épineuse, la dorade royale et le turbot représentent une part sensible des captures. A l'inverse, les crustacés débarqués sur le littoral septentrionnal représentent 36,8 % du tonnage régional mais seulement 26,4 % de la valeur. Le phénomène enregistré pour la Bretagne par rapport aux résultats nationaux se reproduit ici à l'intérieur de la région. Tourteaux et araignées dont la valeur unitaire est relativement faible entrent pour 94,4 % du tonnage des crustacés débarqués sur la côte nord. En poids, 85,6 % des araignées prises en Bretagne et 60 % des tourteaux proviennent du littoral septentrional. La situation de la partie polluée est plus nette encore à cet égard, avec une plus grande importance du tourteau.

La description de la flotte de pêche selon le nombre d'unités par tranche de tonnage (tabl. 35) aide à mieux apprécier les caractéristiques intra-régionales.

Globalement la côte nord regroupe 39 % des bateaux bretons. Mais la ventilation selon les tranches de tonnage montre que cette proportion est proche de 45 % dans la catégorie des moins de 25 tonneaux, et seulement de 14 % dans les plus de 250 tonneaux. Encore faut-il savoir que les six chalutiers de grande pêche de Saint-Malo ainsi que

Tableau 35. – Structure de la flotte de pêche intra-régionale : nombre d'unités par tranche de tonnage au 31 décembre 1977.

	< 25 tx		25-50		50-100		100-250		> 250 tx		total	
	nbre	%	nbre	%	nbre	%	nbre	%	nbre	%	nbre	%
Côte nord	1 467	44,9	70	14,9	31	47,7	19	9,6	12	13,8	1 599	39,1
dont polluée	21	(28,2)	36	(7,6)	13	(20,0)	10	(5,1)	2	(2,3)	982	(24,0)
Côte sud	1 801	55,1	401	85,1	34	52,3	178	90,4	75	86,2	2 489	60,9
Total Bretagne	3 268	100	471	100	65	100	197	100	87	100	4 088	100

quelques sabliers et deux navires de recherche océanographique étaient inclus dans cette catégorie. Seule la tranche de tonnage de 50 et 100 tonneaux est très bien représentée sur le littoral septentrional avec près de 48 % du total régional. La situation comparée des diverses flottes de pêche à la fois en nombre, tonnage et puissance en distinguant les unités supérieures à 10 tonneaux permet de mieux préciser les situations (tabl. 36).

Tableau 36. – Comparaison intra-régionale des flottes de pêche selon les critères de nombre, tonnage et puissance au 31 décembre 1976 (en chevaux).

	Ensemble des navires					
	nombre		tonnage		puissance	
	valeur	%	valeur	%	valeur	%
Côte nord	1 645	39	29 627	22	130 619	22
dont polluée	1 018	(24)	9 426	(7)	46 235	(8)
Côte sud	2 575	61	105 179	78	472 669	78
Bretagne	4 220	100	134 806	100	603 288	100

	Navires > 10 tonneaux					
	nombre		tonnage		puissance	
	valeur	%	valeur	%	valeur	%
Côte nord	417	27	24 770	20	81 454	16
dont polluée	243	(16)	6 839	(5)	26 314	(5)
Côte sud	1 106	73	99 679	80	426 126	84
Bretagne	1 523	100	124 449	100	507 580	100

En termes de tonneaux ou de chevaux, la côte nord se révèle d'un poids relatif légèrement supérieur à la part calculée à partir des apports en valeur (22 % contre 21 %). Cette proportion reste très en deçà du résultat obtenu à l'aide du nombre d'unités (39 %). Le décalage entre d'une part le tonnage et la puissance, et d'autre part le nombre de navires est encore plus accentué sur la zone polluée puisque les proportions sont de 7 à 8 % d'un côté et 24 % de l'autre. Ceci est à rapprocher aussi de la part en valeur des apports qui est de 10 %. Si l'on fait abstraction des bateaux de moins de 10 tonneaux, on voit que le littoral septentrional ne constitue que 20 % du tonnage et 16 % de la puissance contre 27 %

du nombre. La partie touchée par les hydrocarbures ne représente que 5 % des chevaux ou des tonneaux et 16 % des effectifs.

Si l'on regarde l'évolution entre la fin 1972 et la fin 1977 du nombre d'unités par tranche de tonnage (tabl. 37) on perçoit la nature des changements qui se sont produits.

Tableau 37. – Evolution entre 1972 et 1977 du nombre d'unités par tranche de tonnage selon les diverses portions du littoral.

	Côte nord	dont polluée	Côte sud	Bretagne
< 25 tx				
1972	1 685	1 093	2 121	3 806
1977	1 467	921	1 801	3 268
évol.	- 12,9	- 15,7	- 15,1	- 14,1
25–50 tx				
1972	73	30	399	472
1977	70	36	401	471
évol.	- 4,1	+ 20,0	+ 0,5	e
50–100 tx				
1972	40	13	37	77
1977	31	13	34	65
évol.	- 22,5	0	- 8,1	- 15,6
100–250 tx				
1972	27	10	227	254
1977	19	10	178	197
évol.	- 29,6		- 21,6	- 22,4
> 250 tx				
1972	22	6	71	93
1977	12	2	75	87
évol.	- 45,4	- 66,7	+ 5,6	- 6,5
Total				
1972	1 847	1 152	2 855	4 702
1977	1 599	1 599	983	2 489
évol.	- 13,4	-14,8	- 12,8	- 13,1

L'étude des modifications intervenues dans la période précédant la marée noire montre un déclin du nombre d'unités plus fort globalement sur la côte nord que sur la côte sud. Pour la zone polluée, l'évolution a été plus rapide. Une analyse plus fine par catégorie, amène à dissocier l'évolution de l'ensemble des ports septentrionaux de ceux des trois quartiers qui nous intéressent.

En effet, considérée dans son ensemble, la côte nord a enregistré une diminution des effectifs dans toutes les tranches de tonnage, faible entre 25 et 50 tonneaux, mais plus forte pour les catégories au-delà de 100 tonneaux. Par contre, la zone polluée a connu une forte baisse dans les deux classes extrêmes tandis que les effectifs de 25 à 50 tonneaux augmentaient.

La divergence est encore plus grande lorsqu'on raisonne en tonnage ou en puissance. Ainsi, entre 1972 et 1976, il y a une chute de 17,9 % des tonneaux et 7,9 % des chevaux sur le littoral septentrional alors que pour les trois quartiers étudiés, il y a au contraire augmentation respectivement de 22,2 % et 8,2 %.

Pour une part, ces évolutions différentes du littoral pollué et de la zone non polluée de la côte nord s'expliquent par divers éléments déjà évoqués : l'existence d'un certain nombre de sabliers exploitant les amendements marins et le sable dans les quartiers touchés par les hydrocarbures, et les difficultés de Saint-Malo où la grande pêche est en diminution constante. Mais ces divergences s'expliquent aussi par l'importance relative des huîtres, coquillages et mollusques, et crustacés dans la zone polluée. De ce fait, les navires se consacrant à la petite pêche, ceux d'environ 10 tonneaux, tendent à régresser au profit des embarcations de 25 à 50 tonneaux des caseyeurs, ceux-ci s'attachant à la capture des tourteaux et araignées dont on a vu qu'ils constituaient l'essentiel des prises.

En conclusion, si l'on met à part le port de Saint-Malo, il est clair que l'on est en présence de deux types de littoraux qui, du point de vue des activités maritimes, ont des caractéristiques tout à fait différentes. D'une part, on a un littoral septentrional particulièrement rocheux sur lequel n'existe aucun port de pêche d'importance. Les structures de production sont essentiellement artisanales. D'autre part, sur le littoral méridional où domine l'armement industriel, les ports de Concarneau et Lorient concentrent à eux seuls 46 % des apports en valeur de toute la Bretagne.

Sur la côte nord, la pêche, essentiellement côtière, est de peu d'importance. Mais on y prend des poissons dont la valeur unitaire est forte. L'essentiel de l'activité maritime provient des coquillages, huîtres et dans une moindre mesure, des crustacés. Bien que la quasi-totalité des algues y soit récoltée, ce poste ne représente qu'une faible fraction de la valeur des produits débarqués. A cette structure artisanale de production correspond un système de commercialisation particulier. En général, il n'y a pas de criée ce qui signifie que les pêcheurs vendent directement aux mareyeurs, aux particuliers ou aux restaurateurs surtout durant la saison touristique. Pour le poisson, la région de Brest absorbe l'essentiel des prises, alors que les crustacés, coquillages et huîtres suivent des circuits plus complexes. De telles structures au niveau de la production et de la commercialisation font que les statistiques saisissent assez mal les niveaux de production. Cela est vrai pour les poissons, crustacés et les coquillages. Dans le domaine des huîtres et des algues, compte tenu des circuits de vente et transformation, les quantités produites sont assez bien connues. Dans le premier cas, se pose donc un problème de réévaluation des données afin de mieux cerner les valeurs absolues.

Pour terminer, nous devons signaler que ramené à l'activité totale le secteur des produits de la mer ne représente qu'une très faible proportion du total. Ainsi, les effectifs nationaux de marins-pêcheurs tels qu'ils sont saisis au recensement de la population de 1975 ne constituent que 0,18 % des actifs totaux. Pour la région, le chiffre correspondant est de 1,36 %. En adjoignant la conchyliculture, et les autres produits de la mer, les pourcentages respectifs s'élèvent à 0,30 % et 2,44 % pour la Bretagne.

3. Les dommages des pêches maritimes

Le naufrage de l'Amoco-Cadiz marque le début d'une période d'inactivité forcée de près de deux mois pour la plupart des pêcheurs, qui déposent d'ailleurs leur « rôle de pêche » auprès de leur administration de tutelle. Le pétrole englue les installations portuaires, les coques des navires et rend impossible la mise en route des moteurs. Les dommages aux navires et aux équipements de pêche sont donc une des premières conséquences de la marée noire.

Cette première catégorie, qui relève en toute rigueur des coûts de nettoyage, a été assez mal appréhendée. Nous citerons ici les résultats d'une enquête postale réalisée pendant l'été et l'automne 1980, auprès de 100 pêcheurs tirés au sort et dont 32 ont répondu (Sorensen *et al.*, 1984, p. 156-158). Elle permet de mettre en évidence d'une part le temps consacré au nettoyage et à la réparation des dommages par les pêcheurs eux mêmes, d'autre part les coûts exceptionnels occasionnés par ces opérations. Le temps passé par les pêcheurs aurait dû être normalement consacré à la pêche et sera valorisé lorsque l'on calculera le manque à gagner entraîné par les pertes de production. Il n'en est donc pas tenu compte ici, sinon il y aurait un double compte. Le second poste a été évalué en moyenne à 3 000 F (1978), ce qui correspond approximativement aux dépenses effectives de nettoyage et de réparation des équipements d'un pêcheur armant un bateau dans l'un des treize ports affectés par la pollution. En considérant l'ensemble de la flottille concernée, soit environ 371 navires, on aboutit à un coût de l'ordre de 1,1 millions de francs (1978).

Le montant des dommages des navires et des équipements de pêche est donc modeste. Pour l'essentiel les dommages des pêches maritimes sont dus à une diminution des captures. L'impossibilité de pêcher sur les lieux habituels pendant une période de durée variable, se traduit dans les statistiques de production des quartiers maritimes concernés. La reprise d'une activité normale va s'étaler sur plusieurs mois et nécessiter un effort de pêche accru à cause de la raréfaction de certains stocks. La pêche plus au large, sur des bancs situés au voisinage de l'Angleterre n'est possible que pour quelques unités de la flottille, suffisamment puissantes et exige une augmentation de l'effort de pêche.

Le calcul des dommages se fonde pour l'essentiel sur l'estimation des pertes de production faite à partir de l'analyse des séries chronologiques de captures. Elle utilise un ensemble élaboré d'analyses statistiques faites après le naufrage (Bonnieux et Rainelli, 1980, rapport p. 49-56 et annexes p. 50-60 ; Sorensen *et al.*, 1984, p. 145-146) qui peuvent différer sur des points plus ou moins mineurs, mais sont cohérentes entre elles. Aussi présenterons-nous la démarche suivie et les principaux résultats, en insistant sur l'administration de la preuve. Le procès a été l'occasion d'un ré-examen de ces dommages, aussi discuterons-nous ensuite la demande d'indemnisation qui a été présentée.

Les stocks halieutiques touchés par la pollution sont relativement peu exploités comme le suggère en particulier la puissance limitée de la flottille de pêche. L'hypothèse selon laquelle on se situait, avant la marée noire, en deçà du prélèvement maximum renouvelable apparaît parfaitement justifiée. Elle permet donc d'estimer les dommages à partir des séries de captures, c'est-à-dire d'imputer les déficits de production à la marée noire et non à une surexploitation biologique antérieure. La pollution a eu pour conséquence de diminuer la production renouvelable des stocks exploités par les pêcheurs.

On peut présenter les choses un peu différemment, en considérant que la qualité de l'eau est un facteur de production des pêches maritimes. Sa dégradation entraîne donc, une diminution de l'offre des pêcheurs qui passe de $S_0S'_0$ à $S_1S'_1$ sur la figure 36 qui reprend la figure 35 en l'adaptant aux conditions des pêches de la zone polluée.

Chaque courbe d'offre correspond à une campagne de pêche et est supposée relativement inélastique puisque le capital (flottille et engins de pêche) et le travail (équipages) sont relativement immobiles. Pour un prix OP_0 fixé, la production de la campagne antérieure à la marée noire aurait donc été de OY_0. La marée noire a entraîné une diminution de production pendant la campagne suivante, celle-ci n'a atteint que la valeur OY_1. Le dommage subi par les pêcheurs est évalué à partir de la perte de surplus des producteurs mesuré par $M_0\ M_1\ S_0\ S_1$. Cette surface peut être décomposée en deux parties : $M_0\ M_2\ M$ associée à la baisse de production et $M_1\ MS_0\ S_1$ associée à un accroissement des coûts de production dû à une augmentation de l'effort de pêche. Dans cette analyse, on suppose la demande infiniment élastique donc les prix constants, ce qui est conforme à l'observation et cohérent avec la faible importance des apports de Bretagne-Nord sur le marché national. Il en résulte que le surplus des consommateurs n'a pas été affecté.

L'analyse des apports de poissons et crustacés, menée par l'ensemble des trois quartiers fait apparaître une rupture en 1978 (tabl. 38). L'accroissement est sensible entre 1971 et 1979 avec un taux moyen de 18 % pour les poissons et 29 % pour les crustacés. Dans cette perspective d'augmentation, l'année 1978 s'inscrit en baisse avec un recul de 4,5 % pour les poissons et de 6,2 % pour les crustacés. Sur la période couverte, 1978 est la seule année où il y ait eu une baisse.

L'année 1979 se caractérise par une reprise. Le taux de croissance du poisson de 1979 par rapport à 1977, qui est de 20 %, est très proche du taux moyen enregistré sur la période. Il n'y a donc pas de rattrapage. Pour les crustacés, l'année 1979 ne correspond même pas à un retour à la normale.

Tableau 38. – Valeur des apports en poissons et crustacés dans les quartiers de Brest, Morlaix et Paimpol (en francs courants de 1971 à 1979).

	1971	1972	1973	1974	1975	1976	1977	1978	1979
Poisson valeur (1000 F)	4 009	4 352	5 822	6 067	7 213	9 344	10 896	10 403	15 611
indice 100 année précédente		108,6	133,8	104,2	118,9	129,5	116,6	95,5	150,1
Crustacés valeur (1000 F)	8 593	10 134	12 475	16 447	25 160	31 649	39 956	37 475	49 477
indice 100 année précédente		117,9	123,1	131,8	153,0	125,8	126,2	93,8	132,0

Une analyse plus fine basée sur les apports mensuels fait ressortir l'importance du facteur saisonnier. En moyenne, les mois de mai à octobre représentent 61 % des poissons débarqués. Juillet et août constituent à eux seuls 24 % de la production. Pour les crustacés, les proportions sont très proches. La période de mai à octobre entre pour 62 % dans le total, et juillet et août pour 22 %. Ce type d'analyse fait également ressortir le caractère particulier de l'année 1978. En termes de tendance, on enregistre une baisse atypique dès le printemps d'une durée de 4 mois pour les poissons (de mars à juin) et de trois mois pour les crustacés (mars à juin) attribuable à la marée noire.

Pour mieux cerner l'effet de la marée noire, on a analysé les tonnages produits de différentes espèces. La figure 38 présente la tendance des apports pour le maquereau, le lieu jaune, le bar et l'araignée qui serviront d'illustration.

Le maquereau est une espèce migratrice dont l'abondance dépend du stock général et des conditions hydrologiques locales. Tout comme en 1972, les mauvaises conditions climatiques qui ont prévalu au début de l'année 1978 ont bouleversé la chaîne planctonique et rendent compte en grande partie du déficit constaté. A l'inverse, pour le lieu jaune qui est sédentaire, le creux de 1978 est exceptionnel et en liaison directe avec la pollution. La perte apparaît d'autant plus forte que l'on se situe après une période de captures satisfaisantes. Contrairement au maquereau, les prises en 1979 ne retrouvent pas leur niveau antérieur.

Le bar, qui est une espèce très recherchée, a des caractéristiques qui le situent entre le maquereau et le lieu jaune du point de vue de la sédentarité. Bien que le stock soit assez localisé, on constate que ce poisson côtier se déplace. Le déversement massif des hydrocarbures semble bien avoir provoqué des déplacements du bar auxquels on peut attribuer la baisse des prises de 1978. Enfin, l'étude des séries mensuelles de débarquement d'araignées n'indique pas de creux atypique en 1978 et la faible production serait plus le fait de conditions hydrologiques de

Figure 38. – La tendance des apports de quatre espèces (en tonnage).

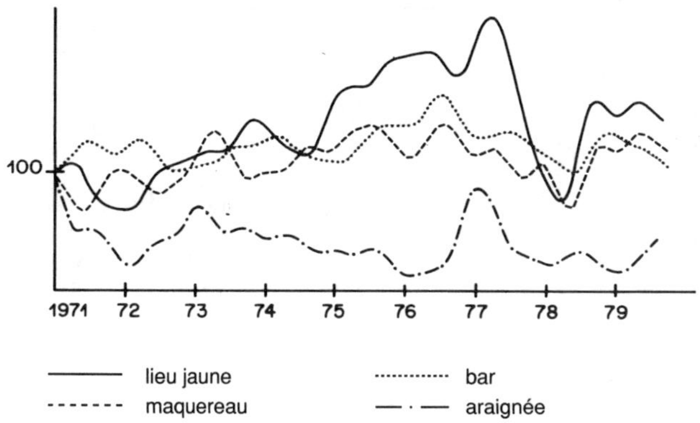

printemps défavorables. Ces analyses statistiques ont été étendues aux quartiers maritimes contigus à la zone polluée. Elles n'ont pas mis en évidence de déficit particulier de production en 1978.

L'analyse descriptive des séries statistiques permet un premier diagnostic. Pour la dépasser, nous avons modélisé les séries mensuelles d'apports de janvier 1971 à février 1978. On a procédé ensuite à une prévision de la production à partir du mois de mars 1978. Les pertes sont obtenues en comparant les prévisions aux apports effectivement réalisés. Les trois quartiers sont traités ensemble mais les poissons et les crustacés sont considérés séparément.

Sans donner d'autres détails d'ordre mathématique, indiquons que le modèle utilisé est de type ARIMA (Autoregressive Integrated Moving Average). Il permet d'intégrer la croissance de la production et donne une bonne représentation des fluctuations tant saisonnières que résiduelles. La qualité de l'ajustement est excellente puisque, tant pour la production de poissons que celle de crustacés, le coefficient de détermination (carré du coefficient de corrélation) dépasse 99 %. On a ainsi une bonne base pour faire des prévisions qui démarrent en mars 1978. Elles ont été poursuivies jusqu'en octobre 1979. Notons ici que leur qualité diminue évidemment à mesure que l'on s'éloigne du point de départ. Le détail des écarts mensuels entre valeur effective (observée) de la production et valeur prévue (par le modèle) est indiqué au tableau 39. Nous y avons fait figurer aussi le cumul des écarts et les totaux poissons, crustacés.

Tableau 39. – Ecart mensuel et écart cumulé entre production effective et production prévue pour le poisson et les crustacés de mars 1978 à octobre 1979 (en 1 000 F).

	Poisson		Crustacés		Total	
	écart mensuel	écart cumulé	écart mensuel	écart cumulé	écart mensuel	écart cumulé
1978						
mars	- 436	- 436	- 1618	- 1618	- 2054	- 2054
avril	- 668	- 1104	- 2624	- 4242	- 3292	- 5346
mai	- 716	- 1820	- 2140	- 6382	- 2856	- 8202
juin	- 483	- 2303	- 1283	- 7665	- 1766	- 9962
juillet	- 119	- 2422	- 683	- 8348	- 802	- 10770
août	- 269	- 2691	- 351	- 8699	- 620	- 11390
septembre	- 181	- 2872	- 291	- 8990	- 472	- 11862
octobre	- 41	- 2913	614	- 8376	573	- 11289
novembre	- 139	- 3052	532	- 7844	393	- 10896
décembre	- 152	- 3204	195	- 7649	43	- 10853
1979						
janvier	189	- 3015	174	- 7475	363	- 10490
février	60	- 2955	- 192	- 7667	- 132	- 10622
mars	- 46	- 3001	- 604	- 8271	- 650	- 11272
avril	- 30	- 3031	- 17	- 8288	- 47	- 11319
mai	296	- 2735	- 1230	- 9518	- 934	- 12253
juin	411	- 2324	- 919	- 10437	- 508	- 12761
juillet	460	- 1864	- 569	- 11006	- 109	- 12870
août	54	- 1810	- 69	- 11075	- 15	- 12885
septembre	316	- 1494	192	- 10883	506	- 12377
octobre	212	- 1282	- 837	- 11720	- 625	- 13002

La comparaison mois par mois de la production effective et de la production prévue rend compte du déroulement de la campagne. Pour les poissons, l'essentiel des pertes se situe en 1978. Au mois de décembre, ce poste constitue près de 30 % du total du manque à gagner. En 1979, seuls les mois de mars et avril enregistrent un déficit, aussi a-t-on un rattrapage. L'écart cumulé régresse de 3 204 milliers de francs en décembre 1978 et 1 282 milliers de francs en octobre 1979. A cette date, ce qui revient au poisson dans le total des pertes ne représente plus que 10 % environ. Pour les crustacés, le manque à gagner sur l'année 1978 ne concerne que les mois de mars à septembre, les quatre mois qui suivent se traduisent plutôt par une amélioration et les pertes reprennent en février.

L'écart cumulé entre production effective, exprimée en francs, et production prévue par le modèle se stabilise aux environs de 3 millions pour le poisson un an après la catastrophe. Ensuite la perte se résorbe, ce qui signifie un lent retour à la normale. Pour les crustacés, la perte ne cesse d'augmenter jusqu'au mois d'octobre 1979 après un déclin durant l'hiver. Dans un modèle plus élaboré, David et Michaud (1989) obtiennent des résultats plus élevés pour les poissons. Le tableau 40 présente ces diverses estimations.

Tableau 40. – Ecarts cumulés entre production prévue et production effective un an après et 19 mois après la catastrophe (en millions de F).

	de mars 1978 à mars 1979			de mars 1978 à octobre 1979		
	poissons	crustacés	total	poissons	crustacés	total
Bonnieux, Rainelli	3,00	8,27	11,27	1,28	11,72	13,00
David et Michaud	3,14	–	11,41	3,52	–	15,24

L'horizon d'un an retenu dans plusieurs publications revient à retenir une valeur plutôt basse de l'ordre de 11,3 à 11,4 millions de francs soit 21 % de la production réalisée durant l'année antérieure à la catastrophe. Cette évaluation ne couvre pas les coquillages et mollusques, les plantes marines et la pêche des non-professionnels, points qu'il convient d'examiner.

En ce qui concerne les coquillages et mollusques, on a vu la faible importance de ce poste dans les débarquements totaux de cette fraction du littoral (8 % en 1976). L'essentiel des gisements de la côte nord se trouve en baie de Saint-Brieuc. Le quartier qui y correspond a d'ailleurs une production coquillière trois fois supérieure à celle de l'ensemble de la zone polluée en 1977 et la baie de Saint-Brieuc n'a pas subi de préjudices dans ce domaine. L'espèce la plus importante en valeur est la coquille Saint-Jacques puisqu'en 1977 elle représente la moitié de la production coquillière du littoral étudié. En 1978, elle constitue 63 % ; comme la période de pêche va de novembre à mars les coquilliers de la zone n'ont pas subi de gêne directe. D'autre part, une proportion croissante de cette espèce provient du quartier de Paimpol, lequel va draguer en baie de Saint-Brieuc. Sur le littoral touché par les hydrocarbures, il y a bien des espèces qui sont pêchées telles les praires, que l'on drague, ou les coques et palourdes qui sont pêchées à pied. Mais on ne dispose pas d'éléments suffisants pour relier les variations de production aux effets de la marée noire. Pour le poste coquillages et mollusques il n'apparaît donc pas possible de donner une estimation.

L'intégralité de la production d'algues marines est absorbée par les transformateurs, ce qui permet une bonne connaissance des quantités produites. On distingue deux grandes catégories d'algues : « celles qui sont ramassées depuis le rivage, et celles prélevées à partir d'une embarcation ». Les premières sont constituées par les ascophyllum, lichen blanc ou rouge, cloustonis, stipes de laminaires, algues diverses et fucus. Ces algues que l'on trouve dans la zone découverte par les marées sont ramassées à la main à marée basse et apportées aux usines. Cette cueillette correspond à une exploitation traditionnelle dans le droit fil des récoltes effectuées autrefois par les paysans en vue d'amender les terres destinées aux cultures légumières. Les quantités aujourd'hui utilisées par l'agriculture semblent peu importantes, l'essentiel étant destiné à l'industrie. La seconde catégorie fait référence à des amendements calcaires provenant soit du squelette d'une algue (maërl ou lithothamme), soit de fragments de coquilles accumulés sur certaines plages (Frez ou sables coquilliers). L'exploitation en est faite par dragage avec des moyens assez importants. Nous mettrons à part ces amendements pour considérer seulement les deux autres algues exploitées à l'aide d'une embarcation, les laminaires et fucus.

Les laminaires, dont l'industrie des algues fait une grande consommation en vue de produire des alginates, poussent à des profondeurs de 10 à 30 mètres. Traditionnellement ces plantes faisaient l'objet d'une récolte manuelle, les algues étant ramenées au rivage et séchées sur les dunes. En effet, les usines ne traitaient que le produit sec. Il ne servait à rien d'avoir une récolte trop importante si on ne pouvait étendre et faire sécher les laminaires. Or, l'absorption des algues en vert par les transformateurs, amorcée en 1976, s'est amplifiée en 1977 et surtout en 1978. Parallèlement la mécanisation de la récolte a progressé. Ainsi le nombre de bateaux mécaniques qui était de 41 et 42 en 1975 et 1976 est passé à 49 en 1977 et 55 en 1978. La suppression du séchage permet d'accroître le nombre de sorties, et donc augmente la productivité.

Les achats, par les industriels, de laminaires et de fucus, font ressortir clairement une accélération du processus de substitution des tonnages en vert aux tonnages en sec de 1977 à 1978. Exprimé en vert, le tonnage en laminaires a fortement augmenté et compte tenu des rapports de prix, a largement compensé, la diminution en fucus. Le dernier point à signaler à propos des algues recueillies à partir d'embarcations, est qu'une partie de la récolte de 1978 a été réalisée en dehors des lieux de pêche habituels. En effet, le ramassage autour de l'Ile de Sein qui était abandonné depuis longtemps, a été repris en août-octobre 1978 par six jeunes goémoniers du Nord-Finistère privés de leurs lieux d'exploitation habituels. Cela représente bien un surcoût par rapport à la récolte normale ; mais on sait que l'opération s'est faite grâce à une aide de l'Etat. On ne peut donc parler de perte dans ce cas. Si l'on s'attache à présent aux algues que l'on trouve dans la zone découverte par les marées, il ne semble y avoir eu de perte sensible que pour les lichens carragahéens, puisque dans le quartier de Brest, les apports qui avoisinaient les 2 100 tonnes annuelles de 1974 à 1976 n'atteignent que 1 200 tonnes en 1978. Mais les comparaisons en tonnage sont difficiles car il y a un mélange de lichens évalués tantôt en sec, tantôt en humide, dont la valeur unitaire varie dans de fortes proportions. Une analyse de la production en valeur est donc préférable. Elle montre une diminution en 1977 suivie d'une reprise en 1978.

Pour terminer sur ce point, il est évident que la pollution a retardé le démarrage de la récolte d'algues et, de ce fait, quinze jours à un mois et demi selon les ports ont été perdus. Ce retard a affecté les usines de transformation qui ont subi des pertes négligeables de l'ordre de 40 à 50 mille francs. Au niveau de la production, il n'y a pas eu de manque à gagner. Le retard à l'ouverture de la pêche a même eu des effets bénéfiques sur la pousse des algues d'où un rattrapage lorsque la campagne a pu commencer. A la suite de cet accident, il a même été décidé de reculer la date d'ouverture en 1979. Par ailleurs, pour les goémoniers, le problème n'est pas celui du ramassage mais celui de l'écoulement de la récolte, du moins pour le moment.

Reste à examiner les pertes de production subies par les non-professionnels. Leur activité s'exerce à pied ou en bateau, comme on a pu le voir à partir des enquêtes sur les loisirs des résidents et des touristes. Nous n'avons pu procéder à une estimation grossière que pour la seconde catégorie. Elle se fonde sur une évaluation des engins de pêche embarqués sur les navires de plaisance et aboutit à une valeur de l'ordre de 1 million de F (1978).

Pour l'essentiel, les pertes de production ont donc concerné les professionnels et porté sur les poissons et les crustacés. Ce sont les seules dont nous tiendrons compte par la suite. Les données utilisées pour le calcul des pertes des non-professionnels sont en effet trop fragiles et les conventions trop critiquables, pour que l'on puisse considérer que l'évaluation est fiable. Ce qui apparaît sûr, c'est la modicité des pertes subies.

Les pertes de production qui viennent d'être calculées ne constituent une estimation des pertes de production des pêcheurs, que si l'effort de pêche est resté constant. Or, du fait de la pollution, ils ont dû rester plus longtemps sur les zones de pêche habituelles et prospecter de nouveaux stocks situés plus loin. L'augmentation des coûts de production ne s'est pas traduite par un accroissement des captures, les pertes de production des pêcheurs sont donc supérieures aux pertes de production calculées par les modèles de prévision qui reposent sur l'hypothèse toutes choses égales par ailleurs.

L'estimation d'une fonction de production de la flottille a pu être faite à partir de données trimestrielles couvrant la période qui va du deuxième trimestre 1974 au troisième trimestre 1979. Pour expliquer les captures de la flottille de pêche, on a fait intervenir la puissance des navires, un critère reflétant l'effort de pêche et un indicateur de l'abondance et de la proximité des stocks. La puissance des bateaux, exprimée en chevaux, donne une idée des moyens mis en œuvre pour la capture des ressources, c'est une variable de capital. Pour l'effort dans la recherche du poisson, on a retenu la consommation de carburant par unité de puissance (litres/cheval). Enfin, comme indicateur d'abondance et de proximité des stocks, on a considéré le rapport des captures en valeur à la consommation de carburant, c'est donc une variable de rendement.

La qualité statistique des ajustements, faits à la fois sur les données trimestrielles brutes et sur des données lissées par moyennes mobiles sur trois trimestres, est excellente. L'élasticité de la production par rapport à la puissance et à l'effort de pêche est voisine de un, et est de l'ordre de 0,80 par rapport à l'indicateur d'abondance.

L'étude de cette fonction de production avant et après la catastrophe permet d'apprécier la perte de recette. Elle s'élève à 21 % lorsqu'on compare l'année qui a suivi la catastrophe à celle qui l'a précédé. Ce résultat est identique à celui trouvé avec le modèle basé sur les séries chronologiques puisque l'on obtient 21 % pour l'ensemble des trois quartiers. Du côté des facteurs de production, les moyens mis en œuvre sont quasiment inchangés, la puissance n'augmente que de 1 %. Par contre l'effort des pêcheurs s'est accru de 11 % et l'indicateur d'abondance et de proximité des stocks enregistre une chute de 30 %, ce qui est considérable.

Ainsi, le recul des captures a pour origine une raréfaction de la ressource sur les lieux habituels de pêche. La puissance de la flottille n'ayant pratiquement pas varié, la recherche des espèces ayant déserté les zones de pêche, a entraîné un effort supplémentaire en temps et en carburant. Dans des conditions normales, cela se serait traduit par un accroissement proportionnel des prises, puisque l'élasticité de la production par rapport à la variable d'effort vaut un. Théoriquement, la production aurait dû augmenter de 11 %. Il s'agit là d'un facteur additif se superposant à la baisse estimée des apports. A la chute observée de 21 %, s'ajoutent donc ces 11 %.

La généralisation de ces résultats à l'ensemble de la zone touchée conduit à estimer les pertes de la première année à 32 % de la production de l'année ayant précédé la catastrophe. Après redressement des statistiques officielles, pour tenir compte de leur sous-évaluation de la production réelle, on obtient une perte de production de 19,8 millions de francs (1978), ce qui correspond à une perte de valeur ajoutée de 13,5 millions de francs (1978).

A partir des mêmes informations, Sorensen et al. (1984) évaluent la production perdue au même montant, soit 19,8 millions de francs, après une correction pour tenir compte de la sous-évaluation des statistiques, mais sans intégrer dans les mêmes proportions la variation de l'effort de pêche. Cette estimation portant sur 21 mois, un redressement du même ordre que le nôtre aboutirait donc à une perte supérieure. Il y a donc une cohérence globale des deux approches. Cependant, dans le détail, il y a quelques divergences. Le modèle est basé sur une régression et est appliqué séparément aux trois quartiers maritimes et aux séries de captures de poissons, crustacés et coquillages. La perte totale est donc l'addition de neuf estimations indépendantes entre elles. Cette approche plus désagrégée est moins fiable que celle que nous avons suivie, la répartition des pertes par catégorie est un peu surprenante, puisque la moitié des dommages serait dûe aux coquillages pour lesquels, comme nous l'avons vu, rien ne peut être affirmé, et plus de 80 % concernerait le quartier de Brest. Le dernier chiffre apparaît excessif, lorsqu'on le rapproche de la part de ce quartier dans la production totale. Un calcul mené sur des séries plus désagrégées est sans nul doute moins fiable, aussi retiendrons-nous, notre évaluation par la suite.

Compte tenu de l'immobilité des facteurs de production primaires, navires, équipements de pêche et équipages, qui n'ont pas d'autre emploi possible à court terme, la perte de valeur ajoutée est une estimation de la diminution du surplus du producteur. Elle représente l'essentiel du dommage subi par les pêches maritimes pendant la première année qui a suivi la catastrophe.

La valeur obtenue pour les dommages dépend étroitement du nombre de mois inclus dans le calcul. Le choix fait s'appuie sur l'information statistique disponible en 1980, lorsque l'évaluation a été faite. Un critère scientifique plus satisfaisant tiendrait compte de la dynamique des stocks touchés et pourrait aboutir à des périodes différentes selon les espèces. Cette information n'étant pas disponible, le choix qui a été fait correspondait donc à la seule approche possible.

Le procès a été l'occasion d'actualiser ces calculs en intégrant les données postérieures à 1979. Les évaluations par espèce montrent des situations variées selon les espèces : pertes de capture limitées à 1978 pour les poissons plats, pertes étalées jusqu'en 1983 pour les coques, pertes n'apparaissant qu'en 1979 mais s'amplifiant par la suite pour les tourteaux, enfin captures exceptionnelles pour les crevettes roses (fig. 39).

Les demandes présentées devant le tribunal partent toujours du même principe, à savoir la comparaison entre valeurs observées et valeurs calculées. Mais les estimations portent sur les espèces composant les catégories de crustacés et de mollusques. Seule la catégorie « poissons » est traitée de manière agrégée. En second lieu, l'écart entre valeurs observées et valeurs prévues s'étend sur la période 1978-1983.

Les ajustements qui relèvent de la régression linéaire, portent sur les tonnages. Les écarts entre la production qui aurait dû être obtenue, sur la base des résultats entre 1971 et 1977, et la production réelle sont ensuite valorisés en recourant aux prix constatés pour les années 1978 à 1983.

Le tableau 41 donne le montant total ainsi obtenu.

Ces pertes valent pour l'ensemble des pêcheurs des trois quartiers touchés. Toutefois, les plaignants regroupés dans l'Association de défense des marins-pêcheurs victimes de l'échouement de l'Amoco-Cadiz sont au nombre de 848 sur un total de 1 257 professionnels. Dans ces conditions le manque à gagner des plaignants a été évalué au prorata de leur nombre, ce qui donne un chiffre de 37,018 millions de F.

Dans le tableau 42, on a présenté les diverses évaluations en précisant pour chacune d'entre elles les principales caractéristiques : modèle, période étudiée, nature des évaluations effectuées.

Si les techniques statistiques peuvent expliquer les différences entre les modèles, il semble bien que le temps de recouvrement soit l'élément déterminant pour l'écart avec l'estimation présentée devant le tribunal. A ce propos, il convient de relever que les estimations tant de Sorensen et al. que les premières de Bonnieux et Rainelli ont été faites peu de temps après l'échouement de l'Amoco-Cadiz. Dans ces conditions, le manque de recul ne permettait pas d'apprécier la durée des pertes. Les statistiques pour le faire manquaient également.

Figure 39. – Captures annuelles : valeurs observées (□—□) et prévues (x—x) (tonnage Brest, Morlaix et Paimpol).

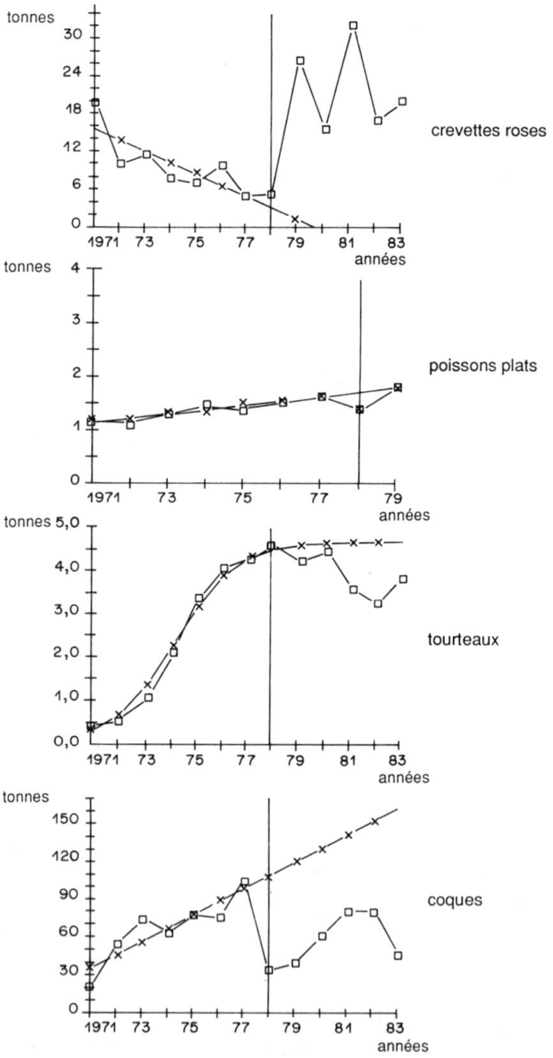

Tableau 41.- Montant des pertes pour les poissons, crustacés et mollusques sur la période 1978-1983 avec un calcul par espèces (en millions de F).

Poissons		2,344
Crustacés		
Araignée	17,245	
Tourteau	40,358	
Crevette rose et bouquet	(7,591)	
Crevette grise	(1,798)	
Homard	(14,819)	
Langouste	(5,568)	
Crabe vert	(0,684)	
Etrille	(0,331)	
Total crustacés		26,812
Mollusques		
Coque	0,960	
Palourde	0,927	
Pétoncle (1)	4,247	
Ormeau	(0,182)	
Praire	22,711	
Amandes	1,384	
Buccin	91	
Bigorneaux	1,539	
Patelle	(0,111)	
Total Mollusques		25,720
Total		54,876

Note : Les valeurs entre parenthèses correspondent à des accroissements de production ; elles sont donc déduites du montant de la catégorie.
(1) Pour les pétoncles la perte porte sur les quartiers de Morlaix et Paimpol.

La critique de cette expertise a été purement statistique et a donc porté sur la mise en uvre de la méthode d'extrapolation. L'expert de la compagnie Amoco s'est efforcé de proposer d'autres estimations qui aboutissent une fois agrégée à un gain de 18 millions de francs. L'argument constant qu'il développe, selon lequel les fluctuations de production sont élevées et que, par conséquent, les intervalles de confiance pour les prévisions sont très larges, est valable. Il n'entraîne pas pour autant que la marée noire ait été bénéfique pour les pêcheurs. Il s'est attaché en effet à exagérer au maximum les compensations lorsqu'il y en avait

Tableau 42. – Récapitulatif des diverses estimations relatives aux pertes subies par les pêcheurs (en millions de F).

Sources	Technique statistique	Temps de recouvrement	Agrégat estimé		Autres pertes
			recettes	valeur ajoutée	
Sorensen et al.	régression	21 mois	19,81	–	1,1
Bonnieux et Rainelli	ARIMA	19 mois	24,43	16,61	1,0
	régression	5 ans	54,87		

eu et à transformer en gain les pertes. Curieusement, la critique n'a pas porté sur la modélisation elle-même sauf pour le tourteau. Pour celui-ci le modèle logistique retenu (fig. 38) est déclaré valide jusqu'à un maximum, mais ne s'appliquerait pas au-delà, la diminution à partir de 1979 étant donc normale. De façon plus générale, l'expertise vise à déterminer la perte des pêcheurs et doit donc privilégier une approche globale. Celle-ci intègre implicitement la dynamique des différentes populations, mais s'écarte d'une analyse espèce par espèce préconisée par les biologistes. C'est pour ces raisons d'ordre statistique et économique que les premiers calculs restent valables, car peu importe en fin de compte que la production de certaines espèces ait augmenté, si globalement le revenu des pêcheurs a diminué.

4. Dommages de l'ostréiculture

L'ostréiculture est l'une des activités économiques les plus importantes du littoral breton, sa production dépasse de beaucoup celle de la pêche dans la zone polluée par l'Amoco-Cadiz. La production des gisements naturels étant négligeable, l'essentiel provient de parcs ostréicoles. Dans le Finistère-Nord et les Côtes-d'Armor, ils sont concentrés dans trois bassins principaux, rade de Brest, Abers et baie de Morlaix-Penzé. La production des autres sites est très faible. La marée noire a touché les Abers et Morlaix-Penzé.

Deux espèces d'huîtres sont élevées en Bretagne, l'huître plate et l'huître creuse. La première est un produit de luxe, fragile et délicat à produire, qui a été peu concerné par la pollution. Les tonnages étaient devenus faibles à la suite d'une épidémie (*Martellia refringens*) ; la marée noire a peut-être ralenti son redémarrage, mais cela reste difficile à démontrer compte tenu des difficultés de relance de sa production rencontrées par la suite. L'impact essentiel de la marée noire concerne donc l'huître creuse.

L'espèce traditionnelle d'huître creuse (*Crassostrea angulata*) a été décimée au cours des années soixante par une épizootie et remplacée progressivement par une autre espèce (*Crassostrea gigas*), introduite à partir de 1973 en baie de Morlaix-Penzé. Ce nouvel élevage s'est donc substitué à la fois à l'huître creuse traditionnelle et à l'huître plate dont la production avait tendance à diminuer. La marée noire a eu lieu au plus mauvais moment possible puisqu'il s'agissait d'une production encore adolescente ; les techniques d'élevage n'étaient pas complètement maîtrisées et les nouveaux circuits de commercialisation pas solidement établis.

La pollution a eu des effets immédiats sur les huîtres présentes dans les parcs et les installations. Ceux-ci ont été suffisamment visibles pour que la contestation ne puisse porter que sur des décimales.

Une partie des huîtres, les moins contaminées, ont pu être transportées dans d'autres bassins, en particulier en rade de Brest. Mais l'essentiel des stocks a dû être détruit, soit que les huîtres aient été trop polluées pour être consommées, soit que, n'ayant pas pu être commercialisées, elles aient été maintenues dans les parcs et aient dépassé la taille maximale pour être vendues. Les opérations de destruction se sont déroulées en plusieurs phases, et ont porté sur plus de 7 000 tonnes à Morlaix-Penzé et 1 100 tonnes d'huîtres creuses dans les Abers. A ces quantités il convient d'ajouter environ 140 tonnes d'huîtres plates et plus de 60 tonnes de moules. Le transfert et la destruction ont donné lieu à des indemnisations des Pouvoirs Publics, sous forme d'avances. L'autre composante des dommages visibles concerne le nettoyage et la restauration des matériels et des parcs. Les sols des parcs des Abers ont dû être défoncés et complètement refaits. Ces dommages ont été en grande partie pris en charge par les Pouvoirs Publics et les coûts effectivement subis par les ostréiculteurs sont relativement faibles.

Même avec le recul, les effets à long terme sont difficiles à évaluer. L'absence du marché a favorisé la production des bassins concurrents et le développement de l'ostréiculture en Basse-Normandie. Ceci peut être apprécié par l'évolution des parts de marché, mais elles ne rendent qu'imparfaitement compte de la réalité. En dépit des indemnisations, les entreprises sont devenues plus fragiles et n'ont pas pu s'adapter aux nouvelles techniques d'élevage aussi rapidement que leurs concurrentes, comme le montre le développement plus lent de l'élevage sur tables. Leur pouvoir de marché a diminué et la fonction de sous-traitance s'est accrue. A la vente de produit fini dans les circuits de commercialisation de gros ou de détail, s'est de plus en plus substituée la vente de produits à affiner dans les bassins de Marennes et d'Oléron. L'image de marque de l'huître creuse de Bretagne-Nord était sans doute encore à construire, mais la marée noire en annihilant les efforts de plusieurs années a retardé la reconnaissance de ce produit par le consommateur.

Les évaluations de dommages faites à la fin des années soixante-dix, tant sous l'égide de l'INRA que de la NOAA, ont pêché par optimisme. Elles sous-estiment en effet leur ampleur puisqu'elles reposent sur des hypothèses d'un retour à la normale beaucoup trop rapide comme on le constate *a posteriori*.

Les coûts de nettoyage, de reconstitution des sols et de transfert des huîtres payés par l'Etat sont connus et ne sont pas considérés par la suite. L'ensemble des autres dommages peut donc être calculé à partir des comptabilités des entreprises. Il suffit pour ce faire de disposer d'une série historique suffisamment longue. Malheureusement cette méthode ne peut pas être appliquée pour diverses raisons présentées dans un premier paragraphe. Le seul calcul fiable repose donc sur les parts de marché et sera exposé ensuite.

4.1. Utilisation des comptabilités individuelles

La méthode la plus naturelle pour évaluer les dommages de l'ostréiculture consiste à sommer les pertes individuelles, étant donné le faible nombre d'entreprises (une cinquantaine), elle est *a priori* facile à appliquer et a donc été examinée. Son principe consiste à comparer les résultats économiques des entreprises après la marée noire aux résultats prévisibles.

La mise en œuvre a consisté à réunir les comptabilités individuelles à partir de 1973, période du début de l'élevage de *Crassostrea gigas*. Le critère économique retenu est la marge brute d'autofinancement qui correspond à la rémunération du capital et des entrepreneurs. Cet agrégat, proche de la notion de cash flow s'obtient pour les entreprises dites en nom personnel en ajoutant au solde du compte d'exploitation générale, les dotations pour provisions et amortissements. L'application de cette méthode aux sociétés anonymes à responsabilité limitée nécessite par ailleurs l'intégration des salaires des dirigeants qui apparaissent comme une charge dans le compte d'exploitation. Ce calcul s'appuie sur une définition assez restrictive des dommages, puisqu'il limite leur champ aux pertes subies par les entreprises. Il n'intègre pas celles des salariés au chômage par suite de la baisse d'activité consécutive à la marée noire. Pour une part importante, il s'agit d'une main-d'œuvre saisonnière recrutée sur place et qui n'a pas eu d'autre possibilité d'emploi.

Seule une partie des entreprises, la moitié environ, dispose d'une comptabilité complète. Les autres, qui sont au forfait, posent des problèmes lorsqu'on tente d'évaluer leur marge brute d'autofinancement. Dans quelques cas, la seule information disponible est le total des ventes, et parfois les comptes manquent certaines années. Même pour les entreprises au réel, les calculs supposent diverses conventions discutables.

Ainsi est-on confronté aux différences entre exploitations, ou dans le temps pour une exploitation, des durées d'exercice : campagne allant du 1er juillet au 30 juin, ou année civile. Quand une entreprise passe de la campagne à l'année civile, l'exercice se trouve être de 18 mois à la période de transition. Mais le problème le plus ardu tient aux entreprises ayant plusieurs établissements (en zone polluée, et hors zone polluée), ou ayant plusieurs activités (huîtres creuses et plates, aquaculture, activité de commercialisation). L'existence de comptes consolidés rend difficile l'élaboration de critères de rentabilité propres à une seule activité. Même si l'on y parvenait, on pourrait s'interroger sur la validité de ratios calculés alors que l'huître creuse était une production nouvelle en période de démarrage. Les entreprises ayant commencé le plus tôt n'avaient même pas deux cycles de production derrière elles, sachant qu'un cycle équivaut à 3 ans environ.

Ces diverses raisons conduisent à écarter cette approche malgré son intérêt théorique.

4.2. Calcul des dommages à partir des parts de marché

La courte histoire de la production de *Crassostrea Gigas* dans les Abers et à Morlaix-Penzé, associée à de fortes fluctuations conjoncturelles rend difficile la prévision de la production normale à partir des résultats observés avant la marée noire. Le raisonnement en termes de parts de marché est plus sûr. La figure 40 retrace les parts de marché constatées pour les quartiers maritimes de Brest et Morlaix ainsi que pour ceux de Normandie. Il permet d'illustrer la baisse consécutive à la marée noire et le développement de la production des bassins concurrents de la Bretagne-Nord.

La projection des parts de marché observées de 1974 à 1977 pour Brest-Morlaix aboutit à 7 % en 1978. Ce pourcentage correspond au volume de production qui aurait été atteint en 1978 en l'absence de marée noire. On aurait eu, en effet, un total de 7 062 tonnes, soit 7,25 % de la production nationale. Ce chiffre se décompose en deux éléments. Pour le premier, il s'agit des quantités effectivement commercialisées en 1978 : 632 tonnes en rade de Brest et 756 tonnes dans le bassin de Morlaix. Pour le second on a pris en considération les quantités commercialisables, mais qui ont été détruites du fait de la marée noire, soit 5 124 tonnes dans le bassin de Morlaix et 550 tonnes dans les Abers.

L'hypothèse d'un simple maintien de la part du marché national à hauteur de 7 % dans les cinq années suivantes apparaît donc tout à fait raisonnable.

Le volume de la production nationale étant connu, il est facile en comparant la production réalisée à la production projetée, d'évaluer

Figure 40. – Parts de marché de Brest-Morlaix et de la Normandie (% du total national).

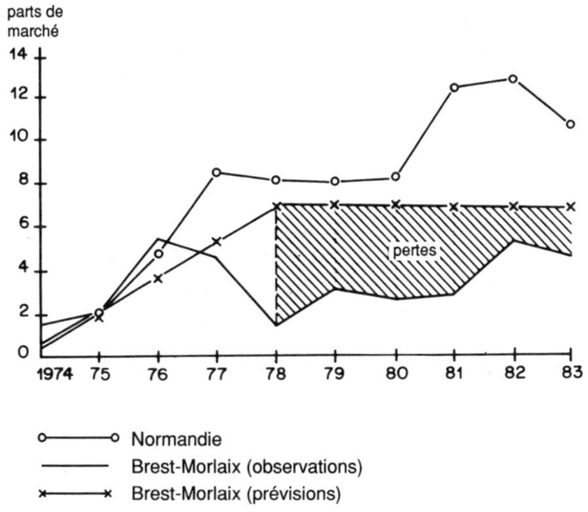

le tonnage perdu année par année. Le passage en valeur s'appuie sur le calcul d'un prix moyen. Enfin on aboutit à une évaluation des pertes en termes de « revenu » en déduisant la diminution des coûts entraînée par la baisse d'activité (tabl. 43). Le calcul des coûts est basé sur le dépouillement des comptabilités d'entreprises « au réel ».

Tableau 43. – Calcul des pertes de l'ostréiculture.

	Production (1 000 t)			Prix 1000 F/t	Ventes perdues	Coûts économisés	Pertes
	réelle	prévue	perdue				
1974	287						
1975	1 702						
1976	4 638						
1977	4 221						
1978	1 388	6 504	5 116	6,7	34 062	10 070	23 992
1979	3 448	7 573	4 126	7,0	28 898	11 624	17 274
1980	2 739	7 179	4 440	7,8	34 457	25 926	8 531
1981	2 605	6 276	3 672	9,1	33 538	24 953	8 585
1982	5 815	7 753	1 938	8,7	16 937	13 018	3 919
1983	5 038	7 753	2 715	9,2	25 038	19 388	5 650

Compte tenu des hypothèses retenues, ce calcul limité à cinq années fournit des chiffres probablement sous-estimés. Le cumul aboutit à 22 000 tonnes d'huîtres perdues. Les pertes cumulées exprimées en francs 1978 atteignent 67,95 millions.

5. Les pertes écologiques

Les déversements massifs de pétrole sur le littoral ont eu des effets significatifs sur les écosystèmes en les perturbant gravement. La mise en place d'un suivi à partir d'un échantillonnage des différents types de côte a permis d'estimer la biomasse détruite. Il s'agit pour l'essentiel d'organismes des plus bas niveaux trophiques qui n'ont pas de valeur commerciale. La notion de pertes écologiques a alors été introduite naturellement pour désigner cette catégorie de dommage qui s'étend aussi aux oiseaux de mer.

La nécessité d'une valorisation monétaire une fois admise par les biologistes, la discussion a tourné autour de la nature de ces pertes et a abouti à une demande d'indemnisation fondée sur un compromis entre des considérations juridiques et écologiques. Sans reprendre des débats qui ont donné lieu à plusieurs rapports, il est intéressant d'examiner, à la lumière des réflexions récentes sur la valeur économique de la nature, la notion même de perte écologique.

Même si les concepts fondamentaux de valeur d'option (Weisbrod, 1964) et de valeur d'existence (Krutilla, 1967) ont été introduits dès les années soixante, les réflexions synthétiques sur la valeur de la nature sont relativement récentes. Nous ne pensons cependant pas que cela soit la raison principale des difficultés rencontrées pour donner un contenu conceptuel clair aux pertes écologiques. Les responsabilités incombent davantage aux écologistes qui après une période de refus de toute valorisation ont imposé une solution passablement arbitraire. De plus, il faut insister sur la difficulté pour les avocats de trouver un cadre juridique adéquat.

5.1. Les valeurs de la nature

Une taxinomie élémentaire des valeurs économiques de la nature oppose valeur d'usage et valeur intrinsèque. Cette distinction est toutefois insuffisante parce que le premier concept recouvre plusieurs catégories et que le second demeure relativement flou. Comme nous allons le voir, la notion de pertes écologiques emprunte aux deux.

Il faut dès le départ, considérer la valeur d'usage dans un sens pluriel, tant apparaît importante la coupure entre usage présent (actuel) et usage potentiel, c'est à dire associé à une option. Jusqu'ici nous n'avons discuté que de pertes constatées (observables), mais la destruction de biomasse remet en cause des usages dans l'avenir. Aussi le dommage écologique recouvre-t-il des pertes de valeur d'option. Elles peuvent concerner les individus touchés directement par la marée noire (pêcheurs, ostréiculteurs, touristes), leurs descendants ou toute autre personne qui pourrait potentiellement en souffrir.

Bien qu'elle soulève des difficultés liées au caractère plus ou moins irréversible des transformations, à l'incertitude quant à leurs conséquences, et au caractère unique de certaines espèces, la notion de valeur d'option est bien définie. La valeur intrinsèque, liée à l'existence même d'un écosystème est plus difficile à cerner. En effet, il ne s'agit pas d'une valeur attribuée pour un usage dans l'avenir ou pour une transmission aux générations futures. Le désir de legs est clairement lié à un usage potentiel et donc pris en compte dans la valeur d'option. On peut en quelque sorte introduire par exclusion cette notion de valeur d'existence qui est indépendante de tout usage présent ou potentiel de la nature. Le développement d'associations de protection des espèces menacées montre bien la réalité de cette valeur.

5.2. Les essais d'évaluation

Le dommage écologique relève donc à la fois de pertes de valeur d'option et de valeur d'existence. La voie la plus raisonnable pour l'estimer semble donc passer par l'utilisation d'enquêtes directes visant à déterminer soit le consentement à payer pour éviter une dégradation, soit la compensation monétaire acceptable après marée noire. Mais des enquêtes de cette nature n'étaient pas envisageables.

La demande des collectivités locales a été double. En premier lieu elle a concerné la perte de biomasse marine correspondant aux destructions d'organismes dans la zone intertidale touchée par le pétrole. A partir d'une estimation en tonnage, effectuée par les écologistes, de la biomasse détruite, un passage à une valeur monétaire a été fait en utilisant un prix unitaire. En second lieu, intervient une demande de restauration du milieu marin basée sur un programme de repeuplement.

L'utilisation d'un prix unitaire non-fondé sur l'observation empirique des comportements a un caractère arbitraire qui enlève de la crédibilité à l'évaluation. Il ne peut s'agir au mieux que de la valeur d'existence estimée par l'expert biologiste. Sinon ce prix incorpore des éléments de valeur d'option et il y a un double compte avec le programme de repeuplement qui vise à restaurer les usages potentiels. Le passage direct de la biomasse détruite à une demande d'indemnisation aurait donc nécessité pour être étayé des éléments quantitatifs qui n'étaient pas disponibles. De plus, il importe de bien définir ce que l'on se propose de mesurer, valeur d'option ou valeur d'existence.

Avec le recul, les biologistes constatent que le bilan écologique est somme toute modéré, ce qui enlève beaucoup de valeur au programme de repeuplement dès lors que la nature a fait le travail. Ce programme de 168 millions de francs aurait porté sur neuf espèces, le long de la côte septentrionale de la Bretagne, mais n'apparaissait plus comme devant servir à restaurer le milieu dans l'état antérieur.

Un programme de restauration qui aurait été entrepris dès le lendemain de la catastrophe, comme ce fut le cas pour des réserves d'oiseaux, s'analyserait en des termes différents. En effet il aurait permis de maintenir les usages, donc de limiter les pertes de valeur d'option.

Cette analyse peut paraître favorable au pollueur puisque c'est finalement la victime qui doit engager des dépenses importantes. Les dommages en termes de valeur d'existence et de valeur d'option n'en existe pas moins. Pour l'évaluer, l'approche se référant au coût de remplacement a d'ailleurs été préconisée. Elle se réfère au prix d'achat par les laboratoires de certains organismes vivants, mais outre que tous les organismes détruits ne font pas l'objet d'achat par les laboratoires, ce prix incorpore les coûts de récolte, stockage et transport, aussi on ne voit pas très bien ce qu'il mesure.

L'approche en termes de quantification des relations trophiques au long de la chaine alimentaire depuis les organismes primaires jusqu'aux espèces ayant une valeur commerciale constitue une autre voie. Cette méthode a la préférence de Brown qui regrette uniquement l'importance de l'information à réunir pour la mettre en œuvre. Cette forme d'évaluation, qui a fait l'objet d'essais pionniers de la part d'Isard *et al.*, (1972) nous paraît être la seule approche susceptible d'être retenue.

5.3. L'estimation des pertes écologiques à partir de la méthode des chaines trophiques

Si l'on considère l'écosystème littoral, on sait qu'il existe une relation entre biomasse non-commerciale et potentiel de production d'espèces marchandes. On dispose donc, par le biais d'un modèle de chaîne alimentaire, d'un moyen de valoriser les dommages subis par le milieu. En se référant à la notion de capacité de production de l'écosystème, on essaye de chiffrer les pertes de potentialité productive d'un point de vue commercial. Le potentiel ainsi défini inclut évidemment les prises des pêcheurs, mais il faut noter ici que celles-ci ne dépendent pas simplement de la ressource ; elles sont aussi fonction de l'effort de pêche.

La valeur de la nature, ici du milieu marin, est estimée uniquement à partir de sa fonction économique : la production de biens susceptibles d'entrer dans le circuit commercial. On voit que certaines espèces non exploitées actuellement pourraient se transformer en biens économiques, si les habitudes alimentaires venaient à se modifier ou si on découvrait leur intérêt pour l'industrie pharmaceutique par exemple. L'estimation à laquelle on aboutit, est donc par défaut, puisqu'on se base sur la productivité minimale de l'écosystème. D'autre part, on ne prend pas en compte la perte éventuelle de diversité écologique, au cas où il y aurait eu appauvrissement de la faune ou de la flore marines.

Sur le principe même, le modèle de chaine alimentaire se construit en raisonnant à partir de quatre niveaux trophiques.

– Au niveau zéro, se trouve la matière organique végétale (phytoplancton, algues) qui sert essentiellement de nourriture aux animaux marins. Le potentiel de production à ce stade est noté Y_o et sert à nourrir les êtres vivants du niveau supérieur selon un coefficient α_{01}.

– Le niveau 1, qui se déduit donc du précédent par application du coefficient α_1 se compose d'herbivores. La production Y_1 est composée de zooplancton et de brouteurs qui sont eux-mêmes transformés au niveau 2 selon le coefficient α_{12}. Mais il y a également une fraction de Y_1 à finalité commerciale, tel est le cas des poissons herbivores comme les mulets. Si on indique par β_1, la partie de la production de Y_1 transformée dans la chaîne alimentaire, celle qui est directement utilisable est égale à $(1-\beta_1)$.

– Au niveau 3, on trouve les poissons du type 2, des carnivores secondaires dont le potentiel de production Y_3 découle directement de β_2 Y_2 à travers le coefficient α_{23}. Tous ces poissons du type 2 ont un caractère commercial.

La valorisation de l'ensemble de la chaîne trophique est obtenue en additionnant tous les potentiels de production en espèces commerciales soit : $(1 - \beta_1)\ Y_1 + (1 - \beta_2)\ Y_2 + Y_3$.

La figure 41 donne une représentation de cette formulation ; celle-ci est très simplifiée car les pertes de chaleur et les rétroactions vers le niveau zéro ne figurent pas. D'autre part, c'est une approximation par défaut puisqu'une partie des algues est récoltée pour la vente.

La principale indétermination concerne les coefficients de transformation α. Il est généralement admis que ceux-ci sont de l'ordre de 10 %, mais il serait nécessaire de disposer d'informations plus sûres. La seconde indétermination tient aux coefficients β_1 et β_2. Mais là on peut se baser sur la structure des captures en année moyenne dans la zone concernée pour les estimer.

A partir des suivis écologiques effectués par les biologistes on a pu disposer d'une estimation de la biomasse détruite, lors du naufrage de l'Amoco-Cadiz, correspondant au niveau 1. En se basant sur le prix moyen des espèces commerciales capturées dans le Nord de la Bretagne, il est possible d'estimer le dommage écologique.

Dans son principe cette méthode d'évaluation apparaît d'accès beaucoup plus aisé que l'approche reposant sur le consentement à payer. Cette dernière est d'ailleurs presque impossible, en l'état actuel, à mettre en œuvre. Par rapport au coût de remplacement elle est beaucoup plus réaliste, en évitant le recours à un prix arbitraire qui ne correspond à rien. En effet, que signifie le prix de l'organisme marin tel que le paye un laboratoire qui en achète seulement quelques kilos, transposé à plusieurs centaines de milliers de tonnes ?

Figure 41. – Chaîne alimentaire simplifiée.

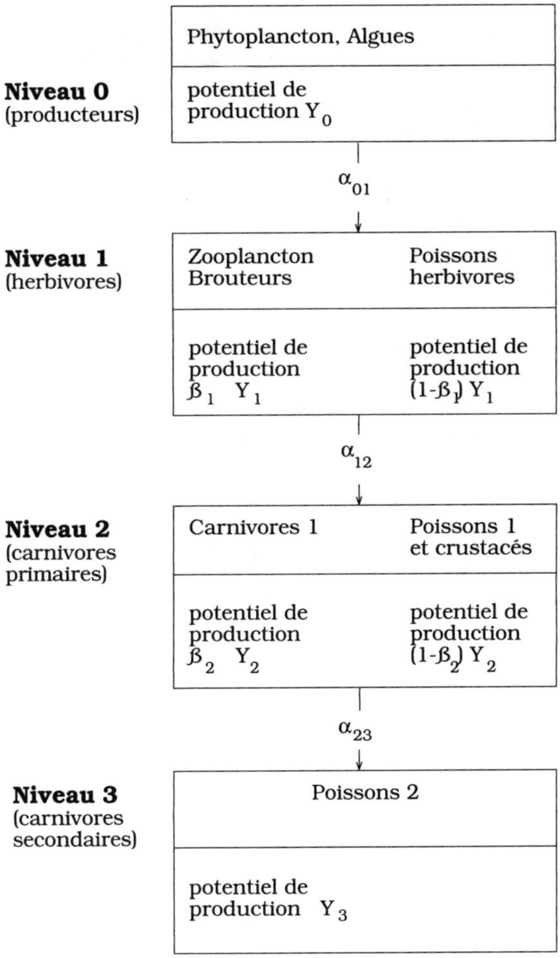

Note :

poissons herbivores : mulet

poissons 1 (carnivores primaires) : lieu jaune, lieu noir, tacaud, plie, sole, turbot, dorade royale, dorade rose, dorade grise, maquereau, araignée, tourteau, homard européen, langouste rouge.

poissons 2 (carnivores secondaires) : bar, baudroie, congre, chien de mer, roussette, pocheteau, raie bouclée, raie à queue épineuse, raie douce.

Références bibliographiques

BONNIEUX F., RAINELLI P. in Bonnieux F. *et al.*, 1980. Impact socio-économique de la marée noire provenant de l'Amoco-Cadiz. INRA-UVLOE Rapport 100 p., Annexes 125 p.

CLARK C., W., 1976. Mathematical bioeconomics : the optimal management of renewable resources, John Wiley and sons, 352 p.

DAVID M., MICHAUD J.-C., 1989, *La prévision : approche empirique d'une méthode statistique.* Masson et INRA, Paris, 187 p.

DUMONT P., 1987. Utilisation du domaine public maritime par l'ostréiculture et problèmes de tarification. *Cahiers d'Economie et Sociologie Rurales,* n° 4 (avril 1987), 45-66.

FREEMAN A.M., III, 1979. The benefits of environmental improvement : theory and practice. -*Resources for the Future*, 272 p.

ISARD W. *et al.*, 1972. *Ecologic-economic analysis of regional development.* New-York, Free Press,

KRUTILLA J.A., 1967. Conservation reconsidered. *American Economic Review*, Vol.57, 777-786.

Mc CONNELL K..E., STRAND I.E., 1989. Benefits from commercial fisheries when demand and supply depend on water quality. *Journal of Environmental Economics and Management*, Vol.27, 284-292.

MEURIOT E., 1987. Les modèles bio-économiques d'exploitation des pêcheries : démarches et enseignements. *Rapports économiques et juridiques de l'IFREMER*, n° 4, (1987) 104 p.

SORENSEN *et al.*, 1984. in Coût social de la pollution par les hydrocarbures : l'exemple de l'Amoco-Cadiz. Rapports économiques et juridiques de l'IFREMER n° 1 (1984) 294 p. traduction de Assessing the social costs of oil spills : the Amoco-Cadiz case study, US Departement of Commerce, NOAA.

VAUGHAN W.-J., RUSSELL C.-S., 1982. Freshwater recreational fishing : the national benefits of water pollution control. *Resources for the Future*, 205 p.

WEISBROD B., 1964. Collective-consumption services of individual-consumption goods. *Quarterly Journal of Economics*, Vol.78, 471-477.

CONCLUSION

En guise de conclusion, nous voudrions proposer à partir de l'affaire de l'Amoco-Cadiz quelques réflexions sur la difficile articulation entre raisonnement juridique et évaluation économique. En effet, lorsque le jugement en responsabilité dans cette affaire fut connu, il apparut pour l'opinion publique, les élus locaux ou les juristes que la question de l'indemnisation était réglée. L'appréciation de Bonassies (1986, p. 197) est de ce point de vue très représentative : « Par la simple application des règles du droit classique, les victimes du désastre de l'Amoco-Cadiz obtiendront une indemnisation intégrale du préjudice subi par elles, un préjudice qui, une fois tous comptes faits, s'établira sans doute autour de 4 milliards de francs ».

Le rapport de 1 à 4 environ, entre le montant des indemnisations et leur chiffrage pose le problème du décalage entre l'appréciation de la réparation par les tribunaux et l'évaluation proprement économique des dommages. Pour voir le pourquoi de telles divergences on peut faire une rapide analyse en allant du simple, les pertes monétaires, au complexe, les pertes sociales.

1. Les pertes monétaires

Les pertes monétaires correspondent à des dommages justifiés à partir de factures privées ou relevant de la comptabilité publique. Il y a eu des dépenses effectives. Mais à côté, il y a le manque à gagner des agents plus délicat évidemment à mettre en évidence.

1.1. Les pertes monétaires correspondant à des dépenses effectives

C'est le cas de figure où théoriquement, des problèmes de droit ne se posant pas, il est le plus aisé d'obtenir réparation. Tel était le cas de l'Etat avec un ensemble de factures concernant les coûts de nettoyage.

En premier lieu, le juge écarte les objections d'Amoco selon lesquelles l'armée n'a fait que son devoir normal en nettoyant les plages, ce qui ne mériterait pas réparation. En effet, son rôle est la défense du pays et non ce type d'activité. D'autre part, il reconnaît que dans un désastre de cette ampleur, aucune réponse d'urgence ne peut se faire avec une précision totale, ni en ayant obligatoirement recours aux techniques les plus appropriées.

Ainsi, la décision de ne pas utiliser les dispersants en eau peu profonde, afin de respecter les écosystèmes, a accru le degré de pollution des côtes. Ceci ne doit pas conduire à une réduction des remboursements des frais engagés par l'Etat. Le droit à l'erreur et à l'expérimentation est plus ou moins admis, à condition bien sûr que cela ne mène pas à des dépenses inconsidérées.

Ceci étant, le juge se rallie au raisonnement des experts de l'Amoco rejetant la facturation des dépenses de l'armée sur la base du coût moyen horaire pour les avions et bateaux. Le tribunal admet qu'Amoco ne doit payer que le surcoût engendré par les opérations de nettoyage en mer, c'est-à-dire le fuel, les dispersants répandus, et le matériel nécessaire à leur utilisation.

D'un point de vue strictement économique, cette décision de ne payer que le surcoût sur la base des frais variables est critiquable. Cela revient à indemniser un particulier qui a utilisé sa voiture personnelle à des fins professionnelles au prix de l'essence consommée, sans tenir compte de l'amortissement du véhicule et des autres frais fixes. Un véritable raisonnement en termes de coût marginal conduit à une facturation horaire nettement plus élevée que la seule prise en compte des coûts variables horaires.

Se référant à des documents propres à l'armée, la Cour procède à un abattement d'office du coût horaire utilisé, de l'ordre de 25 %. Ce pourcentage correspond aux frais généraux de maintenance incluant la dépréciation du matériel. De même, les frais inhérents à l'utilisation des infrastructures lourdes, bases navales de Brest et de Cherbourg, sont déduits.

Même d'un point de vue juridique, ce choix est discutable et l'on a vu d'autres tribunaux statuant dans des affaires comparables inclure les frais fixes dans les indemnisations. Ainsi, la Cour de District de Stockholm dans l'affaire du Tsetsis, pétrolier soviétique échoué en 1977 dans les eaux suédoises, a t-elle été plus loin que la Cour de Chicago. Dans son jugement de 1980, elle accorde à l'Etat suédois le remboursement de certains frais fixes (Rémond-Gouilloud, 1982, p. 127).

1.2. Le manque à gagner

Dans nombre de situations il y a eu, du fait de la marée noire, des perturbations de nature économique qui ont entraîné un manque à gagner. Ceci peut s'exprimer d'une façon générale comme l'écart entre des résultats normaux, ceux que l'on aurait enregistré en l'absence de sinistre, et les résultats constatés réellement. Mais à partir de cette définition, acceptée par tout le monde, il y a divergence entre ce que retient le tribunal et les résultats de l'analyse économique. Pour l'essentiel ces écarts trouvent leur source dans la période sur laquelle porte le manque à gagner et sur la méthode d'évaluation. C'est à travers les demandes des agents œuvrant dans le tourisme que l'on peut le mieux prendre la mesure de cette différence d'approche.

Choix de la période et de l'année de référence

Pour le juge, les dommages subis par les activités dépendant du tourisme ne peuvent porter que sur l'année 1978. Rien ne permet selon lui d'affirmer, comme les demandeurs, qu'il y a eu perte également en 1979. Il est à noter que les victimes ne réclamaient rien au-delà de 1979 en raison du télescopage entre les dégâts de l'Amoco-Cadiz et ceux provoqués par la marée noire du Tanio survenue en 1980 au large des Côtes-d'Armor. Comme une action était en cours contre les propriétaires du Tanio, il ne pouvait être question de faire une double demande d'indemnisation pour 1980.

On ne sait trop sur quelles considérations a pu se fonder la Cour pour déclarer que la saison touristique de 1979 avait vu un retour à la normale. Si la saison 1979 est en hausse par rapport à l'année de la marée noire, il a été montré que la fréquentation observée n'a pas rattrapé la normale, (Bonnieux *et al.*, 1980, Annexes). On a même chiffré les pertes de 1979 comme équivalentes au quart des pertes de 1978.

D'autre part, le choix de l'année de référence est important. L'utilisation d'un indicateur retraçant l'évolution de l'activité touristique, tel la masse des salaires versés aux employés des hôtels-cafés-restaurants de Bretagne, montre bien comment l'utilisation de 1977 comme base de comparaison peut fausser l'évaluation des pertes. En effet, lorsqu'on raisonne en longue période, on enregistre jusqu'en 1976 une croissance moyenne de la masse des salaires aux environs de 10 %. En 1977, l'augmentation de cette masse se réduit à 3 %. Le rapprochement de 1977 et de 1978 permet de conclure à une baisse de 4,3 %. Mais si l'on rapproche les chiffres de 1978 de ceux d'une année « normale », on multiplie facilement par deux le montant de la perte. Remarquons, enfin, que pendant que la masse salariale baissait en Bretagne en 1978, elle augmentait au niveau national de 2,2 %.

La méthode d'évaluation

Au plan économique, le manque à gagner peut être évalué en raisonnant sur une projection en 1978 et 1979 du chiffre d'affaires sur la base de l'évolution antérieure. Comme on doit raisonner sur le profit, il convient de faire le passage du nouveau chiffre d'affaires au bénéfice en tenant compte de l'évolution des coûts. Pour ce qui est des coûts fixes, on peut supposer par définition ceux-ci invariants, du moins si l'entreprise ne change pas de taille. Quant aux coûts variables, on les considère comme proportionnels au niveau d'activité.

Bien qu'admettant que cette méthode soit fréquemment utilisée, le tribunal la rejette, estimant que l'écart entre profit théorique et profit observé n'est pas forcément imputable au sinistre. La Cour a préféré retenir le système des experts de l'Amoco reposant sur une simple interpolation linéaire entre le profit observé en 1977 et celui observé en 1979, pour déterminer le profit normal de 1978. Par différence entre ce résultat interpolé et le résultat réel, on déduit la perte.

Même s'il est exact que la méthode d'estimation proposée conduit dans certains cas à des biais en faveur des victimes, il faut dire qu'en d'autres circonstances, c'est l'inverse. D'autre part, le système retenu par la Cour et qui suppose que 1979 est une année normale, ce qui, nous l'avons montré, est inexact, conduit à des biais très importants. Des exemples chiffrés basés sur des hypothèses très raisonnables montrent que l'on aboutit ainsi à des écarts de 1 à 3 (Bonnieux, Rainelli, 1990).

2. Les pertes non monétaires

Pour toute une série de demandes d'indemnisation les dommages relèvent d'une affectation de moyens à des fins non productives, ou bien il y a eu une diminution du bien-être collectif du fait de pertes d'aménité, ou bien il y a eu des pertes écologiques.

2.1. Les pertes dues à une autre affectation des moyens de production

D'un point de vue économique, les coûts de nettoyage, de remise en état des infrastructures, d'organisation s'analysent comme la mise en œuvre d'un ensemble de moyens tels que les biens matériels, le personnel, les ressources financières qui auraient normalement servi à d'autres usages plus productifs pour la société. C'est par rapport à ces usages, qui correspondent au coût d'opportunité, que l'on doit juger le coût d'utilisation des moyens ainsi affectés.

Pour tous les moyens mobilisés et pour lesquels il y a un coût constaté, la notion de coût d'opportunité est clairement retenue. Ainsi, le juge accepte-t-il les demandes de dommages des communes pour ce qui est du temps passé par les employés municipaux qui ont participé au nettoyage, soit sur leur temps normal, soit en heures supplémentaires. De même, les frais de déplacement engagés sont acceptés.

Toutefois, lorsque les moyens mobilisés ne font pas l'objet d'un coût facturé mais représentent un emploi sans contrepartie financière, le tribunal adopte un point de vue plus limitatif. L'exemple le plus typique est celui de l'occupation des bâtiments communaux par les personnes (armée ou volontaires) ayant participé aux opérations de nettoyage. Si du fait de l'occupation de ces locaux, les collectivités locales ont dû annuler des locations, et ont donc perdu de l'argent, il y a réparation. Par contre, l'utilisation des bâtiments, hormis ces cas, ne doit pas donner lieu à perception d'un loyer fictif car il s'agit d'une chose normale relevant d'une activité publique. Seules les charges supplémentaires dues à un accroissement de la consommation d'eau, de téléphone, peuvent donner lieu à remboursement.

Le coût d'opportunité est donc envisagé uniquement dans son aspect valeur de l'alternative sacrifiée, quand il y a un manque à gagner. Si inversement, les moyens utilisés, ici les bâtiments, conduisent à une moindre dépense (pas de chambres d'hôtels à louer pour l'hébergement des gens qui nettoient), on ne tient pas compte de cette économie.

Le cas des volontaires est encore plus caractéristique. Les communes ayant bénéficié de l'aide des jeunes gens qui ont accepté gratuitement de venir aider à la dépollution, ne sont pas admises à réclamer la contrepartie en monnaie du travail fourni. Seules les dépenses pour les nourrir et les transporter sont acceptées.

On voit bien ce que ce raisonnement a de choquant, car si au lieu de prêter leurs locaux, les communes les avaient loués à des particuliers ou des entreprises, elles auraient eu des factures qu'elles auraient pu opposer au tribunal. De même, si au lieu d'avoir eu recours à cette main-d'œuvre bénévole elles s'étaient adressé à des entreprises, là aussi il y aurait eu facturation et donc possibilité de remboursement.

La mobilisation de moyens gratuits n'est pas considérée comme une perte pour la collectivité et n'est donc pas opposable aux responsables de la pollution. Le raisonnement vaut avec l'emploi des militaires par l'Etat. Il semble toutefois que le juge ait fait une exception à propos des élus locaux. Il a reconnu que le temps passé pour combattre la pollution, directement ou par l'organisation des chantiers, constituait une part du dommage que les communes étaient à même de réclamer.

2.2. Les pertes d'aménité

La catégorie des dommages non monétaires recouvre toutes les pertes d'aménité. En termes de réparation, les plus significatives sont celles touchant la population résidente qui a subi un ensemble de désagréments dans la vie courante à la suite de la marée noire. Ces désagréments ont trait aux gênes quotidiennes avec les odeurs de pétrole et la circulation des engins. Mais il y a également toutes les perturbations engendrées par la désorganisation des services municipaux entièrement occupés par la lutte contre la pollution. Enfin, les résidents n'ont pas pu profiter des loisirs au bord de la mer que ce soit d'une manière plus ou moins passive avec l'agrément du paysage, ou de façon plus active avec les promenades de bord de mer, la plaisance, ou la pêche.

Au nom de leurs résidents, les communes ont donc demandé réparation de cet ensemble de pertes. Mais arguant de la jurisprudence française, en l'occurrence du jugement refusant à la ville de Longjumeau une indemnisation pour les nuisances subies par ses habitants du fait de l'aéroport d' Orly, la Cour de Chicago dénie aux communes le droit de réclamer des dommages pour les pertes d'aménité de ses résidents. Il n'est pas de notre ressort, ni de notre compétence, de discuter du bien-fondé de cet argument de droit. Mais celui-ci est assorti d'une considération sur la nature des évaluations faites, celles-ci apparaissant comme des « calculs hautement spéculatifs ».

On conçoit que le passage de la sphère marchande à la sphère non-marchande à partir du consentement à payer ne suscite guère l'adhésion des magistrats, compte-tenu du caractère abstrait de la construction. Les économistes ne sauraient s'en offusquer, étant donné les difficultés pratiques de mise en œuvre des méthodes exposées dans le chapitre 4. Si l'on reconnaît la nécessité de réparation de ce type de dommages, on peut alors se référer à des techniques qui, même plus frustes, sont valables, ou bien à des méthodes dont les fondements semblent moins complexes.

Sans aller chercher une révélation du prix implicite que les habitants donnent à un littoral propre on peut, comme Daucé (in Bonnieux *et al.*, 1980) appréhender, par enquête directe, les atteintes dans les loisirs et activités récréatives subies par les résidents. A partir du rythme de fréquentation du bord de mer et de la nature des loisirs qui y sont pratiqués, on peut définir une intensité des activités récréatives.

Une telle enquête permet par ailleurs de définir le taux de fréquentation selon les catégories socio-professionnelles. D'où la possibilité de déterminer par commune, sur la période où l'accès au rivage n'était pas possible, le nombre de jours de loisirs perdus en tenant compte des possibilités de fréquentation des côtes non touchées. En retenant pour la journée de loisir perdue le coût moyen d'une journée de vacances, il est possible d'obtenir une approximation des pertes d'aménité des résidents.

Il faut toutefois reconnaître que rien ne nous assure que le coût, consenti par un vacancier pour venir en Bretagne bénéficier des agréments du littoral, fournisse une approximation correcte du consentement à payer des résidents pour disposer d'un plage propre.

2.3. Les pertes écologiques

L'impact des hydrocarbures sur les écosystèmes provoque des dommages se prêtant mal à une évaluation monétaire, dans la mesure où l'on n'a aucun repère en termes de marché et de prix. Mais au-delà de ces difficultés, déjà examinées, la Cour a écarté les demandes des collectivités locales portant sur cette rubrique.

La demande des collectivités locales est double. En premier lieu elle concerne la perte de biomasse marine correspondant aux destructions d'organismes dans la zone intertidale touchée par le pétrole. A partir d'une estimation en tonnage, effectuée par les écologistes, de la biomasse détruite, un passage à une valeur monétaire a été fait en utilisant un prix unitaire. En second lieu, intervient une demande de restauration du milieu marin basée sur un programme de repeuplement.

Sur l'évaluation même de la biomasse, telle que peuvent la présenter les écologistes, le juge émet de sérieux doutes estimant qu'il y a trop d'hypothèses. Mais de toute façon, il juge inutile d'argumenter car ce type de dommage ne peut donner lieu à réparation du fait que la biomasse est « *res nullius* ». Ni les communes, ni l'Etat n'ont à demander d'indemnisation pour des perturbations ou destructions de l'écosystème situé dans le domaine public maritime.

En ce qui concerne le programme de repeuplement qui porte sur neuf espèces le long de la côte septentrionale bretonne, la Cour constate qu'il s'agit simplement de projets n'ayant pas fait l'objet de mise en œuvre. D'autre part, le programme n'apparaît pas comme devant servir à restaurer le milieu dans l'état antérieur, mais comme devant conduire à une amélioration de l'écosystème. Il semble aux yeux du juge qu'il s'agit plus d'un plan conçu dans des perspectives scientifiques que d'une proposition réelle de restauration.

De toute manière, cette discussion sur la finalité des plans proposés masque un refus de fond, du fait que ceux-ci n'ont pas fait l'objet d'un début d'application significatif. D'autre part, pour la Cour, les neuf espèces pour lesquelles on prévoit ces opérations ne sont pas particulièrement décimées. En effet, les statistiques de capture les concernant n'indiquent aucune baisse sensible.

Pour rester dans sa logique, la Cour accorde des dommages à la Ligue de Protection des Oiseaux (LPO), qui a entrepris de réimplanter des macareux pour restaurer les peuplements de ces oiseaux qui avaient beaucoup souffert de la marée noire. Notons que les dommages sont très limités par rapport aux demandes des communes.

*

Au total, on voit que l'existence de dommages économiques n'a pas toujours de contrepartie en termes de réparations. C'est qu'il faut des victimes pour pouvoir réclamer. Il est assez grave que cet argument ait empêché que le dommage écologique soit reconnu en tant que tel lors du procès de l'Amoco-Cadiz. Le décalage entre dommages et indemnisations tient aussi à l'obligation formelle du lien de causalité. Ainsi on a pu chiffrer les pertes indirectes des entreprises bretonnes du fait de la baisse d'activité de l'industrie touristique. Mais en l'absence de lien direct entre celles-ci et la pollution du littoral, il n'y a pas eu de réparation.

Au delà de ce hiatus entre catégories économiques et catégories juridiques, il existe d'autres causes de divergence entre évaluations et réparations. Elles nous paraissent relever d'une difficulté d'appréhension du raisonnement économique de la part des juristes. Face à des experts qui s'opposent sur les méthodes, le juge a du mal à savoir qui est dans le vrai. Incapable de trancher, il va se fier au sens commun. Dans le cas présent, cela va se traduire par deux attitudes.

La première est le caractère raisonnable des demandes. Bien qu'assez vague, cette formulation ne choque pas l'économiste car il est évident que la réparation ne doit pas aboutir à créer pour le fautif un dommage hors de proportion avec la perte enregistrée. Ainsi, chiffrer la perte écologique au coût de remplacement, ce qui conduit à des montants très élevés, est dénué de sens au point de vue économique, alors que la méthode des chaînes alimentaires a un caractère « raisonnable ».

La deuxième attitude, plus critiquable, consiste à prendre en compte uniquement les dommages que l'on peut compter, et vérifier à partir de pièces comptables. Sous cet aspect, il nous semble qu'il y a là une vision très restrictive de la notion même de perte. Une plus grande ouverture aux choses de l'économie éviterait cette iniquité.

Références bibliographiques

BONASSIES P., 1986, L'affaire de l'Amoco-Cadiz, *Espaces et ressources maritimes*, n° 1, 183-198.

BONNIEUX F., DAUCE P., RAINELLI P., 1980, Impact socio-économique de la marée noire, UVLOE-INRA, tome 1, Rapport 100 p. tome 2, annexes 150 p.

BONNIEUX F., RAINELLI P., 1990, L'affaire Amoco-Cadiz : problèmes de mesure et de réparation des dommages, *Espaces et Ressources Maritimes*, n° 4, 85-103.

BROWN G., 1984, La biomasse marine non commerciale et les oiseaux de mer in Coût social de la pollution par les hydrocarbures. L'exemple de l'Amoco-Cadiz. *Rapports économiques et juridiques de l'IFREMER*, n° 1, 166-175.

ISARD *et al.*, 1972, Ecology Economic analysis for regional development. The Free Press. New-York.

REMOND-GOUILLOUD M., 1982, L'indemnisation des frais de lutte et de nettoyage des marées noires in OCDE *La lutte contre les marées noires*, 104-132.

Imprimé par Jouve 18 rue Saint-Denis, 75001 Paris
Dépôt légal : Décembre 1991 - N° 14549